二十一世纪"双一流"建设系列精品规划教材

创新、创业与法律
——核心知识与案例实战

CHUANGXIN CHUANGYE YU FALÜ

HEXIN ZHISHI YU ANLI SHIZHAN

主　编　王远均

副主编　张　芸

西南财经大学出版社

图书在版编目(CIP)数据

创新、创业与法律:核心知识与案例实战 / 王远均主编;张芸副主编
. —成都:西南财经大学出版社,2021.12
ISBN 978-7-5504-5100-1

Ⅰ.①创⋯ Ⅱ.①王⋯②张⋯ Ⅲ.①企业法—基本知识—中国
Ⅳ.①D922.291.91

中国版本图书馆 CIP 数据核字(2021)第 209627 号

创新、创业与法律:核心知识与案例实战

主 编 王远均
副主编 张芸

责任编辑:孙婧
助理编辑:赵静繁
责任校对:李琼
封面设计:墨创文化
责任印制:朱曼丽

出版发行	西南财经大学出版社(四川省成都市光华村街55号)
网　　址	http://cbs.swufe.edu.cn
电子邮件	bookcj@swufe.edu.cn
邮政编码	610074
电　　话	028-87353785
照　　排	四川胜翔数码印务设计有限公司
印　　刷	成都市火炬印务有限公司
成品尺寸	185mm×260mm
印　　张	14.25
字　　数	317 千字
版　　次	2021 年 12 月第 1 版
印　　次	2021 年 12 月第 1 次印刷
印　　数	1— 1000 册
书　　号	ISBN 978-7-5504-5100-1
定　　价	35.00 元

编　委　会

主　编：王远均

副主编：张　芸

参　编：黄丽娟　毛　快　赖虹宇

　　　　李　怡　张潇丹　翟玉磊

作者简介

王远均，教授，博士，西南财经大学教师教学发展中心主任（国家级教师教学发展示范中心负责人）。教育部本科教学工作审核评估专家，四川省知识产权专家，曾任教务处副处长、国际法研究所所长、金融法研究所副所长。美国华盛顿州立大学访问学者。主讲课程："国际经济法""经济法""国际贸易法专题研究"等本科或研究生课程。主要研究方向：国际经济法、金融法、网络法与电子商务法等。在《中国法学》（海外版）等期刊公开发表学术论文30余篇，其中有多篇论文被人大复印资料全文转载。主持或主研国家级、省部级等课题多项，主持完成四川省教改重点项目等多项，在中国社会科学出版社、法律出版社等出版专著、主编教材多部，获得国家级教学成果二等奖，省级教学成果一、二等奖，省哲学社会科学优秀成果奖三等奖等。

张芸，西南财经大学法学院副教授，德国柏林自由大学法学博士。四川省民法协会理事、工信部工业和信息化法治战略与管理重点实验室研究员、国家网信办和教育部网络空间国际治理研究基地研究员。主讲课程："合同法""民法总论""债法专题研究"等本科或者研究生课程。主要研究方向：合同法、民法总论、竞争法、网络法。在《清华法学》等期刊公开发表学术论文多篇，其中一篇被人大复印资料全文转载。主持国家社科基金青年项目、中央高校基本科研业务项目等多项。主研参与国家社科基金重大项目、司法部项目等。在德国 Verlag Dr. Kovac 出版社出版德文专著一部。在中国法制出版社出版合著、合译著作多部。《民法典权威解读丛书·中华人民共和国民法典合同编释义》（法制出版社）主要撰稿人之一。获得西南财经大学优秀科研成果奖等。

黄丽娟，西南财经大学法学院教授，武汉大学法学博士后，主要承担"合同法""保险法"课程的教学工作；承担国家社科基金项目两项，教育部社科基金项目一项，四川省社科项目两项；主编专著一部，参编多本专著、教材。在《法学家》《清华法学》《法商研究》《现代法学》《保险研究》等法学核心期刊发表多篇论文；获得中国法学会商法学研究会年会论文三等奖、中国法学会保险法研究会年会论文二等奖。

毛快，西南财经大学法学院讲师，中国政法大学民商法博士，日本早稻田大学访问学者（2017年），西南财经大学破产法研究中心副主任，中国政法大学东亚企业并购与重组法制研究中心研究员，四川破产法学研究会理事。主要研究领域为公司法、破产法、土地法和金融法，主讲课程："经济法""民法总论"。博士学位论文为《股东大会决议的效力研究》，另在公司法、土地法、金融法领域发表论文若干，主持和参与上述相关领域的省部级课题、横向课题及教改项目十余项。

赖虹宇，西南财经大学法学院副教授，法学博士，理论经济学博士后。在《中国法学》（英文版）及《社会科学研究》《中国行政管理》《理论探索》《北京社会科学》等CSSCI期刊上发表学术论文多篇；主持中国博士后科学基金面上资助项目、中国法学会部级年度课题、四川省哲学社会科学规划课题等省部级课题四项；独立或合作在法律出版社等出版法学著作四部；主研多项国家社科基金重大项目课题和多项省部级课题。获得"蔡定剑宪法学基金会2016年优秀论文"二等奖、"第十一届中国法学家论坛征文奖"优秀奖等。

李怡，西南财经大学法学院讲师，西南政法大学法学博士，四川省法学会劳动和社会保障法学研究会会员。主要研究方向为金融法、信息法、合同法、侵权法等，主讲"民法总论""侵权行为法研究""物权法""劳动与社会保障法"等课程。在《法律科学》《政治与法律》《民商法论丛》等法学类CSSCI期刊发表多篇专业论文。博士学位论文《保理合同制度研究》是国内首次系统全面研究保理合同的博士学位论文。主持重庆市厅级项目"《民法总则》中民商事习惯的区分适用研究"，参研国家社科基金重点项目"中国民法上的中国元素研究"和中国法学会部级重点课题"数字资产继承法律问题研究"等多项课题。

张潇丹，西南财经大学法学硕士，金融法学博士。西南财经大学天府学院副教授，主讲"经济法""合同法""税法""电子商务法"等课程。绵阳市商务局专家库成员，绵阳市社会科学界联合会兼职副秘书长，绵阳市商务协会副秘书长。主持或主研省部级、市局级项目多项，出版《经济法》教材一部。

翟玉磊，西南财经大学法律硕士，诉讼法学博士，主要研究方向为诉讼法、金融法以及知识产权法，曾参与"建国70周年四川法学发展的回顾与展望""新信息技术化背景下互联网金融消费者权益保护研究"等多项四川省课题研究。

前言

  习近平总书记在纪念五四运动 100 周年大会上的重要讲话中号召新时代中国青年到人民群众中去,到新时代新天地中去,让理想信念在创业奋斗中升华,让青春在创新创造中闪光。

  法律为新时代的中国青年创新创业保驾护航。知法、守法并用法律武器维护合法权益应当成为青年创业者在进行商业蓝图规划时不可忽视的部分。本书结合青年创业者群体的实际特点,帮助创业者了解和掌握创新与创业的相关法律知识,增强法律意识,进而引导创业者对创新创业中最核心的法律问题进行正确研判。

  本书设计了五个由青年创业者创设的企业,从这些主人公在创业过程中遇到的形形色色的法律问题入手,直击核心法律知识、提供实务操作指南并引导读者进行扩展性阅读和发散性实战演练。本书具有案例贴近创业实践、法律知识结构完整且重点突出、注重创业者法律素养培养和能力提升等特点。

  本书用途较广,一方面可作为高等院校创新创业教育的通用教材,另一方面也可作为企业普法培训资料和个人创业自学教材。授课教师可根据教学对象和课程时间安排不同,灵活选择相关内容进行讲授。

  相关衍生材料(包括:PPT 课件、案例分析答案、延伸阅读)请到西财出版网(http://cbs.swufe.edu.cn/)→图书出版→出版资料里下载《创新、创业与法律——核心知识与案例实战》全部拓展学习资料。

本书人物介绍

----

1. 游鑫、张睿、郭卫分别是金融、管理以及计算机专业的在校大学生，三人都喜欢网游，也有创业的想法，于是一拍即合，准备在某市高新区成立蓉林数码科技公司，他们的目标就是做该市最大的网游公司。

2. 葛强、冯君、王丽丽三人组团参加了某市"青春创想"大学生创业大赛，并获得了第一名。三人决定将参赛项目付诸实践，成立"艺善坊文化创意公司"，公司将为本省当地非遗项目、支柱性农产品等提供持续性品牌策略、形象设计和营销推广支持。

3. 某市大学城某高校学生孙佳凝和室友房光友、邵阳经过调研发现大学城内没有专门的鞋类养护机构，于是三人准备成立公司"爱鞋之家"填补市场空白。

4. 某学术学院学生陈立风是某省美术联考状元，入校后经常有人慕名找他实习美术专业，于是他萌生了在校创业开办"状元美术班"的想法，他的好友于仁理和吴文亮非常赞同并且愿意加入创业团队。

5. 林琳、蔡襄湘、李理、伞珺婕四位同学分别是某市某大学市场营销、物流管理、工商管理、电子商务专业的学生，结合所在城市的优势，他们决定另辟蹊径为网店店主提供网络供货及"一条龙"服务，他们计划开设一家名叫"涛涛店主的店"的网店。

目　录

创/新/创/业/与/法/律

3

第一章
创新创业法律问题总论

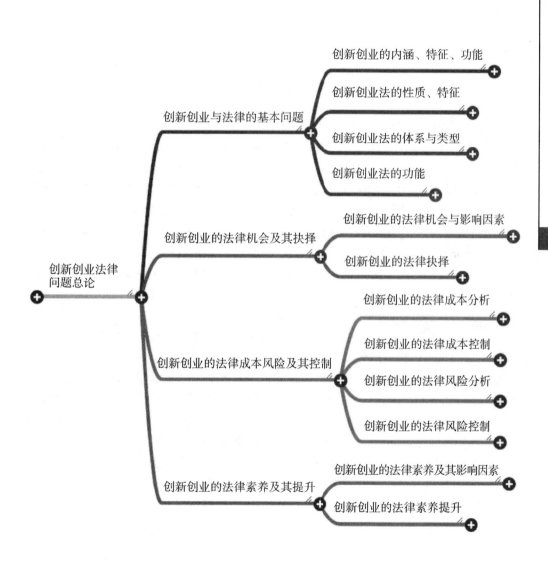

第一节 创新创业与法律的基本问题

一、案例一：在校大学生开办美术班是否合法？

某美术学院学生陈立风是某省美术联考状元，入校后经常有人慕名找他补习美术专业，于是他萌生了在校创业开办"状元美术班"的想法，他的好友于仁理和吴文亮非常赞同并且愿意加入创业团队。

问题：在校创业开办"状元美术班"是否合法？为什么？

二、法律知识点

（一）创新创业的内涵、特征、功能、类型

1. 创新的内涵、特征、功能、类型

（1）创新的内涵

创新已经成为目前中国出现频率最高的词汇之一[1]，同时也可能是一个大家既熟悉又陌生的概念，因而有必要对其词源和含义做些探究。从词源上看，"创新"一词古已有之。比如，北齐《魏书》（卷六十二）："革弊创新者，先皇之志也"；唐初《周书》（卷二十六）："自魏孝武西迁，雅乐废缺，征博采遗逸，稽诸典故，创新改旧，方始备焉"；等等。这里的"创新"主要指国家治理方面的变革，这与《现代汉语词典》（2002年增补本）所说的"抛开旧的，创造新的：创造性；新意"有所不同。又如，与中文"创新"一词对应的英文单词"innovation"，也是一个源于拉丁语（innovare）的古老词语，根据《韦氏大词典》的解释，其含义有：新观念、新方法或新设备；新奇；引入新事物。

然而，作为现代意义上的"创新"始于经济学家的研究[2]。如果说亚当·斯密（Adam Smith）只是从分工理论角度谈了由于分工导致劳动者知识和技能水平提高这样一个与创新相关的问题，那么真正完成创新理论的集大成者则是约瑟夫·熊彼特（Joseph Schumpeter）[3]。按照熊彼特的观点，所谓"创新"[4]，就是"建立一种新的生产函数"，也就是说，把一种从来没有过的关于生产要素和生产条件的"新组合"（new combinations）引入生产体系。作为资本主义"灵魂"的"企业家"的职能就是实现"创新"，引进"新组合"。所谓"经济发展"（economic development）也就是指整个资本主义社会不断地实现这种"新组合"。熊彼特所说的"创新""新组合"或"经济发展"，包括以下五种情况：①引进新产品；②引用

---

[1] 史密斯. 创新［M］. 秦一琼，等译. 上海：上海财经大学出版社，2008：代序.

[2] 斯密（1776）认为："劳动生产力上的最大增进，以及运用劳动时所表现的更大的熟练、技巧和判断力，似乎都是分工的结果。"参见：史密斯. 创新［M］. 秦一琼，等译. 上海：上海财经大学出版社，2008：代序.

[3] 史密斯. 创新［M］. 秦一琼，等译. 上海：上海财经大学出版社，2008：代序.

[4] 注意，其1911年德文版《经济发展理论》一书用的是"新组合"而不是"创新"，该书在1934年被译成英文时，使用了"创新"（innovation）一词.

新技术，即新的生产方法；③开辟新市场；④控制原材料的新供应来源；⑤实现企业（industry）的新组织。而"创新"是一个"内在的因素"，"经济发展"也是"来自内部自身创造性的关于经济生活的一种变动"[1]。此后，创新理论得以在世界范围内广泛扩散。一方面，从创新的地位和作用上看，从罗伯特·索洛（Robert Solow）1956年提出的经济增长模型将创新作为外生变量，发展到保罗·罗默（Paul Romer）1990年提出的新增长理论把创新内生化[2]。另一方面，从创新的外延扩展上，先后出现了技术创新[3]、知识创新[4]、管理创新[5]、创新型国家[6]等理论。这里需要指出的是，国内也有一些学者对创新概念进行了探讨[7]。结合上述语源和理论演变，本书认为创新是指特定主体基于一定目的，围绕优化或改变既有状态，提出并实现的新想法、新举措、新手段、新环境，达到或实现一定价值或结果的行为或过程。这里的关键词主要有主体、目的、区别于既有、价值或结果、行为或过程。

（2）创新的特征

对于创新的特征，人们的阐述不完全相同[8]。本书认为，创新主要有以下特征：

3

---

[1] 熊彼特. 经济发展理论：对于利润、资本、信贷、利息和经济周期的考察 [M]. 何畏, 易家详, 等译. 北京：商务印书馆, 2017：中译本序言, 73-74.

[2] 史密斯. 创新 [M]. 秦一琼, 等译. 上海：上海财经大学出版社, 2008：代序.

[3] 从技术创新理论看，有罗斯托提出的经济成长五阶段理论，该理论认为经济成长五阶段分为传统社会阶段、为发动创造前提条件阶段、发动阶段、向成熟推进阶段和高额群众消费时代阶段。参见：罗斯托. 经济成长的阶段 [M]. 国际经济研究所编译室, 译. 北京：商务印书馆, 1962：10, 68.

[4] 知识创新是指为了企业的成功、国民经济的活力和社会进步，创造、演化、交换和应用新思想，使其转变成市场化的产品和服务。参见：AMIDON D M. Innovation strategy for the knowledge economy: the ken a-wakening [M]. Boston: Butterworth Heinemann, 1997: 23-56. 1996年，经济合作与发展组织（OECD）发表了具有划时代意义的重要文献《知识经济》(The Knowledge-based Economy)，除了给予知识经济一个全新的定义并设计了知识经济的指标体系外，还完整地描绘了一个国家的科学系统。参见：史密斯. 创新 [M]. 秦一琼, 等译. 上海：上海财经大学出版社, 2008：代序. OECD认为，知识向来是经济发展的核心。经合组织成员国的经济比以往任何时候都更加领带于知识的生产、扩散和应用. 知识投资是经济长期增长的关键因素. 参见：经济合作与发展组织. 以知识为基础的经济 [M]. 杨宏进, 薛澜, 译. 北京：机械工业出版社, 1997：1, 4, 27-49.

[5] 从管理创新理论上看，有彼得·德鲁克的管理创新理论，该理论认为"创新"一词并不一定就是指研究，因为研究只不过是创新的一个工具。参见：德鲁克. 动荡年代的管理 [M]. 屠端华, 吴力励, 孟兴国, 译. 北京：工人出版社, 1989：55. 任何使现有资源的财富创造能力发生改变的行为，都可称为创新. 参见：德鲁克. 创业精神与创新：变革时代的管理原则与实践 [M]. 哥政, 译. 北京：工人出版社, 1989：35.

[6] 从创新型国家理论看，迈克尔·波特（Michael Porter），从国家竞争力的角度把一国经济发展分为四个阶段，即生产要素导向（factor-driven）阶段、投资导向（investment-driven）阶段、创新导向（innovation-driven）阶段和富裕导向（wealth-driven）阶段. 史密斯. 创新 [M]. 秦一琼, 等译. 上海：上海财经大学出版社, 2008：代序.

[7] 比如，有的学者认为，创新是指以现有的思维模式提出有别于常规或常人思路的见解为导向，利用现有的知识和物质，在特定的环境下，本着理想化需要或为满足社会需求，而改进或创造新的事物、方法、元素、路径、环境，并能获得一定有益效果的行为。参见：吕强, 张健华, 王飞. 创新创业基础教育 [M]. 成都：电子科技大学出版社, 2017：2. 有的学者认为，创新是基于已有成果进行的开创性认识和实践活动，创新的本质是对现实的突破，它是对已有的不合理事物的扬弃，是从知识获取和转化到技术形成与开发的递进过程，是创新思维蓝图的外化、物化。参见：项勇, 黄佳祯, 王唯洁. 大学生创新创业素质培养机制研究 [M]. 北京：中国经济出版社, 2017：2.

[8] 有的学者认为，创新的特点有目的性、变革性、新颖性、超前性和价值性。参见：项勇, 黄佳祯, 王唯洁. 大学生创新创业素质培养机制研究 [M]. 北京：中国经济出版社, 2017：2. 有的学者认为创新有很多特点、特征、特性：目的性、变革性、新颖性、超前性、价值性等。参见：曾国平, 曾经. 创新思维与创造力 [M]. 重庆：重庆大学出版社, 2016：12-32.

一是主体性。创新是由人进行的活动，是特定主体的行为。这里的特定主体可以是人人，可以是万众，可以是单独的个体，也可以是个体的联合，还可以是组织体。个体或个体的联合是创新行为或活动的最终承担者、完成者。组织体可以是企业，也可以是非企业，甚至还可以是国家或国际组织。这里需要指出的是，人脑电脑结合体、机器人等人造物本身并不能纳入这里所说的主体范畴，其所进行的人工智能等行为或活动本质上是人的活动的体现或延伸。

二是目的性。创新是特定主体有意识有目的的行为。这里的目的，可以是为了实现或完成其自身的理想目标、体现其人生价值目标追求而进行的活动，是"为己"的目的性；也可以是为了满足经济社会发展、环境生态优化等方面需求而进行的活动，如新产品、新工艺、新材料、新组织、新结构、新市场等的发现、应用、拓展，体现的是"为他"的目的性。这里的"为己"和"为他"是辩证统一的关系，既相互区别，又相互作用、相互影响、相互促进。

三是新颖性。新颖性是创新的根本性特征。没有新颖性，就谈不上创新。这里的新颖性主要强调其与其他人相比的独特性或差异性，也包括与自己相比的进步性或改进性。自己首次发现、发明或应用的东西具有新颖性，在他人基础上结合自己的情况进行改进或优化的部分也可以说具有新颖性。单纯的模仿、跟随、重复等行为不具有新颖性，当然就谈不上创新了。

四是价值性。这里的价值性主要强调创新为经济社会发展、环境生态优化等带来优化或变革，带来增值、进步，而不只是为创新者带来快乐、享受、美感等。这种价值性是创新过程和创新结果的统一，是主观评价和客观评价的结合，是自我价值与社会价值的融合。一项创新的成功不是取决于它的新颖度、科学内涵和灵巧性，而是取决于它在市场上的成功[1]。

五是风险性。创新是对过去的总结与反思，是对现在的优化或变革，是对未来的期盼，其必然带来不确定性，相应地具有风险性。新想法、新举措、新手段、新材料、新结构、新市场等的研发有风险，其实施、实现也有风险。创新的风险因创新领域、项目、环节、因素、条件等的不同而不同。同时，需要指出的是，创新的风险可以被勇于创新、善于创新的人们克服，创新的障碍因素也可以通过不断创造条件和环境予以解决。

（3）创新的功能

一是进步的内生因子。创新是全面进化的原动力[2]。从人类社会演化史看，无论是从人类早期的直立行走、工具的使用，到后来的工业革命，再到现在的知识经济、人工智能、数字经济等，人类的每一次进步都离不开人的创新，离不开创新的积极作用。随着人类的不断进步，人们对于创新在人类进步上所起作用的有无、多少、大小等方面的认识，特别是对于其从外在作用的认识发展为内生作用的认识也逐步清晰深入。事实上，如前所述，无论是经济成长五阶段理论，还是经济发展四

[1] 德鲁克. 创业精神与创新：变革时代的管理原则与实践 [M]. 哥政，译. 北京：工人出版社，1989：作者序.

[2] 白万纲. 用创新重构世界 [M]. 北京：金城出版社，2018：3.

阶段理论，都揭示了创新在其中所起的关键作用。从这个意义上说，人类历史实际上就是一部创新史[1]。

二是发展的第一动力。创新不仅是人类进步的内生因子，而且是人类全面发展的动力。邓小平说过："马克思说过，科学技术是生产力，事实证明这话讲得很对。依我看，科学技术是第一生产力。"[2] 江泽民在 1995 年召开的全国科学技术大会上指出："创新是一个民族进步的灵魂，是一个国家兴旺发达的不竭动力，也是一个政党永葆生机的源泉。"[3] 在 2013 年亚太经合组织工商领导人峰会上，习近平在谈到世界经济增长的动力时指出："增长的动力从哪里来？我的看法是，只能从改革中来，从调整中来，从创新中来。""既要创新发展思路，也要创新发展手段。要不断提高创新能力，用创新培育新兴产业，用创新发掘增长动力，用创新提升核心竞争力。"党的十九大报告指出："创新是引领发展的第一动力，是建设现代化经济体系的战略支撑。""实施创新驱动发展战略，最根本的是要增强自主创新能力，最紧迫的是要破除体制机制障碍，最大限度解放和激发科技作为第一生产力所蕴藏的巨大潜能。"我国科技发展的方向就是"创新、创新、再创新。""在激烈的国际竞争中，唯创新者进，唯创新者强，唯创新者胜。留学人员视野开阔，理应走在创新前列。"[4]

三是富强的金钥匙。国家富强是我国百年梦想的重要目标、是我国社会主义核心价值观的重要内容。从某种意义上说，我国 40 余年的改革开放就是一种创新，是在中国土地上进行中国特色社会主义建设的创新，是经历了从站起来到富起来的转变、并进一步从富起来向强起来转变的创新。正如有的学者所指出的，从国家的层面来考虑时，"竞争力"的唯一意义就是国家生产力。国家的财富主要取决于本国的生产率（即单位工作日所创造的新价值，或者是单位投入资本所得到的报酬）和一国所能利用的单位物质资源，而影响生产率和生产率增长的各因素，包括信息、激励、竞争压力、到达支持性公司的途径、制度与协会、基础设施和人力与技能库存等。同时，国家经济若要繁荣，企业是不可少的关键因素，因为它的生产力决定了国家的生活水平，同时也形成企业改善效益与提高效率的能力。企业生产力的提高则必须借助提高产品质量、增加产品特性、改善产品技术和提高生产效率等方式[5]。由此可见，无论是国家财富的增长，还是企业生产力的提高，都离不开技术改进、人力资本储备、生产率提升，离不开创新。可以说，创新是打开富强之门的金钥匙。

（4）创新的类型

创新可以按照不同标准进行不同的分类。比如，根据创新主体，可以将创新分为个人创新、法人创新、非法人组织创新和其他主体创新，也可以分为单独创新和

---

[1] 史密斯. 创新 [M]. 秦一琼，等译. 上海：上海财经大学出版社，2008：代序.
[2] 邓小平. 邓小平文选：第 3 卷 [M]. 北京：人民出版社，1993：274.
[3] 江泽民. 江泽民文选：第 3 卷 [M]. 北京：人民出版社，2006：64.
[4] 习近平. 习近平谈治国理政 [M]. 北京：外文出版社，2014：344，350，25，121，123，51，59.
[5] 波特. 国家竞争优势 [M]. 李明轩，邱如美，译. 北京：华夏出版社，2002：1，2，6，再版介绍.

联合创新。此外，根据创新的对象，创新可以分为产品创新、服务创新和工艺创新[1]，可以将创新分为科学技术创新、理论创新、道路创新等[2]，还可以将创新分为产品创新、技术创新、制度创新、职能创新等[3]。如，根据创新的新颖程度，把创新分为激进式、建构式、模组式和渐进式创新[4]。

2. 创业的内涵、特征、功能和类型

（1）创业的内涵

"创业"是个古老的词汇，也是一个近年来尤其是"双创"提出以来的"热词"之一。然而，人们对于创业的认识并不统一，因此有必要对其词源和含义进行进一步探析。从词源上看，《孟子·梁惠王下》："君子创业垂统，为可继也。"诸葛亮《出师表》："先帝创业未半，而中道崩殂。"这里的"创业"主要是指创建帝王基业，其与现代汉语的词义不完全相同。"创业"一词由"创"和"业"组成。根据《现代汉语词典》的解释，所谓"创"是指创造、开始、做之义，而"业"则指行业、职业、学业、事业、产业等，"创业"指创办事业。与中文"创业"对应的英文词语有"venture"和"entrepreneurship"，前者本义是冒险，现指创业、创建企业，后者指创业状态、创业活动、企业家活动[5]，且创业往往与创业家、企业家（entrepreneur）结合或混合在一起使用。然而，"创业"一词在学术领域的起源可以追溯到18世纪上半期[6]，其标志是法国经济学家理查德·坎蒂隆（Richard Cantilion）首次将"创业者"概念[7]引入经济学领域，他认为"创业者是担当风险并可能合法地拥有其收益的人，风险体现在以固定价格买入商品并以不确定的价格卖出，收益就是卖出价与买入价之差。"[8] 此后，学者们从不同角度对创业进行探究，提出创业家说[9]、行为说[10]、行为方式说[11]、

---

[1] 史密斯. 创新 [M]. 秦一琼，等译. 上海：上海财经大学出版社，2008：21.
[2] 习近平. 习近平谈治国理政 [M]. 北京：外文出版社，2014：52.
[3] 吕强，张健华，王飞. 创新创业基础教育 [M]. 成都：电子科技大学出版社，2017：3-5.
[4] 史密斯. 创新 [M]. 秦一琼，等译. 上海：上海财经大学出版社，2008：21.
[5] 李时椿，刘冠. 关于创业与创新的内涵、比较与集成融合研究 [J]. 经济管理，2007（16）：76.
[6] 至于具体年代，目前有不同的提法。比如，学术界广泛认为"创业"一词在学术领域出现始于法国经济学家理查德·坎蒂隆（Richard Cantilion）于1755年在其著作《商业性质概论》中首次提出的"创业者"的概念。参见：赵鹤. 再论创业的定义与内涵：从词源考古到现代释义 [J]. 教育教学论坛，2015（1）：84.
[7] 该译者使用的是业主概念。参见：坎蒂隆. 商业性质概论 [M]. 余永定，徐寿冠，译. 北京：商务印书馆，1986：24-27.
[8] 赵鹤. 再论创业的定义与内涵：从词源考古到现代释义 [J]. 教育教学论坛，2015（1）：84. 这体现在作者对业主的描述上。参见：坎蒂隆. 商业性质概论 [M]. 余永定，徐寿冠，译. 北京：商务印书馆，1986：24-27.
[9] 1800年法国经济学萨伊说过，创业家能将经济资源从生产力低的地方转移到生产力高、产出多的地方。参见：德鲁克. 创业精神与创新：变革时代的管理原则与实践 [M]. 哥政，译. 北京：工人出版社，1989：23.
[10] 被誉为现代管理学之父的彼得·德鲁克在其所著《创新与创业精神》一书中写道："创业是一种行为，而不是个人性格特征。"参见：赵鹤. 再论创业的定义与内涵：从词源考古到现代释义 [J]. 教育教学论坛，2015（1）：85.
[11] 杰弗里·蒂蒙斯（Jeffry A. Timmons）在其所著《创业创造》（New Venture Creation）一书提出，创业是一种思考、推理结合运气的行为方式，它为运气带来的机会所驱动，需要在方法上全盘考虑并拥有和谐的领导能力。参见：赵鹤. 再论创业的定义与内涵：从词源考古到现代释义 [J]. 教育教学论坛，2015（1）：85. 吴勇，李彬源，周勇军. 创新创业基础 [M]. 上海：上海交通大学出版社，2017：7.

过程说[1]、系统说[2]、混合说[3]等不同主张，对于进一步理解和把握创业的内涵具有重要意义。结合创业的词源演变和理论主张，本书认为创业可以有广义和狭义之分。广义上的创业是指一切主体所从事的事业或活动，包括公法主体（如政府机关）从事或参与的国家事业、公益事业等，也包括私法主体（如个人、企业法人、非法人企业、其他社会组织）所从事或开展的产业、企业、家业、产业等。狭义上的创业是指私法主体（这里主要指个人）为了特定目的，围绕所发掘或捕捉的机会，借助特定组织形态，通过优化或组合资源，向社会提供所需要的产品或服务，实现更多经济社会价值的行为或过程，主要表现为通过创建、经营企业等经济组织从事经济活动以获取更多经济价值，也可以表现为创办公益性组织从事公益性事业以增加社会价值。本书所指创业主要是指狭义创业，尤其是指个人创办企业。

（2）创业的特征

对于创业的特征，人们也进行了探讨[4]。本书认为，创业主要有以下特征：

一是主体特定性。万众可以创新、大众可以创业。这里的大众创业主要还是指潜力、可能性、希望等。从狭义创业角度，尤其是从个人创办企业角度上讲，受个人意愿和能力、资源限制、法律规定等因素的约束，客观上不可能全员创业，而只会有部分人创业。这部分人就是那些愿意创业、可以创业、能够创业、尝试创业的人，是那些能捕获和把握创业机会、善于组合和利用各种资源、执着拼搏的人，是不怕吃苦、勇于创新、敢于冒险的人。这部分人包括实际已经创业和将来可能创业的人。从这个意义上说，创业具有主体上的特定性。

二是目的明确性。创业的目的可以是营利性目的，也可以是公益性目的，还可以是自我理想的实现或潜力能力的展示体现目的。从营利性目的上看，创业者创业是为了获取一定的经济收益，是为了获得多于成本费用的利润，是为了达到更好的经济基础或地位实力。从公益性目的看，创业者也可能是为了帮助社会上需要帮助、需要救助的人群，是为了帮助他人生存、发展的利他目的。从自我理想的实现或潜力能力的展示体现目的上看，创业者也可能主要是为了实现自己的特定理想（如实业救国强国理想、教育救国强国理想），也可能是为了展示自己在创业上的本事、能力、潜力，获得他人认同或实现自我满足的需要。

三是活动综合性。创业活动是由若干纵横交错系统组成的动态体系。这些系统包括创业机会的发现、选择、利用系统，创业组织形态的选择建立、经营管理、变

[1] TIMMONS J A. New venture creation: entrepreneurship for 21 century [M]. Illinois: Irwin, 1999.

[2] 王勇，张蕾. 创业的概念、要素与效用 [C]. International Conference on Education Reform and Management Innovation，2012.

[3] 创业就是创立事业. 创业包含两个方面内容：一是指个人在集体的某一岗位上按照岗位要求并结合自己的发展而努力的创业活动。二是指个人或群体创立公司，开办企业等个体行为或群体行为较强的创业活动。参见：吴勇，李彬源，周勇军. 创新创业基础 [M]. 上海：上海交通大学出版社，2017：6-7. 创业即将掌握的某种技术、发现的某种资源、信息借用现有的平台和载体以一定的方式进行转化，从中获取更多价值的过程。参见：项勇，黄佳祯，王唯洁. 大学生创新创业素质培养机制研究 [M]. 北京：中国经济出版社，2017：3.

[4] 创业的特点有：创业是主动进行的实践和创造活动、对社会资源的重组利用、承担必然存在的风险。参见：吕强，张健华，王飞. 创新创业基础教育 [M]. 成都：电子科技大学出版社，2017：41.

更组合、退出破产系统，创业资源的寻找、组建、优化、聚合、利用系统，以及产品或服务的生产、营销系统等。每个系统都具有极强的综合性，体现在构成要素、活动过程、活动结果等方面，是创业主体、创业机会、创业资源、创业组织、创业对象等要素综合作用的过程，每一项产品或服务也是多种因素综合作用的结果。

四是结果增值性。从人类社会发展进程看，人口在不断增长，人类所拥有或控制的财富也在不断增长，财富的增长离不开生产力的提升，而生产力的提升直接建立在创业的基础上。没有创业，就不可能有财富的产生或增长，也不可能有人类的持续发展。从创业整体上看，虽然也有失败者、亏损者、破产者，然而总体上创业成功者不断涌现，创业所带来的增值是明显的、累积的、持续的。从创业个体看，创业者收获的价值可能是财富的增长，是创业体验的积累，是创业能力的体现，是创业潜力的展示，是利他目标的达成。正如彼得·德鲁克（Peter F. Drucker）指出的那样，创业家必须能创造出一些新的、与众不同的事情，并能改造价值。成功的创业家，不论他个人的动机如何——为了金钱、出于好奇、追求名誉与社会承认，都要创造价值并有所贡献[1]。

五是行为冒险性。创业作为一种行为，固然与非创业行为一样有风险。而与非创业行为不同的是，创业行为具有不同的甚至更多更大的风险，是一种冒险性强的行为，是风险与收益并存的过程。这种风险可能是投资的血本无归，可能是所投资企业的破产，可能是经营管理出现困境，可能是生产或提供的产品或服务营销失败；等等。造成风险的因素可能是创业者自己的素质、能力、实力等，也可能是创业者以外的市场环境、资金资源、技术变革、内部治理、政策制度、不可抗力等。

（3）创业的功能

对于创业的功能，人们也有些探讨[2]。本书认为，创业的主要功能有：

一是综合创新之源。彼得·德鲁克指出，创业社会的出现，可能将成为历史上的一个重要转折点。在这个社会中，创新和创业精神是正常、稳定和持续的。创新和创业精神的确是社会、经济、公共服务部门和企业共同需要的。因为创新和创业精神能使所有社会、经济、产业或企业和公共服务事业更具有灵活性和自我更新的能力。它们能够达到杰斐逊想在每一代中通过革命去实现的目标，非但不流血、没有内战、没有集中营或经济崩溃，而且是有目的、可引导并在控制之下的[3]。霍斯利茨（Berthod F. Hoselitz）指出，创业使企业能够承受不确定性，协调生产性资源，引入创新和提供资本[4]。帕·戴维森（Par Davidsson）和约翰·维克隆德（Johan

[1] 德鲁克. 创业精神与创新：变革时代的管理原则与实践 [M]. 哥政，译. 北京：工人出版社，1989：25，40.
[2] 创业的主要效用有：创业是就业之母、创新之父，创业活动是经济发展的"寒暑表"、高新技术创业是产业结构调整的内驱力，创业精神能够增强社会文化的正能量。参见：王勇，张蕾. 创业的概念、要素与效用 [C]. International Conference on Education Reform and Management Innovation, 2012.
[3] 德鲁克. 创业精神与创新：变革时代的管理原则与实践 [M]. 哥政，译. 北京：工人出版社，1989：321，308.
[4] 赵鹤. 再论创业的定义与内涵：从词源考古到现代释义 [J]. 教育教学论坛，2015（1）：86.

Wiklund）指出创业就是新事业创造[1]。事实上，创新是创业精神的灵魂[2]，创业就是综合创新，就是在创业者发掘、捕获的创业机会的吸引、导向下，各种资本、人力、技术、管理、组织等资源或要素持续地被有效激活、聚合、组合，不断生产或提供社会需要的产品或服务。从这个意义上说，创业就是综合创新之源。

二是就业民生之门。一方面，创业不仅需要创业者负责决策和管理，还需要足够的劳动者。这在客观上为广大劳动者提供了就业机会和收入来源。创业越多，劳动者就业机会就越多。随着创业规模的扩大，其所需要的劳动者也更多，从而为劳动者提供的就业机会就更多。随着创业成功案例的增加，必然会吸引更多潜在创业者加入创业行列，进而创造更多的就业机会和收入来源。另一方面，创业不仅为劳动者提供机会和收入，还可以在市场"创业机会"这只看不见的手的指引下，针对经济社会发展中的短板、急需、弱项、痛点，扬长避短，分工合作，不断生产或提供优质产品或服务，有效满足社会对产品或服务的需求，切实解决民生问题。

三是增富致强之路。有的学者认为，经济发展是人类近代最重要的现象，而导致这个现象最根本的两个原因，正是企业家[3]和信贷。学者们认为经济发展专指经济体系自发而不连续的变化，直接说来就是，由企业家在信贷的帮助下，实现新组合带来的变化[4]。创业能不断创造新价值、增加社会财富。首先，创业能增加创业者财富，这种财富主要体现在创业收入扣除相应成本费用税金后所获得的利润。随着创业规模、价值、影响、声誉等的扩展或提升，创业者所获得的财富收入也会不断增长。其次，创业能增加劳动者收入。创业越多，其所吸引的劳动者越多，就有更多的劳动者有机会增加个人或家庭收入。同时，创业者的创业越成功，意味着创业总收入就可能更多，从而相关劳动者所可能获得的收入也会越多。再次，创业也能增加社会财富。这种社会财富主要体现为创业新创造的产品、服务及其增值。创业越多，其所生产或提供的产品或服务就越多，其分享给其他创业资源提供者的收益也会越多，相应地整个社会的财富也必然越多。最后，创业还能增加税收。在现代国家或地区税收制度下，创业总收入中必然会有一部分收入要成为国家或地区税收的组成部分。创业所需要缴纳的税收种类，因创业领域、环节、项目等的不同而不同，一般包括增值税、消费税、所得税等。一个国家或地区的创业收入越多，其税收收入才会更多。

四是核心竞争之基。竞争规律是市场经济的规律之一。在经济全球化背景下，各国竞争日趋激烈。而各国竞争既是全面竞争，综合实力的竞争，更是核心竞争力

---

[1]　DAVIDSSON P，WIKLUND J，et al. Levels of analysis in entrepreneurship research：current research practice and suggestions for the future［J］. Entrepreneurship theory and practice，2001：81-99.

[2]　创业精神的本质有：创新是创业精神的灵魂，合作是创业精神的精髓，执着是创业精神的本色，冒险是创业精神的天性。参见：吕强，张健华，王飞. 创新创业基础教育［M］. 成都：电子科技大学出版社，2017：51-52.

[3]　18世纪经济学家理查德·坎蒂隆（Richard Cantilion）最早使用"企业家"（entrepreneur）这个词来指称那些在寻求机遇的过程中扮演积极承担风险角色的人。参见：王艳茹，王金诺. 大学生创新创业指导［M］. 成都：电子科技大学出版社，2017：6. 熊彼特在该书中首次确立了企业家在经济发展中的地位，从而为他赢得了"创新大师"的美誉。参见：熊彼特. 经济发展理论［M］. 郭武军，吕阳，译. 北京：华夏出版社，2015：译者序.

[4]　熊彼特. 经济发展理论［M］. 郭武军，吕阳，译. 北京：华夏出版社，2015：译者序.

的竞争，核心技术的竞争。创业既是"经济过程本身的主要推动力"[1]，也是全球市场竞争的基础。无论是全面竞争，还是核心竞争力的竞争，其需要依靠创业，尤其是需要有足够多的高水平高质量的创业。没有创业，竞争就成为无源之水、无本之木。从某种意义上讲，所谓全面竞争就是全体创业者之间的竞争，所谓核心竞争力的竞争就是全体创业者之间核心竞争力的竞争。

（4）创业的类型

创业可以依据不同标准进行分类。比如，按创业动机分为机会型创业和就业型创业。按创业起点分为创建新企业和企业内创业。按创业者数量分为独立创业和合伙创业。按创业项目性质分为传统技能型创业、高新技术型创业和知识服务型创业。按创业方向或风险分为依附型创业、尾随型创业、独创型创业和对抗型创业。按照创新内容分基于新品创新的创业、基于营销模式创新的创业和基于组织管理体系创新的创业[2]。根据创业者对市场的不同认识，创业模式有复制型创业、模仿型创业、安定型创业、冒险型创业[3]。

3. 创新与创业的关系

对于创新与创业的关系，学界有一定的研究[4]。本书认为，创新与创业既相互区别，又相互联系。二者的区别主要体现在：一是对象不同。创新重在"新"，包括产品创新、技术创新、管理创新、知识创新、制度创新、国家创新、社会创新等诸多方面，而创业重在"业"，可以是事业，也可以是企业，尤其是企业。二是目标不同。创新的直接目标是对既有状态的优化或变革，以获得更多的经济社会价值，而创业的直接目标是通过创办企业等，来实现其自身价值，并获得相应的财富价值。三是主体不同。创新的主体可以是人人，鼓励"万众创新"，任何主体都可能创新，都能够创新，只要努力都可以在特定方面创新，而创业上也鼓励"大众创业"，但如前所述，真正可以创业、能创业的客观上只能是部分人。四是内容不同。创新可以体现在经济社会各个方面，只要是对既有状态的优化、重新组合、改进并能达到一定经济社会价值的，都可以是创新，而创业主要强调创办企业，从事经济活动，获取经济价值即利润。二者的联系主要体现在：二者你中有我，我中有你，相互渗透，相互影响、相互作用、相互促进。创业是创新的基础、源泉，创业本身蕴含着创新，而创新是创业的本质，创新是创业的推动力。

（二）创新创业法的定义、性质、特征

1. 创新创业法的定义

所谓创新创业法，是指调整一定主体在创新创业过程中形成的社会关系的法律

［1］ 王勇，张蕾. 创业的概念、要素与效用［C］. International Conference on Education Reform and Management Innovation，2012.

［2］ 吕强，张健华，王飞. 创新创业基础教育［M］. 成都：电子科技大学出版社，2017：42-44.

［3］ 吴勇，李彬源，周勇军. 创新创业基础［M］. 上海：上海交通大学出版社，2017：7-8.

［4］ 创新是创业的源泉和本质；创业是一个从无到有的创新过程；创业是一种推陈出新的社会实践活动；创业是主体高度自觉和自主的行为。参见：王艳茹，王金诺. 大学生创新创业指导［M］. 成都：电子科技大学出版社，2017：5. 创新是创业的源泉；创新的价值在于创业；创业必然蕴含着创新；创业推动并深化创新。参见：李时椿，刘冠. 关于创业与创新的内涵、比较与集成融合研究［J］. 经济管理，2007（16）：79.

规范的总称。这里的主体主要是指创新者、创业者，也包括与创新创业相关的主体。这里的社会关系可能是纵向的管理关系（如政府对创新创业的管理关系、创新创业组织内部管理关系），也可能是横向的平等关系（如合同关系）。这里的法律规范可以是与创新创业相关的国际条约（如《关税及贸易总协定》《服务贸易总协定》《与贸易有关的投资措施协议》等）、国际惯例（如国际贸易术语解释通则、跟单信用证统一惯例等）等组成的国际法律规范，也可以是与创新创业相关的由宪法、法律、行政法规、地方性法规、规章等组成的国内法律规范。

2. 创新创业法的性质与特征

创新创业法是法律规范的重要组成部分，具有与其他法律规范同样的性质。但与其他法律规范相比，创新创业法是新兴的、综合的、实用的部门法，有其独特性。主要表现在：

（1）新兴性

从创新创业法的组成部分（如《中华人民共和国公司法》等）来看，其并不算新兴，甚至可以说还很古老，可以追溯到早期规范工商业活动的规则制度。而从创新创业法的整体上看，学者提出创新创业法术语并进行专门整体研究的时间还比较短暂，按照创新创业法理念进行针对性立法的时间也很短暂，可以说都是近些年的事情。从这个意义上说，创新创业法是新兴的法律规范。

（2）综合性

一是公法与私法的综合。创新创业法有税法、诉讼法等公法方面的内容，也有公司、合同、担保等私法方面的内容。二是实体法、冲突法和程序法的综合。创新创业法包括企业、公司、银行、合同、担保、知识产权等方面的实体法内容，有涉及物权、合同、知识产权等方面法律适用的冲突法，有民事诉讼法、行政诉讼法、仲裁法等方面的程序法内容。

（3）实用性

创新创业法是适应创新创业需要而产生、发展的。通过清单或非清单的形式，从制度上明确创新创业的主体、领域、范围、条件、程序、权利、义务、责任等内容，为创新者创业者提供创新创业的导向和准绳，旨在规范、促进和保护创新创业活动，从而鼓励和推动创新创业活动的正常健康持续开展。

（三）创新创业法的体系与类型

1. 创新创业法的体系

这里的创新创业法的体系主要从国内法角度进行阐述。根据《中华人民共和国宪法》和《中华人民共和国立法法》，按照法律地位和效力级别，有关创新创业法体系由以下构成部分组成：

一是宪法性规定。我国宪法由最高权力机关负责修改、解释和监督实施，即由全国人民代表大会负责修改、监督实施、由全国人民代表大会常务委员会负责解释、监督实施。其有多个条文[1]涉及创新创业的相关内容，为创新创业活动的健康有序开展提供了明确导向和根本保障。

---

[1]　参见：《中华人民共和国宪法》第十一条、第十四条、第二十条和第四十七条。

二是法律。我国法律由最高权力机关制定、修改和解释，即全国人民代表大会制定和修改刑事、民事、国家机构的和其他的基本法律。全国人民代表大会常务委员会制定和修改除应当由全国人民代表大会制定和修改的法律以外的其他法律；在全国人民代表大会闭会期间，对全国人民代表大会制定的法律进行部分补充和修改，但是不得同该法律的基本原则相抵触；目前，我国有大量法律涉及创新创业，如《中华人民共和国民法典》（包括物权、合同等相关内容）、《中华人民共和国公司法》《中华人民共和国合伙企业法》《中华人民共和国个人独资企业法》《中华人民共和国企业破产法》《中华人民共和国劳动法》《中华人民共和国劳动合同法》《中华人民共和国就业促进法》《中华人民共和国商标法》《中华人民共和国专利法》《中华人民共和国著作权法》《中华人民共和国产品质量法》《中华人民共和国消费者权益保护法》《中华人民共和国反不正当竞争法》《中华人民共和国反垄断法》《中华人民共和国广告法》《中华人民共和国对外贸易法》《中华人民共和国个人所得税法》《中华人民共和国企业所得税法》《中华人民共和国税收征收管理法》《中华人民共和国商业银行法》《中华人民共和国保险法》《中华人民共和国证券法》《中华人民共和国电影产业促进法》《中华人民共和国外商投资法》《中华人民共和国电子签名法》《中华人民共和国民事诉讼法》《中华人民共和国行政诉讼法》《中华人民共和国仲裁法》等。

三是行政法规。我国行政法规由最高行政机关制定，即国务院根据宪法和法律制定行政法规。目前，我国已有大量的涉及创新创业的行政法规，如《公司登记管理条例》《企业法人登记管理条例》《互联网上网服务营业场所管理条例》《企业所得税法实施条例》《个人所得税法实施条例》《增值税暂行条例》《消费税暂行条例》《税收征收管理法实施细则》《商标法实施条例》《专利法实施细则》《著作权法实施条例》《税收征收管理法实施细则》《国家高新技术产业开发区若干政策的暂行规定》《国家高新技术产业开发区税收政策的规定》《国务院关于促进国家高新技术产业开发区高质量发展的若干意见》《国务院关于促进乡村产业振兴的指导意见》《国务院关于加快推进农业机械化和农机装备产业转型升级的指导意见》等。

四是地方性法规、自治条例和单行条例。省、自治区、直辖市的人民代表大会及其常务委员会根据本行政区域的具体情况和实际需要，在与宪法、法律、行政法规不相抵触的前提下，可以制定地方性法规。设区的市的人民代表大会及其常务委员会根据本市的具体情况和实际需要，在不同宪法、法律、行政法规和本省、自治区的地方性法规不相抵触的前提下，可以对城乡建设与管理、环境保护、历史文化保护等方面的事项制定地方性法规，法律对设区的市制定地方性法规的事项另有规定的，从其规定。民族自治地方的人民代表大会有权依照当地民族的政治、经济和文化的特点，制定自治条例和单行条例。目前有关创新创业的地方性法规主要有：《中关村国家自主创新示范区条例》《上海市推进科技创新中心建设条例》《上海市鼓励引进技术的吸收与创新规定》《广东省自主创新促进条例》《深圳经济特区科技创新促进条例》《深圳经济特区改革创新促进条例》等。

五是国务院部门规章和地方政府规章。国务院各部、委员会、中国人民银行、审计署和具有行政管理职能的直属机构，可以根据法律和国务院的行政法规、决定、命令，在本部门的权限范围内，制定规章。省、自治区、直辖市和设区的市、自治州的人民政府，可以根据法律、行政法规和本省、自治区、直辖市的地方性法规，制定规章。目前有大量有关创新创业的规章。比如：《教育部关于大力推进高等学校创新创业教育和大学生自主创业工作的意见》《工业和信息化部国家小型微型企业创业创新示范基地建设管理办法》、国家知识产权局等《关于进一步加强知识产权运用和保护助力创新创业的意见》等。

2. 创新创业法的类型

可以根据不同标准划分创新创业法的类型。

从适用对象看，创新创业法可以分为专门立法与相关立法。前者是指专门的创新创业法律规范，目前主要体现在前述的行政法规、地方性法规、规章方面。后者是指不专门针对创新创业但涉及创新创业的法律规范，目前主要体现在前述的法律、行政法规、地方性法规等方面。

根据立法价值取向，创新创业法可以分为鼓励性法、禁止性法和限制性法。鼓励性法是指有关鼓励、促进创新创业的法律规范，涉及高新技术产业及其园区、乡村振兴产业、体育文化产业、软件、集成电路、芯片产业等。比如，《中华人民共和国外商投资法》第十四条规定："国家根据国民经济和社会发展需要，鼓励和引导外国投资者在特定行业、领域、地区投资。外国投资者、外商投资企业可以依照法律、行政法规或者国务院的规定享受优惠待遇。"禁止性法是指有关禁止创新创业的法律规范，涉及严重危害或破坏国家安全、经济社会发展等方面的行业、领域、地区。限制性法是限制创新创业的法律规范，涉及允许其创新创业但又有所限制的行业、领域、地区。比如，《中华人民共和国外商投资法》第二十八条规定："外商投资准入负面清单规定禁止投资的领域，外国投资者不得投资。外商投资准入负面清单规定限制投资的领域，外国投资者进行投资应当符合负面清单规定的条件。外商投资准入负面清单以外的领域，按照内外资一致的原则实施管理。"

（四）创新创业法的功能

根据《现代汉语词典》的解释，"功能"是指事物或方法所发挥的有利的作用；效能。与汉语"功能"一词对应的英语单词"function"，根据《韦氏大词典》的解释，该词指作用、功能、职能、机能、函数等。从法学上看，有的认为法的功能与法的作用有区别[1]，有的认为二者没有区别[2]。至于法的功能有哪

---

[1]　认为法的功能区别于法的作用。法的功能是法所固有的可能对社会生活发生影响的功用和性能。法的作用则是通过对社会主体和社会关系所发生的影响。参见：周旺生. 法的功能和法的作用辨异［J］. 政法论坛（中国政法大学学报），2006（5）：112-113.

[2]　认为法的功能等同于法的作用。参见：沈宗灵. 法理学［M］. 北京：北京大学出版社，2000：72；李步云. 法理学［M］. 北京：经济科学出版社，2000：88. 法的作用和法的功能虽然在严格的语义上确有某些细微差别，但其基本意义是无差别的。参见：张文显. 法理学［M］. 北京：高等教育出版社，1999：349. 把法的作用和法的功能看作同一概念的不同用词。参见：周永坤. 法理学：全球视野［M］. 北京：法律出版社，2000：154.

些，人们从一般意义上的法、部门法等角度进行了探讨。在一般意义上的法的角度，人们的认识也有不同，有主张双功能[1]，有主张三功能的[2]，有主张四功能的[3]，有主张五功能的[4]，甚至还有主张八功能的[5]。在部门法的角度上，有的从民法视角探讨了侵权责任法的私权救济功能、私权保护功能[6]，有的从经济法视角探讨了其社会整合功能[7]；等等。基于上述分析，本书不严格区分法的功能与作用，认为创新创业法作为特定的部门法，也必然具有相应的法的一般功能，即规范调整功能、激励约束功能、救济保障功能。

1. 规范调整功能

"人们奋斗所争取的一切，都同他们的利益有关。"[8] 所谓利益，就是能够使社会主体的需要获得某种满足的生活资源，而这种资源满足的程度是以客观规律、社会环境和社会制度所认可的范围为限度的[9]。在创新创业中，相关主体在相关创新创业活动中形成了一定的社会关系，如合同关系、企业经营管理关系、劳动关系、发明创造关系等，并可能出现相应的利益纷争、权利冲突、义务违背、责任承担等问题。那么，如何规范和调整这些社会关系？如何解决其权利冲突？如何规范义务违背？如何界定责任承担？等等。这就需要通过创新创业法律规范来进行规范调整，达到"定分"。主要表现为：通过明确规定创新创业者及相关主体的权利以明确可以为的范围、边界和方式，通过设定创新创业者及其相关主体的义务以明确不可以为或不应当为的范围和边界，通过规定创新创业者及其相关主体的责任以明确违背法律规定或约定义务所应承担的法律后果，从而规范这些主体的行为模式、行为边界和行为后果，调整其利益、权利、义务和责任状态或格局，进而达到或实现法律规定的目的或当事人期盼的合法权益状态。

［1］ 法律在社会主义市场经济建设中有两个功能：一个是保障功能，另一个是推进功能。参见：张勇. 法的功能与市场经济 [J]. 理论与现代化，1994 (7)：42.
［2］ 在恩格斯看来，法的政治功能，社会管理功能和意识形态功能相互联系，相互作用，构成了一个不可分割的统一体。参见：周伟. 论恩格斯晚年关于法的功能的理论 [J]. 云南教育学院学报，1989 (2)：15-16. 法作为一种特定的社会规范，它也有自己的功能，这就是对社会主体和社会关系具有调整、指引和保障的功能。参见：周旺生. 法的功能和法的作用辨异 [J]. 政法论坛（中国政法大学学报），2006 (5)：112.
［3］ 全面发挥法的功能，是我国市场经济发展的关键。参见：李龙. 论宏观调控与法的功能 [J]. 中国法学，1994 (2)：38-40. 法作为国家确立维护社会秩序的手段，其功能有：确定和维护社会秩序；确定和维护社会经济生活有秩序地运行等。参见：赵之隆. 法的功能与价值 [J]. 当代法学，1997 (3)：5. 法的功能即法的作用有以下几点：法具备调整统治阶级与被统治阶级各种关系的基本功能；法具有调整统治阶级内部各种关系的基本功能；法还有执行社会各种公共事务的职能等。参见：王天木. 法的功能是什么 [J]. 理论学刊，1986 (5)：47-48.
［4］ 法律功能包括和平秩序、自由秩序、社会保障等。参见：霍恩. 法律科学与法哲学导论 [M]. 罗莉，译. 北京：法律出版社，2005：28-32. 法的功能包括为人民带来好处，能反映社会价值，能增加新的项目，能禁止某些活动，能提供预测资讯。参见：CALVI, COLEMAN. American law and legal systems [M]. Upper Saddle River：Prentice Hall，2000：2-4.
［5］ 法的功能包括：创建和调整功能，形式上的调整功能（阻止混乱发生），保持功能（物质的调整功能），创造与教育功能等。参见：魏德士. 法理学 [M]. 丁小春，吴越，译. 北京：法律出版社，2003：40-47.
［6］ 王利明. 走向私权保护的新时代：侵权责任法的功能探讨 [J]. 社会科学战线，2010 (9)：152-155.
［7］ 单飞跃. 社会整合：经济法与社会法的功能配合 [J]. 法学，2004 (5)：13-15.
［8］ 马克思，恩格斯. 马克思恩格斯全集：第1卷 [M]. 北京：人民出版社，1956：82.
［9］ 周旺生. 论法律利益 [J]. 法律科学，2004 (2)：25.

2. 激励约束功能

在现代法治社会，依法办事已成为公认的法治精神。与创新创业相关的法律规范，无论是国家制定或认可的国内法律规范，还是国家参加或承认的国际法律规范，都在不断修改完善，这就要求创新创业者要及时知悉了解、研究和遵守这些规范。事实上，与创新创业相关的法律规范可能是授权性规范，允许相关主体为或不为一定的行为，支持或鼓励其从事一定的活动；也可能是义务性规范，不允许相关主体为或不为一定的行为，禁止或限制其从事一定的活动。如果创新创业者按照法律规范的这种导向、指引进行创新创业的决策、经营管理，就可以获得法律的认可、保护，就可以带来法律承认和保护的收益。否则就可能面临对自己不利的法律后果，严重影响或制约自己的创新创业活动及其收益。这就体现了创新创业法的激励约束功能。

3. 救济保障功能

创新创业法不仅要有规范调整功能、激励约束功能，还需要有救济保障功能。为什么要有这种救济保障功能呢？主要原因在于创新创业者或相关主体可能因为主客观原因而出现违约、侵权、违法甚至犯罪的行为，这些行为可能给其他相关主体造成损害等不利后果，对此需要法律介入干预。事实上，创新创业法就是通过规定法律责任承担的主体、条件、形式，纠纷解决的主体、途径、环节、条件、程序、方式等来进行救济保障的。这里的法律责任包括赔偿为主、惩罚为辅的民事责任，处罚为主的行政责任和惩罚为主的刑事责任。这里的纠纷解决途径，包括协商、调解、行政处理、仲裁、诉讼等途径。不同的纠纷，其具体途径不一样，但司法最终解决是现代法治的共同选择。这里的司法最终解决包括民事诉讼、行政诉讼和刑事诉讼，民事诉讼适用于民事案件，行政诉讼适用于行政案件，刑事诉讼适用于刑事案件。

三、案例分析

要回答上述在校创业开办"状元美术班"是否合法的问题，可以从两个维度思考。一是从总体上看，在"双创"大背景下，根据《中华人民共和国宪法》第十一条、《中华人民共和国教育法》第二十六、二十七、二十八、五十四条、《中华人民共和国民办教育促进法》第二、三、十、十一、十二、十八、十九、六十四条、《国务院关于大力推进大众创业万众创新若干政策措施的意见》第九条、《国务院办公厅关于规范校外培训机构发展的意见》第二条等现行法律法规的规定，在校大学生创业是国家鼓励和支持的，开办美术班也是法律规范允许的。二是从具体上看，举办特定的校外培训机构，需要具备规定的设立条件，并按照规定履行审批、登记、开展培训、接受监管等要求。设立条件主要包括名称、党的建设、场所条件、师资条件、管理制度等方面。以《成都市民办教育培训机构设置指导标准》为例，仅以名称来看，涉及不得使用可能对公众造成欺骗或者误解的名称或简称，非营利性培训机构不得使用已被撤销的社会服务机构（民办非企业单位）名称，营利性培训机构不得在禁止期限内使用已被撤（注）销的企业名称。培训机构的字号由两个以上汉字组成，不得使用国家（地区）、国际组织、政党、社团组织、部队番号、中国县以上行政区划的名称，不得有损于国家、社会公共利益或违背社会道德风尚，不得使用字母、阿拉伯数字，不得使用已登记的学校名称、简称、特定称谓作字号（有投资关系或经该校授权使用该校简称或特定称谓的除外），不得使用个人姓名（法律、法规和国务院决定另有规定的除外），不得冠以"中国""全国""中华""国际""世界""全球"等字样（国务院或授权机关批准的除外）。基于上述规定，在校创业开办"状元美术班"，要符合相关法律规范的要求，特别是这里的"状元"名称涉嫌违背"不得使用可能对公众造成欺骗或者误解的名称或简称""不得使用已登记的学校名称、简称、特定称谓作字号"等规定，有必要进一步强化名称的规范性和区分性。

四、相关建议

在教育类创新创业或其他创新创业活动中，往往要涉及大量的法律规范，除了《中华人民共和国宪法》《中华人民共和国民法典》等一般性规定外，还可能有不少行业性强的规定，因此要花大力气系统熟悉相关法律规范，掌握其主要内容，尤其是其中的授权性规定、禁止性规定和限制性规定，既要看到其潜力和机会，又要注意其风险和成本。同时，要全面全程依法创新创业，从团队到内容到过程，从创意到创新创业的其他环节，从创新创业组织名称到性质、业务范围、经营管理等，都需要按照法律规范进行，必要时可以咨询法律专业服务机构或人员以获取最大的法律效益。本案例中，开办美术班的创业活动在法律上是合法的，但其"状元"名称上涉嫌违背相关规定，建议对具体名称再仔细斟酌，并对性质、相关条件、设立程序、活动开展等进行明确规范。

五、模拟与实战训练

某美术学院学生陈立风是某省美术联考状元，入校后经常有人慕名找他补习美术专业，于是他萌生了在校创业开办"状元美术班"的想法，他的好友于仁理和吴文亮非常赞同并且愿意加入创业团队。

问题一：请结合所涉及的法律问题，勾画一幅较为完整的法律运行体系图。

问题二：试着解决其中的一个法律问题（如美术班的经营管理等）。

问题三：试着与合作伙伴分享。

第二节　创新创业的法律机会及其抉择

一、案例二：在创业前，组建公司如何融资？如何选择主营业务？

葛强、冯君、王丽丽三人组团参加了某市"青春创想"大学生创业大赛并获得了第一名。三人决定将参赛项目付诸实践，成立"艺善坊文化创意公司"，提供品牌策略、形象设计和营销推广支持服务。但在启动资金的筹措上，三人遭遇了困难。

一方面，三人自身的储蓄较少，亲朋的资助有限；另一方面，他们也缺乏可用于担保的财产，难以从银行获取贷款。另外，在策划对象上，三人也存在争议，葛强对电子游戏兴趣浓厚，擅长软件设计，因此倾向于公司主营电子游戏的品牌策划与推广；冯君则对历史文化感兴趣，文化底蕴深厚，因此建议公司主营本省非物质文化遗产项目的营销推广；王丽丽向往"李子柒式"的归田园居生活，动手能力、操作能力较强，因此力主公司为本省支柱性农产品提供持续性品牌策略。

问题一：葛强、冯君、王丽丽三人组建公司可以从哪些渠道获取资金支持？如何查询相关的政策优惠与法律制度支持？

问题二：葛强、冯君、王丽丽三人成立的"艺善坊文化创意公司"应选择哪些项目作为主营业务？在抉择过程中应考虑哪些因素？

二、法律知识点

（一）创新创业的法律机会与影响因素

1. 创新创业的法律机会

本案例涉及创新创业的法律机会问题。所谓创新创业的法律机会，是指法律为创新创业提供的制度机会与法律支持。法律虽然不能"命令"人们成为发明家或发现家，去设计城市建设的新方法，或去创作优秀的音乐作品。但通过为人类社会组织确立履行更高任务的条件，法律制度就能够为实现社会中的"美好生活"间接做出贡献[1]。

创新创业的法律机会首先包括政府优惠政策、法律制度支持。其中，政府优惠政策又包含两方面，一是对于高校大学毕业生创业政府所提供的优惠政策。比如《国务院关于印发国家教育事业发展"十三五"规划的通知》中要求的，支持本科生和研究生提前进入企业开展创新活动，鼓励高校通过无偿许可的方式向学生授权使用科技成果，引导学生创新创业[2]。二是对于特定行业政府所提供的优惠政策。法律制度支持也包括两方面：一是在法律上为大学生创新创业所提供的制度倾斜；二是法律对特定行业的制度优惠。如《中华人民共和国非物质文化遗产法》第三十六条规定："国家鼓励和支持公民、法人和其他组织依法设立非物质文化遗产展示场所和传承场所，展示和传承非物质文化遗产代表性项目。"

创新创业的法律机会不仅指政府优惠政策、法律制度支持，实际上法律制度本身的规范性、稳定性和可预测性也能够为创新创业带来积极作用。具体而言，法律制度可通过重新分配市场资源、保护创新创业成果、构建市场交易中的制度信任等手段来鼓励和推动创新创业行为[3]。

法律制度鼓励和推动创新创业的第一种手段是通过重新分配市场资源来调整市场行为或者纠正政府调控产生的分配问题。重新分配资源将可能扩大或者创建新的

---

[1] 博登海默. 法理学：法律哲学与法律方法 [M]. 邓正来，译. 北京：中国政法大学出版社，2014：407-408.
[2] 国务院. 国务院关于印发国家教育事业发展"十三五"规划的通知 [A/OL]. (2017-01-19). http://www.gov.cn/zhengce/content/2017-01/19/content_5161341.htm.
[3] 刘岳川. 法律制度对创业创新机制的作用 [J]. 上海师范大学学报（哲学社会科学版），2017（2）：61.

市场，当市场范围扩大、市场资源重新分配后，竞争就会产生，这种市场的力量最终将鼓励行业内部的创新创业[1]。与此同时，法律制度还可以维持此种竞争且保证其起到作用，以克服市场自由竞争可能带来的垄断困局。但在促进更多的竞争者进入市场时，还要注意规制由此可能带来的不正当竞争行为和过度的政策优惠，在扩大市场时还要做好相应的监管，同时控制好优惠政策的力度。而作为创新创业者，在积极争取政府补助的同时，也要合法创新，严守法律底线，遵循政策导向。法律制度鼓励和推动创新创业的第二种手段是通过确认所有权归属来保护创新创业主体对其成果的正当利益，同时法律还需要保障所有权经双方合意而流转。创新创业行为的主要意旨是获取经济利益，创新创业者在进行创新创业时会耗费极大的时间、精力与成本，且承担着创新创业失败的巨大风险，如果法律不能较好地保护其财产权（如财产权、知识产权等），那么创新创业者的利益就无法得到保障，其创新创业的积极性必然受到影响，可能更倾向于选择模仿而非创新。可见，法律制度上对知识产权、所有权等财产权的保护对于促进创新创业活动具有巨大作用。法律制度鼓励和推动创新创业的第三种手段是构建市场交易中的制度信任。市场交易的前提是双方均能够按照约定履行义务，获取此种信任的方式有两种，一是传统的"熟人信任"或"声誉信任"，即通过多次与相熟的交易主体进行交易或选择与信誉较好的市场主体进行交易[2]。但这种方式往往作用于范围较小的乡土社会，随着城市化的进程加快，乡土社会逐渐过渡为一种陌生人社会，陌生人之间的"熟人信任"或"声誉信任"已难以建立。此时就需要借助所谓的"制度信任"[3]，法律制度便是建立"制度信任"的手段。波斯纳（Richard Allen Posner）法官说，法律是权利、义务和权力之渊源[4]，并且是国家制定或确认的、由国家提供强制力的。借助法律的权威，交易主体不必依仗对交易相对方的"熟人信任"或"声誉信任"，而可以通过法律来保证交易相对方履约或者承担未履约的责任。可以说，现代商业活动的基础便是法律所建立的制度信任。此种制度信任对于任何交易主体都不可或缺，但对于创新创业主体来说尤为重要。原因在于，创新创业主体在创业初期多为中小企业，相对于大企业，中小企业承受风险的能力更小，与交易相对方的议价能力更弱，选择可信任的交易相对方更难。因此，创新创业主体更加需要法律制度的保护。法律制度通过引导交易主体行为，建立制度信任，鼓励交易双方履约进而促进创新创业者发展。

2. 创新创业的影响因素

创新创业活动是一个动态、复杂且不断变化的过程[5]，受到内部、外部多种因素的影响。其中外部因素主要包括国家方针政策、行业发展规律和行业形势、资金

---

［1］ VOGEL. Free markets, more rules - regulatory reform in advanced industrial countries ［M］. Redwood City, CA：Stanford University Press, 1995：35.

［2］ BENNER, PUTTERMAN. Trust relationship：trusting and trustworthiness ［J］. Boston university law review, 2001, (81)：523, 527.

［3］ 李猛. 论抽象社会 ［J］. 社会学研究, 1999 (1)：27.

［4］ 波斯纳. 法理学问题 ［M］. 苏力, 译. 北京：中国政法大学出版社, 2002：277.

［5］ 马君, 郭敏, 张昊民. 大学生创业模式及其动态演化路径 ［J］. 教育发展研究, 2012 (3)：59.

保障、教育水平、交通水平、社会观念、高校的创新创业教育与指导等。内部因素主要包括创业者的素质、创业者的能力、创业者的团队等。

（1）外部因素

第一，国家方针政策。创新创业活动能否成功要看该活动是否符合国家的政策方向，是否符合国家的发展趋势。这就要求创业者能够较为清晰地把握宏观背景和国家形势，关注国家政策与时事热点，在进入行业时要选择符合时代发展走向的行业领域，在行业发展中也要契合国家的大政方针。不过，在契合国家方针政策的基础上，创新创业活动成功与否还与国家政策能否切实实施、保证落实有关，这就需要相关法律制度为政府的优惠政策保驾护航，同时需要建立相应的社会保障体系、跟踪服务体系，以及政府财政部门的资金支持。

第二，行业发展规律和行业形势。创新创业活动的发展还应符合行业发展规律[1]。这就要求创业者明确行业的主要特征和发展趋势，综合考虑行业环境与企业内部环境，从而选择发展前景较好的潜力行业或者趋向衰落的行业中的尚未被开发的蓝海市场。行业经济形势是否景气也影响着大学生的创业愿望和大学生创业的发展情况。

第三，资金保障。创业者在创新创业的起步阶段，常常遭遇资金瓶颈。可以说，资金保障是创业者初创业阶段最为关键的条件。创新创业活动的资金保障不但包含公司创立初期的初始资金，以保证公司的顺利设立；还涉及公司创立后的投资，这确保了公司的存续。创新创业的资金来源主要包括个人积蓄、亲朋支持、政府资金扶持、高校创业基金、银行或其他金融机构贷款、创业投资、群众筹资等[2]。政府也会出台相应的拓宽融资渠道、减免税收等优惠政策，支持创业者创业。

第四，教育水平。当地教育发展情况是人才能否聚集的重要影响因素。从我国大学生创业在各地区的规模来看，规模越大的区域，高等院校的数量一般较多[3]。其原因在于，一方面，一般而言，高校或者科研机构的数量将决定某地区吸引人才的力度。另一方面，高校的聚集使得创业大学生之间可以互相学习扶持其创新创业的优惠政策，因此政策的可操作性更强。由此可见，本地的教育发展水平是决定大学生创业发展能否成功的重要因素。

第五，交通水平。当地的交通情况是其能否招商引资的重要因素，也会在一定程度上决定创业者是否在该地区进行创业。有些创业者在企业初创阶段避开经济最发达的一线城市正是基于其交通拥堵的考虑。比如，交通水平将直接影响大学生创业的发展，从我国大学生在各地区的创业规模来看，创业规模越大的地区，其交通越便利。可见，发达的交通是大学生创业成功的重要因素。

第六，社会观念。创新创业的社会观念主要包括整个社会对于创新创业活动的态度以及创业者自身的创新创业观念。以大学生创业者为例，我国对大学生创新创

---

[1] 姚毓春，赵闯，张舒婷. 大学生创业模式：现状、问题与对策：基于吉林省大学生科技园创业企业的调查分析 [J]. 青年研究，2014（4）：91.

[2] 陈家全. 我国大学生创新创业发展影响因素分析 [J]. 技术经济与管理研究，2018（8）：35.

[3] 陈家全. 我国大学生创新创业发展影响因素分析 [J]. 技术经济与管理研究，2018（8）：37.

业活动的认可度相对比较低，对创业失败的宽容度不高，积极进取、鼓励创新的文化氛围不浓。另外，大学生自身在选择职业时也容易受到社会整体观念的影响，倾向于选择稳定的工作，创业的积极性不高。可见，创新创业的社会观念对于大学生的创业意愿、创业发展均具有较大影响。因此，有必要在社会层面营造积极进取、鼓励创新的创业文化氛围，在舆论层面宣扬宽容失败、鼓励创业的观念从而培育出推崇创新创业的文化。并且，还应大力推广高校创新创业教育，培养大学生的创新创业意识，从而带动当地人逐渐接受创新创业活动，进而逐步形成鼓励创新、包容失败的创新创业文化[1]。

第七，高校的创新创业教育与指导。如上文所说，高校创新教育有助于培育学生的创新创业意识，有调查显示，在校期间受到过创新创业教育，曾参与学校举办的创业比赛的大学生在毕业时选择创业的意愿明显比没有受过创新创业教育、没有进行过创业活动的毕业生高。产生此种现象的原因可能是高校的创新创业教育与指导活动能够帮助在校学生积累创业资源、丰富相关经验、培育正确的创业观念和健康的创业心理，从而帮助在校学生逐渐产生创业意愿、坚定创业决心[2]。因此，高校应当大力筹办相关讲座、进行创业技能实战演练、建立创新创业的指导中心等，鼓励在校学生大胆突破思维定式，努力开发新领域，为大学生的创业意向提供方向和指引。

（2）内部因素

第一，创业者的创新创业素质。创新创业素质是指创业者在创业过程中应当具备的专业素质，其所要求的知识面较为广泛，创业者既需要具备创业所涉行业的专业技能、技术知识等，了解当前创业所涉行业的市场需求、产品顾客等；又需要认识与掌控创立企业的基本知识，包括了解企业如何创建、运营、管理，如何规避风险、如何节约成本，掌握企业设立、运营中的相关法律知识；还需要具备质量把控、市场营销、国际贸易、电子商务等经济管理知识以及其他创新创业应具备的知识。

第二，创业者的创新创业能力。创业者的创新创业能力主要包括营销能力、管理能力、沟通能力、协调能力和执行能力等[3]。营销能力主要包括市场需求调研、产品生产与成本控制、品牌包装、整合企业资源从而实现企业利润的最大化。管理包括设定计划、组织人员、管理人事、指挥部署、协调控制等内容。管理能力是决定大学生创新创业成败的核心要素。良好的沟通能力与协调能力能够起到增强团队凝聚力、发挥团队能动性、促进团队创新的正面作用。执行能力决定了创业者能否较快将计划付诸实施，一般而言，创业成功的企业家均具有极强的执行力。

第三，创新创业者的创业团队。强大优质的团队是创新创业成功的关键因素。这对于新设企业尤为重要。相对于个体创业，团队创业拥有共同的创业理念和价值追求，能够抱团生存与发展，共担风险、共享利益。优秀的团队由许多复杂要素共同构成，主要包括以下几方面：团队人员构成上要既具有同一性又具有差异性；团

[1] 刘宇，吴小钗. 江苏大学生创新创业教育绩效的影响因素研究 [J]. 黑龙江高教研究，2017（1）：122.
[2] 尹洁，徐琳，李锋，等. 大学生自主创业意向影响因素实证研究 [J]. 教育评论，2016（8）：62.
[3] 刘宇，吴小钗. 江苏大学生创新创业教育绩效的影响因素研究 [J]. 黑龙江高教研究，2017（1）：121-122.

队的创业目标要明确，这能够确保团队明确企业员工的素质、技能等要求。另外，合理的职能安排也是团队组建的必备条件[1]。

（二）创新创业的法律抉择

1. 创新创业的法律综合调研分析

创新创业活动是需要周密策划、周全准备的工作，因此在展开创新创业之前，进行一系列的调研工作是创新创业者不能忽略的步骤[2]，是一项经过缜密思考以及精心组织的活动过程[3]。创业者对相关法律进行的综合调研分析就属于创新创业调研工作的重要组成部分。其有利于创新创业者在创业过程中寻找法律机会、节约法律成本、识别并避免法律风险。创业者创业一般需要依托企业来进行，企业作为市场经济主体，其设立、经营、退出的过程均需要符合我国法律法规的规定。因此，创业者在设立企业之前，要对我国法律、法规、规章以及相关政策进行充分调研，比如国家禁止经营哪些项目，国家鼓励从事哪些行业，国家对哪些行业有政策优惠等[4]。具体应当调研的方面包括：第一，我国的法律、法规、规章对设立企业所规定的行政审批程序；第二，《中华人民共和国民法典》《中华人民共和国公司法》《中华人民共和国著作权法》《中华人民共和国专利法》《中华人民共和国商标法》《中华人民共和国企业所得税法》《中华人民共和国票据法》《中华人民共和国证券法》《中华人民共和国反不正当竞争法》《中华人民共和国劳动法》《中华人民共和国劳动合同法》《中华人民共和国社会保险法》《中华人民共和国工伤保险条例》《中华人民共和国消费者权益保护法》等与公司设立、运营、纳税、用工相关的法律、法规、规章、规范性文件等；第三，公司主营业务所涉及的行业监管法律、法规等；第四，关于政府优惠政策文件的收集、整理，包括对于创新创业的优惠政策以及对于创新创业所涉及的具体行业的优惠政策。

新设立的企业须进行登记注册，创业者除需了解一般的企业设立审批程序，还需清楚所涉行业的具体审批程序，比如某些特殊行业就需要经过相应的主管部门审批，如房产中介公司、劳动服务公司等。并且在找寻相关信息时，应备注清楚具体办事部门的联系方式、地址，以利于企业设立登记工作的顺利进行。另外，涉及环境影响行业的企业设立还须进行环境影响评估。在企业经营的过程中，也必需遵守相关法律、法规、规章以及规范性文件，接受监管部门的监督。

对于高校毕业生创业，国家颁布了大量的优惠政策，如上文在法律机会部分所列举的国家在融资政策、资金支持、知识产权合理使用、大学生创业指导服务机构、人员场地等方面的政策支持。对于部分行业，国家也有相应的制度与政策优惠，如对于非物质文化遗产的展示与传承，对乡村产业发展振兴的组织保障、政策鼓励等[5]。

---

[1] 范东亚，谭荣. 大学生职业生涯规划与创新创业教育 [M]. 重庆：重庆大学出版社，2019：130.
[2] 薛永基. 大学生创新创业教程 [M]. 北京：北京理工大学出版社，2017：33.
[3] 薛永基. 创业基础：理念、方法与应用 [M]. 北京：北京理工大学出版社，2016：69.
[4] 于学甫，张建忠，赵东新. 大学生就业与创业指导 [M]. 苏州：苏州大学出版社，2008：164.
[5] 国务院. 国务院关于促进乡村产业振兴的指导意见 [A/OL]. （2019－06－28）. http://www.gov.cn/zhengce/content/2019－06/28/content_5404170.htm.

在企业运营与管理的过程中，企业应当严格遵守相关的法律、法规、规章以及规范性文件，包括市场进入规则、市场竞争规则以及市场交易规则。市场进入规则除了上文提及的登记注册、环境监督等程序外，还包括技术监督、税务、防疫等部门对企业的技术条件、应纳税额进行的审核与管理。在市场竞争规则方面，主要包括公平竞争、合法经营、维护市场经济秩序等要求。在市场交易规则方面，主要包括意思自治、等价有偿、诚实信用、公开公平等交易原则。

2. 创新创业的法律抉择原则

第一是合法性原则，这是创业者进行创新创业的首要原则，如本书下节所述创新创业的法律成本既包括守法成本也包括违法成本，但企业在进行抉择时，应首先考虑经营、管理的合法性，再从成本节约的角度选择更有利于企业生存与发展的策略；第二是效益最大化原则，在满足合法性要求的前提下，创业者应根据效益最大化原则来进行行业领域、设立形式、经营策略、合规方案等方面的选择。比如企业所涉行业上，新兴行业和高新技术产业等快速成长的企业更容易吸引风险投资；在企业实力方面，技术、工艺或服务模式等有创新性、可行性，产品或服务的质量好、功能强，原材料供应有保障、有可持续性的企业更容易吸引风险投资；在企业的合规性上，规范化管理的创业者更容易得到风险投资者的青睐。

3. 创新创业的法律抉择条件判断

创新创业的法律抉择过程中尚需根据一定的条件进行判断。在企业筹备阶段，除了遵循合法性和效益最大化两大原则之外，尚需结合创业者创新创业的内部影响因素与外部影响因素综合判断，其中内部影响因素包括创业者的专业知识储备、个人兴趣志向、社会资源的集中领域、团队成员的组成情况；外部影响因素包括行业发展趋势、地区经济发展情况、地区教育水平、地区交通水平等方面。具体而言，创业者选择何种行业进行创业需要考虑自身及其团队擅长的专业领域、个人及其团队的共同志愿、个人或创业团队所掌握的社会资源与人脉所集中的行业领域等。除此之外，还要综合考量在整个行业发展背景下，所选择的细分领域是否具有发展潜力，企业的起始资金、创业地区的经济、教育、交通发展水平是否足以支撑所构想的创业计划。在企业设立、运营阶段也需综合内外部条件进行综合的法律抉择判断。

4. 创新创业的法律抉择程序筛选

在创新创业法律抉择原则的指引下，综合考虑多种创新创业的法律抉择条件，创业者应该按照何种程序来进行创新创业的法律抉择呢？

第一步，创业领域选择。创业领域选择是创业筹备的第一步，这是一个复合性、综合性的抉择，需要考虑多种因素，但在这些因素中自身特质又是最为重要的。因此，创业者首先要分析自身的专业特长、兴趣志向以及个性特征，选择适合自身特性的创业项目[1]。其次要考虑所选择的行业是否符合国家政策走向，是否有法律制度支持。再次要考虑所选择的领域是否符合行业的发展趋势，是否属于蓝海市场。复次要考虑所选择的创业项目是否较易吸引投资，获得融资。最后要考虑所选择的

[1] 牟顺海，王海军，马秋林. 大学生创新创业指导 [M]. 北京：现代教育出版社，2014：232.

创业项目在当地是否有相应的经济、教育、交通等硬件软件支持。

第二步,企业设立形式选择。企业设立形式是创业筹备须考虑的关键因素,这将决定企业注册的方式、成本。企业类型包括:个人独资企业、合伙企业与公司,公司又可分为有限责任公司与股份有限公司。三种类型的设立条件与资金要求各不相同。创业者应根据创业的起始资金、企业设立的成本要求、投资者的投资偏好等因素决定企业类型。

第三步,创业优惠政策选择。创业者在进行创新创业时要密切关注政府为特定人群、为特定领域提供了哪些优惠政策,如何获得这些政策优惠,应采取哪些行动措施。

第四步,企业融资方式选择。创业者在创立企业后,可能仍需到资本市场进行融资,其中也有成本的考虑。比如若要在主板上市,对企业的营业规模有要求。但大学毕业生初创企业大多为中小型企业,如果要达到相应规模可能需要较多时间、金钱成本,此时则可以选择到创业板、中小板或者区域股权交易市场等部分进行融资。

三、案例分析

本案例的问题一是大学生创新创业过程中极易遭遇的资金瓶颈问题,大学生由于自身积蓄有限,亲朋资助不足,缺乏担保财产等,难以取得充足的启动资金。此时应当从两个方面开拓筹资思路,一是从大学生创业者本身的特殊身份出发,查询有无针对大学生创业的特殊融资渠道以及特别优惠政策;二是从所选择的特定行业出发,从制度层面寻找针对行业本身的制度倾斜和优惠政策。

本案例的问题二是创业项目的选择问题,要分析自身的专业特长、兴趣志向以及个性特征,选择适合自身特性的创业项目。但本案例中,创业团队成员的爱好特长各不相同,此时应该如何协调呢?在这种情况下,就要结合其他因素来综合考量,比如考虑所选择的行业是否符合国家政策走向,是否有法律制度支持,是否符合行业的发展趋势,是否属于蓝海市场,所选择的创业项目是否较易吸引投资以及所选择的创业项目在当地是否有相应的经济、教育、交通等硬件软件支持等。同时,还可以考虑创业团队成员的兴趣专长能否相整合。

四、相关建议

针对本案例的问题一,建议大学生创新创业者首先要掌握通过相关渠道获取创业政策的能力,获取的渠道包括国务院网站、地方政府网站、北大法律信息网、中国中小企业信息网。然后研究自己的大学生身份可以取得哪些优惠政策?如果要享受这些政策,应当做好哪些准备?选择哪种方案?在本案例中,一方面,政府为高校大学毕业生创业提供的优惠政策包括《国务院关于印发国家教育事业发展"十三五"规划的通知》,该政策支持本科生和研究生提前进入企业开展创新活动,鼓励高校通过无偿许可的方式向学生授权使用科技成果,引导学生创新创业;《国务院办公厅关于建设大众创业万众创新示范基地的实施意见》提出构建大学生创业支持体系。实施大学生创业引领计划,落实大学生创业指导服务机构、人员、场地、经

23

费等。建立健全弹性学制管理办法，允许学生保留学籍休学创业。构建创业创新教育和实训体系。加强创业导师队伍建设，完善兼职创业导师制度。鼓励各省级政府统筹区域内高校、企业、产业园区、孵化基地、风险投资基金等资源，扶持大学生创业[1]。另一方面，在法律与政策上也存在对特定行业的制度优惠。比如本案例中冯君提到的非物质文化遗产项目的品牌策略、形象设计等工作就属于我国法律制度层面鼓励从事的工作，如《中华人民共和国非物质文化遗产法》第九条规定："国家鼓励和支持公民、法人和其他组织参与非物质文化遗产保护工作。"第三十六条规定："国家鼓励和支持公民、法人和其他组织依法设立非物质文化遗产展示场所和传承场所，展示和传承非物质文化遗产代表性项目。"《四川省非物质文化遗产条例》第四十一条亦规定，鼓励和支持公民、法人和其他组织通过成立非物质文化遗产研究机构，设立非物质文化遗产展示和传承场所，举办公益性非物质文化遗产展示活动，研究、收藏和传承代表性项目等方式来参与非物质文化遗产的传承与传播。第五十二条规定："县级以上地方人民政府应当对合理利用代表性项目的公民、法人和其他组织，在资金、场所提供、宣传推介、产品销售等方面予以扶持和帮助。合理利用代表性项目的，可以按规定申请国家、省级相关产业发展专项资金，依法享受国家规定的税收、信贷、土地使用等优惠政策。"《四川省非物质文化遗产传承发展工程实施方案》还规定，要"促进非遗与经济社会融合发展。把非遗保护传承与发展现代服务业、乡村文化振兴相结合，将四川独特的非遗资源转化为具有地方特色的产品和服务"，要"加大非遗展示传播力度。坚持常办常新，推动文旅深度融合，精准对接国家发展战略，创新宣传传播渠道，高水平办好中国成都国际非物质文化遗产节，满足新时代人民群众美好生活新需求，彰显我省非遗保护新理念、新实践和新成果，扩大中华优秀传统文化影响力"。对于本案例中王丽丽提到的为本省支柱性产品提供持续性品牌策略，《国务院关于促进乡村产业振兴的指导意见》也提出了相应支持政策，如创新乡村金融服务。由人民银行、财政部、农业农村部、银保监会、证监会等负责引导县域金融机构将吸收的存款主要用于当地，重点支持乡村产业。支持小微企业融资优惠政策适用于乡村产业和农村创新创业。鼓励地方政府发行项目融资和收益自平衡的专项债券，支持符合条件、有一定收益的乡村公益性项目建设。

针对本案例的问题二，经过对问题一的相关法律的检索、整理、分析，我们发现在葛强、冯君、王丽丽三人的创业兴趣中，国务院、地方政府对其中两项是存在法律或政策支持的，包括为非物质文化遗产项目、为本省支柱性农产品提供持续性的品牌策略、形象设计和营销推广的业务。因此，在创业领域的选择上除了考虑个人兴趣爱好之外，还要考虑是否符合国家发展策略，是否存在相关的政策支持。同时也要考虑是否符合行业发展趋势，葛强热衷的电子游戏产业属于朝阳行业，因此，可以想办法将非物质文化产业的宣传与电子游戏产业结合起来，既符合行业发展趋势，又能够利用国家政策优势。

[1] 国务院. 国务院关于印发国家教育事业发展"十三五"规划的通知：国发〔2017〕4 号〔A/OL〕. (2017 -01-19). http://www.gov.cn/zhengce/content/2017-01-19/content_5161341.htm.

第三节　创新创业的法律成本风险及其控制

一、案例三：公司运营过程中如何避免用工风险及公司解散风险？

1. 怎么才能避免"省小钱吃大亏"？

某市大学城某高校学生孙佳凝和室友房光友、邵阳经过调研，发现大学城内没有专门的鞋类养护机构，于是三人准备成立专业公司"爱鞋之家"来填补市场空白。"爱鞋之家"开业之后，生意火爆，店内人手短缺，"爱鞋之家"雇用了家住附近的阿姨王某，并与其签订了劳动合同，以当地最低工资标准 1 890 元/月支付其工资。不料几个月后，该市上调最低工资标准为 2 020 元/月，"爱鞋之家"仍以 1 890 元/月发放王某工资。王某后申请该市劳动人事争议仲裁委员会仲裁，请求解除劳动合同，并要求"爱鞋之家"向其支付未足额支付工资的经济补偿金。该市劳动仲裁委裁决："爱鞋之家"未及时调整最低工资标准，亦未提供其因客观原因导致计算标准不清楚、有争议或具有合理理由而未足额支付的相关证据，且至王某申请仲裁时仍未纠正。王某据此主张解除劳动合同，并要求"爱鞋之家"支付经济补偿金，依法应予支持。

问题一：孙佳凝、房光友、邵阳在"爱鞋之家"的经营过程中，应该怎样做，才能避免承担不必要的法律成本？

2. 如何避免因股东意见不合而解散公司的问题？

"爱鞋之家"是由孙佳凝、房光友和邵阳共同成立的专门的鞋类养护公司，三人均系该公司的股东，分别占有 50%、20%、30% 的公司股份。该公司章程明确规定：股东会议的决议须经代表二分之一以上表决权的股东通过。股东会会议由股东按照出资比例行使表决权。但公司成立一年后，孙佳凝与房光友、邵阳之间的矛盾逐渐加深，公司也因此一直无法形成有效的决议。公司成立两年后，孙佳凝便提议召开股东会，讨论表决关于公司解散的相关事宜。会议上表决时，孙佳凝认为公司经营管理已经发生严重困难，应该解散公司，并进行清算，但房光友和邵阳二人投了反对票，不同意解散公司。由此，孙佳凝起诉至法院要求解散公司。

问题二：孙佳凝、房光友、邵阳在"爱鞋之家"的经营过程中，应该怎样做，才能避免公司解散的法律风险？

二、法律知识点

（一）创新创业的法律成本

本案例涉及如何认识法律成本以及如何控制或合理规避法律成本的问题。法律成本可以分为守法成本和违法成本。

1. 企业守法成本

守法成本即企业因遵守国家或政府的相关法律、法规、规章等而产生的成本[1]。本案例中，"爱鞋之家"因为执行最低工资标准而增加的用工成本就属于守法成本。下文列举比较常见的几类守法成本，包括公司创立时因登记注册产生的成本、履行《中华人民共和国劳动法》《中华人民共和国劳动合同法》等相关法律法规产生的成本，法律咨询成本、知识产权成本、公司涉税成本等。

（1）公司登记注册成本

公司登记注册的阶段，支出的成本一般包括：公司银行开户费用、公章费用、公司注册工本费等。此外，互联网服务业、食品生产行业等特殊的企业登记还需要申请前置许可，也会产生相应的成本。

（2）履行《中华人民共和国劳动法》《中华人民共和国劳动合同法》《中华人民共和国社会保险法》等相关法律法规的成本

《中华人民共和国劳动法》《中华人民共和国劳动合同法》《中华人民共和国社会保险法》等相关法律法规注重倾斜保护劳动者的权益，由此也一定程度上加重了公司负担。公司员工在严格遵循法律规定的过程中，必然会产生一定的支出，如遵循最低工资规定带来的额外费用，如严格按照《中华人民共和国劳动合同法》相关规定解除劳动合同支付的经济补偿金，如为员工购买社保的费用等。

①最低工资

《中华人民共和国劳动合同法》第二十条规定："劳动者在试用期的工资不得低于本单位相同岗位最低档工资或者劳动合同约定工资的百分之八十，并不得低于用人单位所在地的最低工资标准。"

最低工资标准是保障劳动者权益的重要规定，用人单位应该严格遵守，否则，劳动者有权请求劳动行政部门责令用人单位支付其差额部分，逾期不支付的，责令用人单位按应付金额百分之五十以上百分之百以下的标准向劳动者加付赔偿金。

②经济补偿金

用人单位和劳动者解除劳动合同应该依据《中华人民共和国劳动合同法》的相关规定。《中华人民共和国劳动合同法》对用人单位单方面解除劳动合同有严格的限制。如在劳动者无过失的情况下用人单位单方面辞退员工，必须满足《中华人民共和国劳动合同法》第四十条的要求或者符合经济性裁员的条件。用人单位违法解除合同，有可能会面临劳动行政机关责令赔付经济赔偿金的后果。

《中华人民共和国劳动合同法》第四十条规定："有下列情形之一的，用人单位提前三十日以书面形式通知劳动者本人或者额外支付劳动者一个月工资后，可以解除劳动合同：

（一）劳动者患病或者非因工负伤，在规定的医疗期满后不能从事原工作，也不能从事由用人单位另行安排的工作的；

（二）劳动者不能胜任工作，经过培训或者调整工作岗位，仍不能胜任工作的；

[1] 聂永刚，孟然然. 企业法律成本控制探讨 [J]. 财会通讯，2013（17）：108-109.

（三）劳动合同订立时所依据的客观情况发生重大变化，致使劳动合同无法履行，经用人单位与劳动者协商，未能就变更劳动合同内容达成协议的。"

在劳动合同依法解除或终止后，除了劳动者存在法定过失的情况，用人单位还应一次性支付给劳动者经济补偿金。拒不支付的，用人单位可能被劳动行政部门责令按经济补偿标准的二倍向劳动者支付赔偿金。

③员工社保费用

《中华人民共和国社会保险法》第四条规定："中华人民共和国境内的用人单位和个人依法缴纳社会保险费，有权查询缴费记录、个人权益记录，要求社会保险经办机构提供社会保险咨询等相关服务。个人依法享受社会保险待遇，有权监督本单位为其缴费情况。"

用人单位应依法为员工缴纳社会保险费用，逾期不缴纳的，除员工有权要求劳动行政部门责令其缴纳外，员工还有权依据《中华人民共和国劳动合同法》相关规定要求解除合同并赔付经济赔偿金。

（3）法律咨询成本

一些企业为了在创立、发展的过程中掌握和控制法律风险，会聘用律师作为外部法律顾问或者雇佣具备法律知识的人作为公司法务，并为此支付一定的费用。但许多大学生创业者囿于资金有限，不具备聘请法律工作者的条件，其作为管理者，在主动学习公司创立、经营、管理等相关法律知识的过程中，也会付出相应的学习成本。

（4）知识产权成本

知识产权成本可分为知识产权服务费和知识产权使用费。

知识产权服务费主要包括专利申请费、年费；商标注册申请费、变更费、续展费等；版权著作权申请费等。

知识产权使用费是指向专利权人交纳的一定数额的使用费用。其金额、支付方式等一般由知识产权人和使用人协商决定。

（5）涉税成本

涉税成本是指企业为了履行法律规定的纳税义务而付出的成本。包括账册的建立、记录、核算产生的成本，聘请会计专业人士或者记账公司产生的成本。

2. 企业违法成本

违法成本即企业违法经营，产生违法纠纷或遭受法律处罚而承担经济赔偿责任所发生的成本。本案中"爱鞋之家"违反该市最新的最低工资标准而承担的经济赔偿责任所产生的成本就属于违法成本。违法成本一般包括：

（1）行政处罚成本

我国的相关部门会对企业进行监管，规范企业运营，使其符合我国的法律规定。企业违反行政管理秩序，可能会遭到相关行政部门的处罚，比如因经营资质上的瑕疵被工商管理部门处罚，因劳动合同纠纷被劳动行政部门处罚等。

《中华人民共和国行政处罚法》第八条规定：

"行政处罚的种类：

27

（一）警告；

（二）罚款；

（三）没收违法所得、没收非法财物；

（四）责令停产停业；

（五）暂扣或者吊销许可证、暂扣或者吊销执照；

（六）行政拘留；

（七）法律、行政法规规定的其他行政处罚。"

由此可见，企业在违反行政管理秩序会面临警告、罚款、没收财物甚至停产等后果，此外，行政处罚会被记入企业的信用信息，在国家企业信息公示系统等予以公示，企业的声誉也会受到影响。

（2）涉诉成本

企业因违法行为与其他主体产生纠纷并被诉至法院时，会产生相应的诉讼成本，诉讼成本包括法院诉讼费用、律师费用、人力成本、车旅费用等。

根据国务院发布的《中华人民共和国诉讼费用交纳办法》，当事人进行诉讼应该缴纳诉讼费用，且诉讼费用一般由败诉方承担。诉讼费用包括案件受理费、申请费、证人/鉴定人/翻译人/理算人员在人民法院指定日期出庭发生的交通费、住宿费、生活费和误工补贴。除了少数知识产权和人身纠纷的案件，一般财产案件的受理费都是按照标的额比例分段累计计算，财产标的额越大的案子的诉讼费越高。此外，聘请律师、往返法院的路费也是一笔支出。除了可以被量化的金钱支出外，大量时间和精力也将不可避免地被消耗在诉讼上。最后，诉讼信息将在国家企业信息公示系统公示，企业违法违规行为如被记录入判决书，也会对企业形象造成一定负面影响。

（3）经济赔偿

败诉结果往往伴随着经济赔偿，法律实践中常见的承担经济赔偿的情形有：

①合同违约金

《中华人民共和国民法典》第五百八十五条规定："当事人可以约定一方违约时应当根据违约情况向对方支付一定数额的违约金，也可以约定因违约产生的损失赔偿额的计算方法。"

当企业出现违约行为时，对方可以根据合同的违约条款要求支付违约金，企业将承担合同履行义务之外的违约费用。

②劳动关系中的经济赔偿金

《中华人民共和国劳动合同法》第八十七条规定："用人单位违反本法规定解除或者终止劳动合同的，应当依照本法第四十七条规定的经济补偿标准的二倍向劳动者支付赔偿金。"

劳动关系中的经济赔偿金，是指用人单位违法解除劳动合同后应该赔付给劳动者的金钱，是《中华人民共和国劳动合同法》经济补偿标准的二倍，数额较高。薪酬水平高、工作年限长的员工的经济赔偿金往往是一笔不菲的支出。创业者应当特别注意劳动关系的合规问题，以避免高额的经济赔偿。

③惩罚性赔偿

《中华人民共和国消费者权益保护法》第五十五条规定："经营者提供商品或者服务有欺诈行为的，应当按照消费者的要求增加赔偿其受到的损失，增加赔偿的金额为消费者购买商品的价款或者接受服务的费用的三倍；增加赔偿的金额不足五百元的，为五百元。"

企业提供的商品和服务有欺诈行为的，可能会被消费者依据此条要求惩罚性赔偿。对于创业者而言，要特别注意提供给消费者的产品及服务的质量，以免承担高昂的法律成本。

（二）创新创业的法律成本控制

1. 树立法律意识，支出必要守法成本

首先，对于创新创业者来说，树立法律意识十分重要。树立法律意识不仅仅要做到对相关法律法规的基本认识，还应做到知法守法，根据法律法规的规定合理安排公司的组织结构、薪酬制度、人事管理等。

其次，初创企业在前期可能面临资金上的问题，在涉及合规方面的支出比较精打细算，但是，在前文所述的公司注册、劳动关系、知识产权等法律上有强制性规定的方面的成本一定不能省。不合规的地方就像一触即发的地雷，有可能会让公司因省小钱而吃大亏。

最后，在企业具备一定的资金能力之后，可以聘请专业的法律顾问或者设置专门的法务岗位，以求得到及时、准确的法律支持。

2. 建立完善的法律风险防控制度，避免承担违法成本

创业者应根据国家法律、法规、规章和政策，建立起以事前防范和事中控制为主、事后救济为辅的法律风险控制体系，建立集评估、控制、执行、救济为一体的法律风险防控制度。并且在具体践行的过程中要严格依据制度行事，避免承担违法成本。

3. 鼓励学习法律知识

创业者作为管理者，应该积极学习公司管理相关的法律法规，也应鼓励员工积极学习和掌握与本职工作有关的法律知识。有条件的企业可以邀请法律专业人士定期开展法律知识培训。

（三）创新创业的法律风险分析

企业法律风险是指基于法律规定或者合同约定，由于企业外部环境及其变化，或者企业及其利益相关者的作为或者不作为导致的不确定性，对企业实现目标的影响[1]。企业法律风险主要包括企业设立法律风险、企业运营法律风险、企业合同法律风险、人力资源法律风险、知识产权法律风险、税收法律风险、环境保护法律风险、纠纷诉讼法律风险、安全事故法律风险、市场营销法律风险等。大学生创业者在创业创新过程中较为常见的企业法律风险主要包括：

1. 企业设立的法律风险

创业者在设立企业之初，就要面临各类法律风险，主要包括：

29

---

[1]　叶小忠，贾殿安，李欣宇，等. 中国企业法律风险管理发展报告［M］. 北京：法律出版社，2013：24.

（1）企业法律形态选择失误

根据我国相关法律的规定，企业设立的主要形态包括个人独资企业、合伙企业、公司以及企业分支机构。不同的企业形态的出资人、法律责任、出资形式以及公开程度等都有所不同，创业者在设立企业时，就要根据自身的具体情况，选择与其创业目标相符合的企业形态，否则可能会面临企业设立失败或者经营失败的风险。

（2）公司章程制定瑕疵

公司章程是一个公司的"宪法"，公司从出生到死亡都离不开章程的约束，同时公司章程还是解决股东矛盾和公司治理问题的最高、最有效的文件。因此，如果忽略章程的制定或仅仅是制定一个"模板式"的章程，没有与公司的具体实际情况相结合，进行个性化设计，创业过程中就会产生一系列的风险[1]。

（3）违反出资义务的法律风险

股东违反出资义务的主要表现为未履行出资义务、虚假出资以及抽逃出资等形式。股东违反出资义务，不仅会对股东个人产生影响，而且会对企业本身的正常运作造成影响。

2. 企业运营的法律风险

企业成立后，创业者就开始面临一系列关于企业运营的法律风险，具体而言包括：

（1）超出经营范围的法律风险

经营范围是企业从事经营活动的法定范围，一旦超出此范围从事业务活动，企业可能就需要承担相应的法律责任，比如行政处罚、违约责任等。

（2）控股股东滥用股东权的法律风险

如果控股股东利用其对企业的控制地位，滥用股东权利，迫使企业接受控股股东的个人意志做出的决议或决定，企业和其他股东的合法权益都会遭到损害，企业还可能会面临其他股东的诉讼指控[2]。

（3）企业管理机构决议不合法的法律风险

若企业做出的决议在实体方面或程序方面违反国家法律规定，该决议就会无效或者效力待定，这样一来，不仅企业的业务活动可能会受到影响，而且企业还可能会面临诉讼纠纷。

3. 企业合同的法律风险

企业设立后，开始进行各种业务活动，签订业务相关的系列合同，这就难免会涉及合同法律风险的问题。合同法律风险是企业面临的主要法律风险，也是对企业影响较大的法律风险，创业者应当予以重视：

（1）合同签订阶段的法律风险

合同签订时可能涉及的法律风险有：一是对方当事人缔约能力的法律风险，比如对方当事人若存在资信方面问题或者合同相对人的民事行为能力受限或者代理权限有瑕疵，可能就会影响合同的效力，违约的可能性也会较大，从而影响企业的正常经营，甚至造成重大损失；二是合同无效的法律风险，合同无效不仅会给企业造

［1］ 吴家曦. 中小企业创业经营法律风险与防范策略 ［M］. 北京：法律出版社，2008：12.
［2］ 李林. 企业法律风险实务分析与应对 ［M］. 上海：上海社会科学院出版社，2014：47.

成相应的经济损失，同时也会影响企业的交易效率和正常经营活动；三是合同形式选择不当的法律风险，合同形式包括口头形式、书面形式和其他形式，形式选择不当时，企业可能就无法顺利签订合同。

（2）合同履行阶段的法律风险

在此阶段，主要可能涉及对方当事人不履行合同以及合同变更的法律风险。对方不履行合同或者随意变更合同的内容，都会对企业的经营活动造成不利影响。

（3）合同违约救济的法律风险

一是在符合合同的解除条件时，企业的选择不当可能会产生相应的法律风险，比如在符合法定解除条件时，若怠于行使解除权，企业可能会面临承担违约责任或损失扩大的法律风险；二是解除合同的程序问题，若创业者在解除合同时没有按照法定程序进行的话，也可能会导致企业承担不必要的违约责任[1]。

4. 人力资源的法律风险

人力资源是当代企业重要的竞争资源，是大学生创业者创业的关键因素。而随着《中华人民共和国劳动法》等相关法律法规的完善，劳动者维权意识的不断增长，企业面临的人力资源法律风险问题也变得更加突出，创业者应当予以高度重视。具体而言，人力资源法律风险主要包括以下几个方面：

（1）招聘录用过程中的法律风险

创业者在招聘录用员工时，可能会面临违反公平就业的法律规定与不履行如实告知义务的法律风险等。

（2）用工管理过程中的法律风险

企业在此过程中，可能会面临没有订立书面劳动合同、试用期约定不合法、未依法支付劳动报酬与经济补偿金以及未签署保密协议和竞业禁止协议等法律风险。

（3）解除劳动合同的法律风险

企业在解除劳动合同时，若未能严格依照法律规定进行，就会面临被诉的法律风险。

（4）劳动争议的法律风险

企业在处理劳动争议时，要注意举证责任倒置、不履行调解协议与怠于申请撤销仲裁裁决的法律风险。

5. 知识产权的法律风险

知识产权，是指权利人对其所创作的智力劳动成果所享有的专有权利。知识产权是企业的宝贵财富，创业者应当慎防这方面的法律风险。具体而言，知识产权法律风险主要包括：

（1）专利权的法律风险

大学生创业者应当注意专利申请阶段、专利权转让与许可以及专利侵权三大方面的法律风险。

（2）商标权的法律风险

这主要涉及商标注册申请、商标使用和管理、商标侵权以及驰名商标保护的法律风险。

---

[1]　叶小忠，贾殿安，李欣宇，等. 中国企业法律风险管理发展报告［M］. 北京：法律出版社，2013：134-135.

（3）著作权的法律风险

此类风险主要是著作权保护和著作权侵权两个方面。

（四）创新创业的法律风险控制

根据上述企业法律风险的典型类型及其具体情况，本书将为大学生创新创业过程中的法律风险控制提出建议。

1. 企业设立的法律风险控制

首先，大学生创业者在选择企业形态时，可以从出资人数、企业规模大小、经营风险大小、企业管理及控制能力等方面综合考虑，以做最优选择，避免法律风险的发生。

其次，大学生创业者在制定公司章程时，应当根据实际情况，设计出明确的、具有可操作性的公司章程，同时尽可能地将股东关注的内容与约定写入章程中，从而尽可能地避免因公司章程模糊不清而产生的法律风险[1]。

最后，大学生创业者可以在股东协议或出资协议中明确约定关于出资履行的违约责任或要求出资股东提供相应的担保，从而督促股东积极履行出资义务。

2. 企业运营的法律风险控制

首先，创业者在从事业务活动时，应当严格按照其法定的经营范围进行，当业务活动可能超出经营范围时，就要及时变更、修改法定经营范围，避免陷于不必要的法律纠纷中。

其次，大学生创业者在企业运营时要防范控股股东滥用股东权利的法律风险。这就要求大学生创业者作为企业管理者充分发挥监事、监事会的监督功能，同时制定合理的考核制度对企业人员的履职情况进行考核[2]。

最后，为了保证企业管理机构决议的合法性，可以实行股东会、董事会会议律师见证制度，这样最大限度确保会议合法、决议有效，避免争议与风险[3]。

3. 企业合同的法律风险控制

首先，在合同签订阶段，大学生创业者应调查对方当事人的资信状况、履约能力与商誉等信息，严格审查合同条款的内容，优先选择书面形式，避免潜在的法律风险。

其次，在合同履行阶段，大学生创业者要注意：一是在合同履行过程中，创业者要严格按照合同约定和相关规定进行，避免陷于不必要的法律风险，同时创业者可以通过约定相应的违约责任来督促对方履行合同义务；二是在进行合同变更时，创业者要保持警觉，注意己方合同权益、合同履行主体以及对方当事人分立合并等问题的变更。

最后，在合同违约救济中，创业者在合同符合解除条件时，应当区分法定解除还是约定解除，再根据具体的合同情况，做出积极解除或慎重解除的选择；同时在行使解除权时，要严格遵守法律的相关规定，履行相应的法律义务，比如催告、通知义务等。

---

[1] 吴家曦. 中小企业创业经营法律风险与防范策略 [M]. 北京：法律出版社，2008：16-18.
[2] 李林. 企业法律风险实务分析与应对 [M]. 上海：上海社会科学院出版社，2014：47-48.
[3] 李林. 企业法律风险实务分析与应对 [M]. 上海：上海社会科学院出版社，2014：53.

4. 人力资源的法律风险控制

首先，在招聘录用过程中，创业者应当严格依照法律的相关规定，公平平等地对待应聘人员，积极切实地履行法定义务，并保留好相关证据，避免企业陷入劳动争议的漩涡。

其次，在用工管理过程中，创业者应当制定科学合法的规章制度，规范员工的行为，并严格按照《中华人民共和国劳动合同法》的相关规定，依法与劳动者签订书面劳动合同、依法约定员工试用期、依法支付劳动报酬、经济补偿金以及依法签署保密协议和竞业禁止协议等。

再次，在解除劳动合同时，创业者应严格依照法律规定的内容和程序进行，防止诉讼风险的发生。

最后，在劳动争议发生时，创业者要积极举证，积极应诉，尽快解决，以免影响企业的声誉。

5. 知识产权的法律风险控制

关于知识产权的法律风险控制，大学生创业者需要注意：

首先，专利权的法律风险控制，大学生创业者要重点关注：一是在专利申请阶段，要注意及时申请专利、正确书写专利申请书与积极行使优先权等问题；二是转让、许可专利权时，要严格按照法律规定的程序进行，同时还要谨防专利权滥用的问题；三是要避免侵犯他人的专利权而造成不必要的损失。

其次，商标权的法律风险控制，大学生创业者要做到：一是在商标注册申请时，要积极申请注册商标与正确选用商标；二是要正确使用和管理商标；三是谨防商标侵权；四是注意保护驰名商标。

最后，著作权的法律风险控制，大学生创业者一是保护好企业自身拥有的著作权，二是要注意避免对他人著作权的侵犯。

三、案例分析

问题一：

根据《中华人民共和国劳动合同法》第三十八条第一款第二项，第四十六条第一款第二项规定，用人单位未及时足额向劳动者支付劳动报酬的，劳动者主张解除劳动合同，用人单位应当支付经济补偿金。在本案例的劳动关系中，"爱鞋之家"的创业者参照 T 市的最低工资标准给王某发放工资，体现出一定的法律意识。但三位创业者未做好对当地政策的实时把控，以至于未及时做好工资足额发放工作，并且在王某提起仲裁时未能迅速反应、及时改正。究其产生根源，还是在于没有树立正确的法律意识，不能及时敏锐地捕捉到法律风险，造成了"因小失大"的后果。

问题二：

首先，《中华人民共和国公司法》第一百八十二条和《最高人民法院关于适用〈中华人民共和国公司法〉若干问题的规定（二）》第一条规定，判断公司的经营管理是否出现严重困难，应当从公司的股东会、董事会或执行董事及监事会或监事的运行现状进行综合分析。因此，判断公司经营管理是否发生严重困难，需要重点关注公司管理方面是否存在严重的内部障碍，如股东会机制是否失灵、能否就公司的经营管理进行决策等，不应片面关注公司资金缺乏、严重亏损等经营性困难。

其次，在本案例中，由于孙佳凝与房光友、邵阳股权对等，公司章程又规定"股东会的决议须经代表二分之一以上表决权的股东通过"，且各方当事人的意见长期存在分歧、互不配合已经持续两年，无法形成有效表决，内部机制无法正常运行，无法对公司经营做出决策，该公司的经营管理确实已发生严重困难，存在公司解散的法律风险。

最后，为了避免该类法律风险的发生，"爱鞋之家"公司在制定公司章程时，应当考虑公司股东的实际情形，制定化解股东矛盾争议的相关规定。

四、相关建议

大学生创业者在创立公司的初期对涉及合规方面的支出比较精打细算，但是在法律存在强制性规定的方面不能节省相应的法律成本。要注意建立起以事前防范法律风险和事中法律控制为主、事后法律救济为辅的法律风险控制体系，以避免承担额外的法律成本。

创业者应该积极学习公司管理相关的法律法规，也应鼓励员工积极学习和掌握与本职工作有关的法律知识。在有一定的经济基础后，可以聘请专业的律师顾问或者设置法务岗位，并制定关于法律风险控制的一系列防范措施，以及增加必要法律费用开支，加强企业人员定期法律培训，从而保证企业的经营生产活动的正常进行。

五、模拟与实战训练

王小姐有五双名牌高级羊毛类鞋子需要养护，便与"爱鞋之家"签订了《服务合同》，约定"爱鞋之家"提供五双奢侈品鞋的养护服务，王小姐支付相应的服务费，还约定了所使用鞋油的品牌、种类、以及质量，并约定违约金为1 000元。但由于没有细看合同条款，"爱鞋之家"在对鞋子进行养护时，没有使用合同约定的鞋油，而是用了同品牌的另一种鞋油，导致鞋子出现了瑕疵。双方发生争议，协商未果，王小姐遂向人民法院提起诉讼，要求"爱鞋之家"支付1 000元的违约金。

问题一："爱鞋之家"是否需要支付违约金？

问题二："爱鞋之家"今后应采取什么措施，以在一定程度上避免此类事件的发生？

第四节 创新创业的法律素养及其提升

一、案例四：投资赌博业务有何法律后果？

林琳、蔡襄湘、李理、伞珺婕四位同学分别是某市某大学市场营销、物流管理、工商管理、电子商务专业的学生，结合所在城市的优势，他们决定另辟蹊径为网店店主提供网络供货及"一条龙"服务，他们计划开设一家名叫"涛涛店主的店"的网店。如果上述投资者通过该网店购置具有赌博功能的电子游戏软件系统用于经营，并雇佣多人为其经营管理、收银，为参赌人员提供上分、购分、退分、兑现赌金等服务，开始通过互联网接受他人投注。那么该行为的法律后果是什么？为什么？

二、法律知识点

（一）创新创业的法律素养及其影响因素

1. 创新创业法律素养的内涵、特征

要了解创新创业法律素养，就需要从"素养"或"素质"的含义谈起。"素养"一词在《汉书·李寻传》中早已出现："马不伏历，不可以趋道；士不素养，不可以重国。"这里的素养强调的是修习涵养。在现代汉语中，"素养"或"素质"一词使用频率也很高，但人们对于"素养"或"素质"的关系认识不完全一致。有的将素质概括为资质、素养、品质[1]，也就是说素养属于素质的范畴。根据《现代汉语词典》的解释，"素养"是指平日的修养，"素质"是指事物本来的性质；素养；心理学上指人的神经系统和感觉器官上的先天的特点。也就是说，《现代汉语词典》中"素质"的第二层含义等同于素养。本书对其不严格区分，倾向于认为素养也通常被称为素质[2]。而对于"素养"或"素质"，人们主要从狭义和广义的角度进行解释。从狭义上看，虽然人们的表述不同，但都是强调先天的遗传素质，包括生理素质和心理素质[3]，指身心上的一系列特点的综合体。广义上的素质包括生理素质、心理素质和社会素质[4]，指生理上、心理上、社会上的一系列特点的综合体。在对"素养"或"素质"概念进行探讨的基础上，人们进一步探讨了"创业素养"

---

[1] 夏威. 大学生素质教育 [M]. 济南：山东大学出版社，2004：6.

[2] 叶蓉，文峥嵘. 职业素养通修教程 [M]. 天津：天津大学出版社，2014：3.

[3] 素质一般是指有机体天生具有的某些解剖和生理的特性，主要是神经系统、脑的特性，以及感官和运动器官的特性。参见：朱智贤. 心理学大词典 [M]. 北京：北京师范大学出版社，1989：650. 素质是个人先天具有的解剖生理特点，包括神经系统、感觉器官和运动器官的特点，其中脑的特性尤为重要，它们通过遗传获得，故又称为遗传素质，亦称禀赋。参见：顾明远. 教育大词典 [M]. 上海：上海教育出版社，1990：27.

[4] 素质是人们生理的、心理的与社会的一系列特点的综合。参见：燕国材. 论心理素质及其教育 [J]. 云梦书刊，2000（3）：71. 广义地说，人的素质指人的发展的质量水平。参见：刘华山. 学习心理辅导 [M]. 合肥：安徽人民出版社，1998：9. 素质就是在遗传因素的基础上，受后天环境、教育的影响，通过个体自身的体验认识和实践磨炼，形成比较稳定的、内在的、长期发生作用的基本品质结构。参见：叶蓉，文峥嵘. 职业素养通修教程 [M]. 天津：天津大学出版社，2014：3.

"创新素质""法律素质""法律素养"的内涵[1]。基于上述分析，本书认为指创新创业者进行创新创业所需要具有的有关法律的综合素质，其有广义和狭义之分。狭义的创新创业法律素养指创新创业者进行创新创业所需要的有关法律的心理素质和社会素质，包括有关法律的知识、能力和心理等。广义的创新创业法律素养是指创新创业者进行创新创业所需要的有关法律的生理素质（如身体健康、体力充沛、精力旺盛）、心理素质和社会素质。本书所说的创新创业法律素养主要是指狭义的创新创业法律素养。其主要特征[2]有：

一是主体性。这里强调的是创新创业者在创新创业过程中形成的法律素质，是作为人这个主体所具有的特性，而不是其所创新或创业的客体所具有的特性。不同创新创业者有不同的创新创业法律素质。这是从"谁"这个角度说的。

二是综合性。创新创业法律素养的内容丰富，是在生理素质基础上的心理素质与社会素质的融合，是法律知识、法律能力、法律心理的结合，尤其强调对创新创业者的创新创业法律行为或活动产生影响的基本品质或特征。这是从法律素养的"内容"这个角度说的。

三是显隐性。按照美国心理学家麦克利兰（D. C. McClelland）1973 年提出的"素质冰山模型"理论，人的素质如同冰山一样，由浮于水面之上的显性素质和潜藏于水面之下的隐性素质构成[3]。前者指知识和技能，比较容易掌握和测量，短期内可通过培训、学习而得以提升。后者指自我概念特征、动机和特质，难以测量，容易被人忽视，但对人的行为有极为重要的作用。这就意味着人的素质既有显性的，也有隐性的，是外存的显性与内在的隐性的有机结合。这是从法律素养的"表现形态"这个角度说的。

四是动静性。创新创业法律素养就是一个对法的认识内化、外化、再内化、再外化的螺旋式上升过程。在这个过程中，既有对法的静态认知、体验和实践行为特征，体现出法律素养的相对稳定性，又有对法的动态认知、体验和实践行为特征，体现出法律素养的发展性、上升性，是相对稳定性与发展性的有机统一。这是从法律素养的"演变"这个角度说的。

---

[1] 创业素质是公民或某种专门人才具有的创业方面的基本品质，是人在后天环境影响和创业教育上获得的稳定的、长期发挥作用的基本品质和能力结构。参见：张翠凤. 大学生创业素养教育与能力培养课程体系研究 [M]. 天津：天津科学技术出版社，2018：62-63. 法律素养是指人们把法律知识内化为法律思维与法治观念，外化为依法行事的处事原则与行为习惯，最终实现运用法律的综合素质与能力。参见：李晶，杨震. 大学生法律素养教育现状与改进建议 [J]. 昆明：法制与社会，2013（4）：223-224. 法律素质是人们在先天生理的基础上，通过后天对法律知识的学习，逐渐将法律知识内化为法律意识，进而外化为法律能力的综合体现。参见：郝红亮. 大学生思想道德素质与法律素质研究 [M]. 成都：电子科技大学出版社，2017：89.

[2] 对于素质的特征，人们有不同认识. 素质的特征主要包括基本性、稳定性和内隐性三个方面。参见：张继如. 大学生心理素质教育 [M]. 呼和浩特：内蒙古大学出版社，2003：2. 素质的基本特征：内在性、主体性、基本性、相对稳定性、整体性。参见：彭德昭. 中小学素质教育新探 [M]. 深圳：海天出版社，1998：31-32. 大学生创业素质的基本特征有：整合性、发展性、稳定性、实践性和高层次性。参见：张翠凤. 大学生创业素养教育与能力培养课程体系研究 [M]. 天津：天津科学技术出版社，2018：64-65.

[3] 王益宇. 应用型高校教师胜任力指标体系构建研究 [J]. 教育评论，2014（6）：50；MCCLELLAND D C. Testing for competence rather than intelligence [J]. American psychologist, 1973, 28（1）：1-4.

2. 创新创业法律素养的体系及其构成

人们对于创新创业的素质或法律素质，有不同认识。概括起来，大致有三要素说[1]、四要素说[2]、五要素说[3]、七要素说[4]等。基于上述分析，本书认为，创新创业法律素养是一个由不同要素（或要素集群）组成的体系，主要由创新创业法律知识、创新创业法律能力和创新创业法律心理构成[5]。

一是创新创业法律知识。创新创业者在创新创业过程中，除了具备相应的思想政治理论、数学、计算机、语言等基础知识外，还需要具备经济学、管理学、法学等方面的专业理论知识、专业技术知识。仅从法学方面看，除了具备法理学、宪法学等基础理论知识外，还应掌握一些实体法（如企业公司、物权、合同、知识产权、竞争、融资、税收、劳动等方面的法律）、程序法（如民事诉讼法、行政诉讼法、仲裁法）、冲突法（如物权、合同、侵权等方面的法律适用规则）等方面的知识。

二是创新创业法律能力。指在创新创业过程中能依照法律或结合法律对相关法

---

[1] 素质分为生理素质、心理素质和社会素质. 心理素质教育的主要内容是: 发展智力，培养能力，培养非智力因素，掌握心理系统的初步知识，具备建立良好人际关系的知识与技能等. 参见: 燕国材. 论心理素质及其教育 [J]. 云梦书刊，2000 (3)：72-75. 法律素质是人们在法律方面的素养，包括法律意识、法律信仰、依法行为的能力等，是人才素质的重要方面. 参见: 何士青，陈少岚. 大学生素质教育论 [M]. 武汉: 湖北教育出版社，2000：60. 从层次结构上划分，深层为自然生理素养，包括体质、体格等; 中层为心理素养，包括认知素质与才能品质，需要层次与动机品质、气质与性格意志品质等. 参见: 叶蓉，文峥嵘. 职业素养通修教程 [M]. 天津: 天津大学出版社，2014：3. 毛霞将创业素质分为能力、意识、知识三个维度. 参见: 毛霞. 基于结构方程模型的大学生创业素质培养实证研究 [J]. 重庆师范大学学报（自然科学版），2014 (5)：135-136. 法律素质主要包括法律知识、法律意识、法律能力三种要素. 参见: 郝红亮. 大学生思想道德素质与法律素质研究 [M]. 成都: 电子科技大学出版社，2017：89.

[2] 创业素质是创业者在创业过程中达到优秀绩效所需要的知识、技能、能力和个人特质的总和. 参见: THOMAS W Y, THERESA L, CHAN K F. The competitiveness of small and medium enterprises: A conceptualization with focus on entrepreneurial competencies [J]. Journal of business venturing, 2002 (17)：123-142. 创新素养主要由创新个性品质、创新思维品质、创新技能和方法构成. 参见: 冯培，贺淑曼，等. 创新素养与人才发展 [M]. 北京: 世界图书出版公司北京公司，2001：24-25. 把大学生创业素质分为创业认知、创业情感、创业意志、创业能力四种结构. 参见: 王占仁，林丹. 大学生创业素质结构论析 [J]. 社会科学战线，2012 (3)：250-252. 从知识、实践、意识和个性特征等方面将创业素质分为四个维度. 参见: 杨道建，赵喜仓，陈文娟，等. 大学生创业培养环境、创业品质和创业能力关系的实证研究 [J]. 科技管理研究，2014 (20)：135. 将创业素质分为创业驱动力、创业特质、创业能力和创业知识四个维度. 参见: 许莹. 大学生创业胜任素质模型实证研究: 以江苏地区高校为例 [J]. 科技与经济，2015 (1)：91. 大学生的法律素养包括认知、理念、能力和情感四个维度. 参见: 马亚利. 新时代大学生法律素养的构成维度与培育路径 [J]. 宝鸡文理学院学报（社会科学版），2019 (3)：104.

[3] 李勒·斯宾塞 (Lyle M. Spencer) 和西蒙·斯宾塞 (Signe M. Spencer) 认为，创业素质是个人潜在特征，包括知识、技能、自我概念、特质和动机等. 参见: 李更生. 基于胜任力及其模型建构的教师培训师学习与培训 [J]. 教育发展研究，2014 (18)：41. 法律素养是一个综合概念，是由法律知识、法律理论、法律心理等要素整合构建而成. 参见: 聂蕴. 大学生党员法律素养问题探析的思考 [J]. 科技教育，2018 (2)：174-175.

[4] 将创业素质分为知识、技能、角色定位、价值观、自我认知、品质和动机. 参见: 刘有升，陈笃彬. 冰山模型视角下高校创新创业人才素质研究 [J]. 电子科技大学学报（社科版），2014 (4)：71. 创业素质可分为机会识别能力、机会利用能力、构想能力等方面. 参见: 尹苗苗，蔡莉. 创业能力研究现状探析与未来展望 [J]. 外国经济与管理，2012 (12)：1-11.

[5] 将创业素质概括为心理素质特征、能力素质特征、知识素质特征、身体素质特征四个维度. 参见: 白凯，李媛玲. 国外关于创业者素质特征研究现状述评 [J]. 中国青年研究，2012 (4)：83. 大学生创业素质分为身体、知识、能力、心理等四个维度. 参见: 蒋保伟，孔青. 基于冰山模型的大学生创业素质提升研究 [J]. 教育评论，2016 (9)：81.

律关系、行为、事件、纠纷等进行分析、判断并解决问题的能力，包括创新思维能力、批判思维能力、机会发掘能力、战略决策能力综合应用能力等，尤其是其中的创新思维能力、批判思维能力和综合应用能力。创新创业者在创新创业过程中，不仅要学懂弄通相关法律知识，更要善于将其综合运用于创新创业决策、经营管理、纠纷解决等各个方面或环节。

三是创新创业法律心理。正如伯尔曼（Horold J. Berman）所说，法律不仅需要公民的理智和意志，更需要公民的理性和情感[1]。这里的法律心理主要包括法律上的意识、动机、意志等。比如，宪法至上理念、正义公平平等观、良法观念、依法办事观念、罪刑法定原则观念、疑罪从无原则观念、权利义务责任观念、正当程序观念等。创新创业者要能持续成功创新创业，就需要有信法、守法、用法、护法、修法的意识，要重诚信讲信用，要依法决策、经营管理和解决争端。

上述要素是一个相互联系、相互影响、相互作用的有机体。其中，创新创业法律知识是素质的基础和依据，创新创业能力是素质的实际展现和重要标志，创新创业心理是素质的核心和关键。

3. 创新创业法律素养的影响因素

创新创业者的法律素养状况受到创新创业者的内外部因素综合影响。其主要影响因素有：

（1）创新创业者自身因素

这是内部因素与决定性因素。创新创业者良好的先天身心基础，是创新创业者具备愿意、能够和实际创新创业法律素养的重要基础和前提。除了创新创业者具有良好的先天禀赋或条件外，创新创业者法律素养还受制于后天的自我重视、反思反省与学习提高。没有创新创业者对法律素养的重视、没有足够的后天努力，就不可能有良好的创新创业法律素养。可以说，创新创业者对法律素养的重视、投入、产出情况在很大程度上决定创新创业者法律素养状况，进而影响创新创业的成功性及其可持续性。

（2）家庭因素

在家庭因素中，父母的影响最为直接、密切、持久、有效，因为创新创业者的先天条件或禀赋直接来自其父母，其先天的身心素质直接孕育于其父母并在其父母直接影响下成长发展。父母的教育对子女的成长发展至关重要。父母的良好教育，有助于子女的健康成长和全面发展，有助于其法律素养的正常养成与健康发展；反之，则可能阻碍或误导子女的成长发展，不利于其法律素养的养成和发展。除了父母的影响外，家庭其他成员也会在一定程度上影响创新创业者的法律素养。

（3）学校因素

在我国，学校义务教育是创新创业者成长发展过程中除家庭教育之外的普遍的持续时间较长的教育形式，高等教育也步入普及教育。学校教育不仅给予创新创业者不同学科的科学知识，还不断增进其思想政治素养、道德修养、科学涵养、体育

---

[1] 卢梭. 社会契约论 [M]. 何兆武，译. 北京：商务印书馆，2009：70.

素质、美育素质、劳育素质、法律素养。可以说，从幼儿园、小学、初中、高中到大学的各阶段，学校开设的各类法律素养培育、提升课程，尤其是大学阶段各类法律课程，直接影响创新创业者的法律知识、法律能力甚至是法律心理，尤其是提升信法、守法、用法、护法、修法的心理素质，引导和增进其诚信涵养。一般而言，修读法律专业或法律系列课程的大学生，其往往拥有较为专业的、系统的法律知识、法律技能，其法律素养相对较高。可以说，学校教育是创新创业者法律素养养成、提升的直接来源和重要渠道，有着不可替代的重要作用。

（4）社会因素

创新创业者在创新创业过程中，还受社会因素（如政治、经济、文化等制度）的影响，其中法律制度是最为直接的影响因素。对于特定的创新创业者来说，是人治还是法治、相关立法是否科学、法律是否为良法、法律是否有权威、法律是否得到严格执行、违法者是否受到应有惩罚并承担全部成本、守法者的合法权益是否得到充分有效保护、具体案件是否得到合法公正裁判、裁判是否得到及时有效执行等，都从不同侧面、不同环节、不同领域、不同维度视角直接或间接地影响创新创业者的法律体验、认知、信仰。

（二）创新创业的法律素养提升

1. 创新创业法律素养提升的意义

提升创新创业法律素养具有十分重要的意义。主要表现在：

（1）有利于创新创业者的全面发展

无论是国家的富强、民族的复兴，还是以人民为中心的发展理念的落实，都离不开每个创新创业者的发展壮大。每个创新创业者的发展壮大都需要提升自己的各方面素养，而法律素养是其中的重要组成部分。无论是从创新创业者成长发展过程看，还是从其总体发展看，创新创业者每一次法律知识的积累与掌握、每一个创新性法律思维与整体运用法律等能力的提升、每一回信法守法用法护法修法等法律心理的发展都是创新创业者全面发展的重要组成部分，各部分相互促进、相互影响、相互迁移、共同提升。

（2）有利于创新创业活动的可持续健康开展

在创新创业活动中，从个人、法人、非法人组织这些主体，到交易标的（如货物、服务、技术等），到法律行为（如合同的签订、变更、终止、履行、担保，以及公司的成立、变更、合并、终止等），再到权利义务责任，都涉及大量的法律法规（如《中华人民共和国宪法》《中华人民共和国民法典》《中华人民共和国公司法》《中华人民共和国反不正当竞争法》等）。这些法律法规可能是授权性规定，授予相关主体可以为或不为一定行为的选择，包含着或潜藏着创新创业的法律机会，为创新创业者指明创新创业方向、提供创新创业空间或平台。同时，这些法律法规也可能是禁止性或限制性规定，其本身包含着或潜藏着创新创业的法律风险，为创新创业者设置创新创业的范围、边界以及相应的法律后果。此外，与创新创业相关的法律规范还可能存在政治风险、立法变动风险、执法变异风险等，这些都可能给创新创业者创新创业带来无法完全预知的不利法律后果。而要充分有效地利用法律授权性规定所赋予的法律机会、避免或减少法律风险或不利法律后果，其主要途径或方法就是提升创新创业者的法律素养，提升创新创业者依照或结合法律规范进行创新创业研判、决策、经营管理、权益平衡、纠纷解决等的创新能力、综合解决问题能力。

（3）有利于学校教育的质量提升

我国高校是社会主义高校，要坚持立德树人，要贯彻落实社会主义核心价值观，要坚持"五育并举"，要坚持思政课程与课程思政同向而行，而法治教育就是其中的重要内容。不同学校、不同专业，其人才培养目标不同，与之相适应的创新创业法律教育体系和内容也不同，所要达到的创新创业法律素养目标也会不同。对于政法院校、政法专业来说，往往要开设更多专门系统的法律专业类课程，包括与创新创业相关的专门法律课程（如知识产权法），以培养学生更高更多的创新创业法律素养。对于非政法院校、非政法专业来说，其所开设的法学类课程更倾向于法学公共基础类课程教育，以培养学生基本的创新创业法律素养。无论哪类院校、哪类专业，只要开展相应的与创新创业相关的法律类课程教育，都会不同程度地提高学生的创新创业法律素养。作为学校素质教育或通识教育的重要组成部分，与创新创业相关的法治教育质量的提升，必将推进学校教育质量的提升。

（4）有利于法治的落实与完善

"全面依法治国"是"四个全面"重大战略的重要组成部分，强调依法治国、依法执政、依法行政的"三个共同推进"，强调法治国家、法治政府、法治社会的"三个一体建设"，强调科学立法、严格执法、公正司法、全民守法"新时期法治十六字方针"[1]。这里的法治涉及各主体、各方面、各领域、各环节，而创新创业者按照法治要求办就是其中的重要内容和要求。因为只有每个创新创业者信仰宪法法律，并按照或结合法律规范的要求签订合同、履行合同、开办公司企业、经营管理、分配收益、解决纷争等，在每一个领域或环节都守法、用法、护法，才能有效促进和保障每个创新创业者的合法权益，才能真正落实新时期法治方针，才能实现真正意义上的全面依法治国。

2. 创新创业法律素养提升的路径

创新创业法律素养的培养和提升是一项系统而艰巨的工程，需要社会、学校、家庭以及创新创业者个人的持续共同努力及密切配合。

（1）创新创业者自我提升

一是终身学习。创新创业及其法律演变是一个动态的持续过程，相应的法律素养提升也是一个系统工程，需要创新创业者基于创新创业实践，结合创新创业相关法律规范，进行系统学习、终身学习。要熟悉与创新创业相关的法律条文，又要掌握其精神实质和变化趋势，更要活学、活用、用活、用出成效，不断提升法律素养。二是深度研究。创新创业者要根据自己的创新创业方向、领域、项目等，细究相关

---

[1] 党的十一届三中全会确立了"有法可依，有法必依，执法必严，违法必究"的社会主义法制建设十六字方针。

法律规范条文内涵及其相互关联，从法律规范演变中进行创新创业战略布局，从权利中发掘法律机会，从义务中探究法律风险，从责任中预知法律成本，从研究探索中提升法律素养。三是创新实践。正如有的学者指出的，企业家凭借其勃勃的雄心、过人的意志、全身心的投入，率先成功地实施了新组合。不见于循环之流的利润，正是对他的努力成功的褒奖[1]。创新是创业家所特有的工具，他们借助这个工具把各种变化开拓成为从事不同事业或服务的机会。创新是一种知识，是可以学以致用的。创业家需要刻意探索创新的来源，寻找那些孕育着成功创新的变化[2]。在创新创业法律素养提升中，要认真重视创新的七个来源[3]，根据创新的原则[4]进行创新创业法律实践的创新，尤其是要不断提升创新创业法律实践中的创新思维能力和综合应用能力。

（2）学校教育功能的发挥

学校是创新创业者法律素养提升的主阵地[5]。中小学阶段，学校可以开展必要的法治教育宣传，为创新创业者打下良好的法律素养基础。大学阶段，高校可以全员全方位全过程地提升创新创业者的法律素养。从全员育人角度看，无论是从任课教师到辅导员、教学管理服务人员以及其他人员，还是从教到学、管、服，都可以通过言传身教、相互启发促进等方式提升创新创业法律素养。从全方位育人角度看，从人才培养目标到课程体系设置、课堂教学、实践教学、第二课堂、潜在课堂，从公共基础课程到学科基础课、专业必修课、专业选修课，从思政课到课程思政，都可以包含创新创业法律素养提升的元素。比如，按照立德树人要求，无论是思政课程，还是课程思政，都要坚持思政导向，坚守课堂教学主渠道，同向同行，共同发挥育人协同效应，落实社会主义核心价值观，培育学生法治、诚信等观念，提升其法律素养。从全过程育人角度看，从本科、研究生阶段，从开学到学期结束、假期实践，尽管每个阶段或环节的具体学习任务和要求不同，然而其共同目标都是为了提升学生的包括法律素养在内的综合素质和能力，培养社会主义建设者和接班人。

（3）家庭教育功能的发挥

家庭教育，尤其是父母教育，对于创新创业者法律素养的提升，具有很重要的作用。这种作用主要表现在：一是直接引导作用。创新创业者在生活中，尤其是创新创业过程中遇到法律问题需要解决时，如果其父母法律意识、法律知识、法律能力都强，能够给予直接指导、引导、建议的，那么创新创业者的法律素养就可以得到直接提升。二是榜样示范作用。如果父母在工作中或生活中严于律己，带头信法、

41

[1] 熊彼特. 经济发展理论［M］. 郭武军，吕阳，译. 北京：华夏出版社，2015：译者序.
[2] 德鲁克. 创业精神与创新：变革时代的管理原则与实践［M］. 哥政，译. 北京：工人出版社，1989：21.
[3] 意想不到的事情（包括意想不到的成功、失败或外部变化）；不协调的现象（包括客观与主观的不协调）；过程需要的创新；尚未意识到的产业与市场结构的变化；人口变化；观念转变；科学与非科学领域的新知识。参见：德鲁克. 创业精神与创新：变革时代的管理原则与实践［M］. 哥政，译. 北京：工人出版社，1989：40-41.
[4] 德鲁克. 创业精神与创新：变革时代的管理原则与实践［M］. 哥政，译. 北京：工人出版社，1989：166-167.
[5] 马亚利. 新时代大学生法律素养的构成维度与培育路径［J］. 宝鸡文理学院学报（社会科学版），2019（3）：104.

守法、护法，通过自己的言行发挥言传身教的作用，就可以给创新创业者带来直接表率，潜移默化地影响创新创业者法律素养。这就要求家庭，尤其是父母本身需要不断提升法律素养。

（4）社会环境的优化完善

创新创业者的创新创业活动是在社会环境中进行，因此社会环境优劣对于创新创业的开展、相关法律素养的提升都具有重要影响。社会环境中尤其是法治环境对于创新创业者的作用最为明显。从科学立法，到严格执法、公正司法，再到全民守法，可以说法治的每一个领域、每一个环节、每一个过程都直接或间接地影响着创新创业者的创新创业活动开展以及法律素养的提升。可以说，法治水平高、质量高的社会环境，必然要求所有创新创业者具有高的法律素养，否则会承担不利的法律后果或法律成本。值得注意的是，创新创业者的创新活动也是社会的重要组成部分，其法律素养也直接构成社会法律素养的重要组成部分，这就意味着特定创新创业者法律素养的提升反过来会影响整个社会法治环境的优化或改善，进而影响其他创新创业者法律素养的提升。

总体上说，创新创业者法律素养的提升有多条途径，各路径发挥不同的作用。其中，创新创业者个人是内部因素，是决定力量，既是法律素养提升的供方，又是法律素养提升的需方，是直接参与者、受益者；而学校、家庭、社会等是外部影响因素，社会环境是大熔炉、大舞台、大世界、大系统，学校教育是主阵地、主渠道、主力军、金钥匙，家庭教育是港湾、依托、基地、后盾。

三、案例分析

根据《中华人民共和国刑法》第三百零三条、《最高人民法院、最高人民检察院关于办理赌博刑事案件具体应用法律若干问题的解释》第二条的规定，开设赌场罪是指以营利为目的开设赌场，并有实际使用的行为。在本案例中，投资者的上述行为符合开设赌场罪的构成要件，构成开设赌场罪。从犯罪构成要件看，该罪的本罪主体为一般主体，这些投资者为达到法定刑事责任年龄、具备刑事责任能力的自然人；主观方面表现为故意，并且以营利为目的，而不是为了消遣、娱乐；客体是正常的社会管理秩序；客观方面表现为开设赌场的行为，即在计算机网络上建立赌博网站，接受他人投注。

四、相关建议

创新创业者在创新创业活动中，除了充分有效地行使法律赋予的权利外，还应注意创新创业活动可能涉及的限制性、禁止性规定，尤其是《中华人民共和国刑法》所规定的犯罪行为。要尽量避免创新创业活动违背法律限制性、禁止性规定，尽最大可能避免或减少法律制裁或惩罚所带来的人身及财产方面的成本或损失。

五、模拟与实战训练

林琳、蔡襄湘、李理、伞珺婕四位同学分别是某市某大学市场营销、物流管理、工商管理、电子商务专业的学生，结合所在城市的优势，他们决定另辟蹊径为网店店主提供网络供货及"一条龙"服务，他们计划开设一家名叫"涛涛店主的店"的网店。

问题一：评估自己的法律素养现状，并分析其原因。

问题二：结合自身实际，如何有效提升自己的法律素养？

问题三：试着与合作伙伴分享。

第二章
企业的设立与组织管理

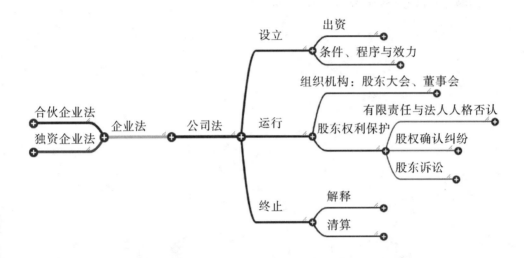

第一节　非法人组织的设立与运营

一、案例一：合伙人去世，合伙财产如何处理？

　　某美术学院学生陈立风是某省美术联考状元，入校后经常有人慕名找他补习美术专业，于是他萌生了在校创业开办"状元美术班"的想法，他的好友于仁理和吴文亮非常赞同并且愿意加入创业团队，于是三人按照《中华人民共和国合伙企业法》的规定，共同投资设立"状元美术有限合伙企业"。合伙协议约定以下事项：①陈立风以劳务作价 3 万元出资，于仁理以 2 万元出资，吴文亮以 5 万元出资；②陈立风为普通合伙人，于仁理和吴文亮为有限合伙人；③各合伙人按照出资份额分享盈利；④合伙企业的事务由陈立风执行；⑤普通合伙人向合伙人以外的人转让财产份额的，需要经过其他合伙人的同意。

　　"状元美术有限合伙企业"开办两个月后，吴文亮又设立了一家个人独资企业"名优美术"，陈立风和于仁理并不知情；此后，"状元美术有限合伙企业"发展迅速，陈立风经常奔波，在一次出差途中不幸身亡，其哥哥陈立龙作为唯一的继承人，要求继承财产份额，但对于继承之后的身份以及企业形态的转变，各方存在争议，特诉至法院。

问题：陈立风的哥哥陈立龙能否继承相应的财产份额？能否获得合伙人资格？吴文亮设立个人独资企业的行为是否违法？

二、法律知识点

（一）创业可选择的商事主体类型

大学生创业除了前期的筹划与准备外，在实际践行中所要面临的第一个问题是选择何种组织来实现创业目标。各国相关法律法规通常将参与商事活动的主体确定为商主体，明确其区别于一般民事主体而所特有的商事权利能力与商事行为能力。通常，商主体才有资格以自己的名义独立从事商事行为，在商事法律关系中享有权利并承担义务[1]。我国没有独立的《商法典》或《商法通则》，而是将诸多商法规则直接融入民法典的编纂过程之中。例如，在自然人制度中规定了特别的自然人——个体工商户；又如，对于法人的基本分类采用了"营利"和"非营利"这一具有显著商法特色的标准[2]；此外，我国民法典总则编将非法人组织作为与自然人和法人并列的民事主体，指称不具有法人资格，但是能够依法以自己的名义从事民事活动的组织。非法人组织一般包括个人独资企业、合伙企业、不具有法人资格的专业服务机构等，属于一种自然人的团体构造。

从商法的角度来考察商事法律关系的参与主体，一般又可分为商个人、商合伙与商法人。商个人包括民事主体特殊自然人中的个体工商户和非法人组织中的个人独资企业，商个人的投资和收益均与自然人的个人或家庭相关，区别在于是否按照《中华人民共和国个人独资企业法》设立了相应的组织形式。商合伙即为非法人组织中的合伙企业，包括了只有普通合伙人的普通合伙企业，以及兼有普通合伙人与有限合伙人的有限合伙企业。商法人则对应民事主体中的营利性法人概念，民法典对于法人的分类采用营利与否作为核心区分标准，这一立法选择即为民法典民商合一立法模式的一种具体表现。当然，营利性法人除了公司法人外，还有按照《中华人民共和国企业法人登记管理条例》依法设立并登记的，但未按照《中华人民共和国公司法》的公司组织形式设立的全民所有制企业、集体企业、联营企业、中外合资/中外合作企业、私营企业等。因考虑到本书为创业者所著之初衷，故在商法人中略去后者，仅以公司为主要对象来进行阐述，创业可选择的组织类型见图2-1。

本节将重点介绍非法人组织中的两类商事主体，即个人独资企业与合伙企业；公司法律制度将在本章后面几节内容中详细介绍。

[1] 赵旭东. 商法学 [M]. 3 版. 北京：高等教育出版社，2015：15.
[2] 蒋大兴.《商法通则》/《商法典》的可能空间?：再论商法与民法规范内容的差异性 [J]. 比较法研究，2018 (5)：51-52.

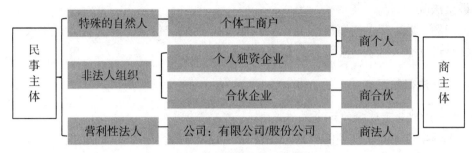

图 2-1 创业可选择的组织类型

（二）个人独资企业与合伙企业概述

1. 个人独资企业

个人独资企业是指依法在中国境内设立，由一个自然人投资，财产为投资人个人所有，投资人以其个人财产对企业债务承担无限责任的经营实体。

（1）设立

个人独资企业只能由自然人单独出资设立，但法律、行政法规禁止从事营利性活动的人，不得作为投资人申请设立个人独资企业。设立个人独资企业还需具备合法的企业名称、有投资人申报的出资、有必要的从业人员、有固定的生产经营场所和必要的生产经营条件。

个人独资企业可以设立分支机构。分支机构的设立需要在分支机构所在地进行登记，领取营业执照，并向个人独资企业所在地登记机关登记备案。个人独资企业的分支机构不能独立承担民事责任。

（2）投资人的责任

个人独资企业的投资人对企业债务承担无限责任，但个人独资企业投资人在申请企业设立登记时明确以其家庭共有财产作为个人出资的，应当依法以家庭共有财产对企业债务承担无限责任。

（3）企业事务的管理

个人独资企业投资人可以自行管理或书面委托他人管理企业事务。投资人委托或者聘用的管理个人独资企业事务的人员在管理企业事务时，不得从事利用职务或工作便利索取或者收受贿赂、侵占企业财产、挪用企业资金自用或借贷他人等违法行为；不得在未经投资人同意下，擅自将企业资金以个人名义或者以他人名义开立账户储存、擅自以企业财产提供担保、从事与本企业相竞争的业务、同本企业订立合同或者进行交易、擅自将企业商标或者其他知识产权转让给他人使用、泄露本企业的商业秘密等。

（4）解散与清算

投资人可自行决定解散个人独资企业；若发生投资人死亡（包含自然死亡与宣告死亡）而无继承人或者继承人决定放弃继承，个人独资企业营业执照被依法吊销或其他法律、行政法规规定的情形时，个人独资企业也应当解散。

个人独资企业解散时，财产应当首先清偿所欠职工工资和社会保险费用；其次清偿所欠税款；最后再清偿其他债务。

2. 合伙企业

合伙企业是指自然人、法人和其他组织依法在中国境内设立的普通合伙企业和有限合伙企业。其中，普通合伙企业由至少两名普通合伙人组成，合伙人对合伙企业债务承担无限连带责任。普通合伙企业的合伙人需为具备完全民事行为能力的自然人，合伙企业名称中应当标明"普通合伙"字样。

有限合伙企业由 2~50 名合伙人设立，其中至少包含一名普通合伙人和一名有限合伙人，普通合伙人对合伙企业债务承担无限连带责任，有限合伙人以其认缴的出资额为限对合伙企业债务承担责任。有限合伙人不得以劳务出资，但有限合伙人不再限于自然人。有限合伙企业的名称中要有"有限合伙"字样。特殊地，当有限合伙企业只剩普通合伙人时，可转化为普通合伙企业继续存续；但若只剩有限合伙人时，合伙企业只能解散，而不能直接变更成为有限责任公司。

此外，以专业知识和专门技能为客户提供有偿服务的专业服务机构，可以设立为特殊的普通合伙企业。特殊的普通合伙企业名称中应当标明"特殊普通合伙"字样。

（三）合伙企业的合伙人

1. 普通合伙人与有限合伙人

普通合伙人是所有合伙企业都必须具备的，一般而言，普通合伙人对合伙企业的债务承担无限连带责任。有限合伙人是指只以其出资额为限对合伙企业承担有限责任的合伙企业出资人，存在有限合伙人的合伙企业即为有限合伙企业。

普通合伙人因其需承担较大的连带责任，都可以直接参与合伙企业的经营，以防止自身利益在不知情的状况下受到损害；例外地，对于合伙人分别执行合伙事业的特别有限合伙企业，法律规定了其他无关合伙人连带责任免除的具体规则。同样的，有限合伙人因其对合伙企业债务仅承担有限责任，为避免因代理风险而给普通合伙人造成不必要的利益损失，有限合伙人不直接参与合伙企业的事务执行。

2. 合伙人身份的转化

合伙人身份的转化主要包括两种类型，其一为有限合伙人转为普通合伙人，其二为普通合伙人转为有限合伙人。除非合伙协议另有约定，上述的两种转化都需要经全体合伙人的一致同意。

对于前者来说，其权利与义务的变化类似于入伙之规则。该合伙人不仅需要对其转化为普通合伙人之后的合伙企业债务承担连带责任，对其身份转化之前，也即其作为有限合伙人期间合伙企业的债务也要承担无限连带责任。

对于后者而言，转化之后的有限合伙人依旧需要对其作为普通合伙人期间合伙企业发生的债务承担无限连带责任，其有限责任仅适用于其身份转化之后的合伙企业债务。

（四）合伙企业财产份额的转让

合伙企业财产份额的转让规则并不是以合伙企业的性质作为区别，而是取决于该财产份额归属于有限合伙人还是普通合伙人。对于普通合伙人，因其直接参与合伙事务的执行，且需要对合伙企业承担无限连带责任，新合伙人的加入会直接影响

47

到合伙企业经营的信任基础与其他合伙人的利益。故无论在普通合伙企业还是在有限合伙企业，相关财产份额的转让除了当事人同意外，还需要兼顾其他合伙人的意见。

1. 普通合伙人财产份额的转让

（1）普通合伙人向合伙企业内部其他合伙人转让其合伙企业财产份额的，转让双方达成一致协议后，通知其他合伙人即可。

（2）普通合伙人向合伙企业合伙人以外的第三人转让其合伙企业财产份额的，需要经其他合伙人的一致同意；其他合伙人对该财产份额的转让有不同意见的，在同等条件下享有优先购买权。

（3）合伙企业财产份额因普通合伙人离婚而需要进行分割的，或发生继承的，需要比照对外转让的相关规则。

2. 有限合伙人财产份额的转让与出质

相较于普通合伙人的财产份额转让规则，有限合伙人因不直接参与合伙事务的执行，其财产份额上之利益更多体现为对合伙企业利润的分配权。因此，法律并未对有限合伙人转让其合伙企业财产份额做出特殊的限制。一般来说，有限合伙人可以按照合伙协议的约定向合伙企业以外的人自由转让其合伙企业财产份额，只需提前30日通知其他合伙人。

此外，《中华人民共和国合伙企业法》还规定，除非合伙协议有特别约定的，有限合伙人可以任意将其财产份额出质。普通合伙人的财产份额出质则需要其他合伙人的一致同意。未取得其他合伙人一致同意的出质行为无效，相关善意第三人可向行为人主张赔偿责任。

（五）合伙事务的执行

合伙企业的事务执行是指合伙企业的内部管理及对外代表等事宜[1]。合伙事务的执行情况将直接决定合伙企业的盈利情况，更重要的是，其也是导致合伙企业发生债务的主要原因。因此，为保障承担无限连带责任的普通合伙人利益，合伙企业的事务执行只能由普通合伙人负责，有限合伙人不执行合伙事务，不得对外代表有限合伙企业。

1. 具体执行方式

合伙企业事务执行的方式可以分为共同执行、委托执行、分别单独执行。在共同执行方式下或其他执行方式中产生争议时，需要以决议的方式来对相关事项做出决定。决议的具体规则应按照合伙协议约定的程序与规则执行；若合伙协议未约定或者约定不明确的，则该决议需至少经过一人一票的过半数合伙人表决同意；对于重大决议事项，需要全体合伙人一致同意，这些事项包括：

①改变合伙企业的名称；

②改变合伙企业的经营范围、主要经营场所的地点；

③处分合伙企业的不动产；

④转让或者处分合伙企业的知识产权和其他财产权利；

[1] 赵旭东. 商法学［M］. 3版. 北京：高等教育出版社，2015：39.

⑤以合伙企业名义为他人提供担保；

⑥聘任合伙人以外的人担任合伙企业的经营管理人员。

合伙人除了共同执行合伙事务外，还可以按照合伙协议的约定或者经全体合伙人决定，委托一个或者数个合伙人对外代表合伙企业，执行合伙事务。委托执行情形下，未接受委托的其他合伙人不再执行合伙事务，但可对合伙事务的执行进行监督。

合伙人分别执行合伙事务的，执行事务合伙人可以对其他合伙人执行的事务提出异议。提出异议时，应当暂停该项事务的执行。发生争议时，可以由全体合伙人决议解决。

2. 竞业禁止与禁止自我交易规则

普通合伙人作为合伙事务的执行者或主要监督者，其对合伙企业的商业秘密知悉甚清。为保障其他合伙人的利益，法律对普通合伙人做出了竞业禁止与自我交易的限制。由于有限合伙人并不直接参与合伙事务的执行，故除非合伙企业另有约定，法律并不限制有限合伙人与本有限合伙企业进行交易，也不限制其自营或者同他人合作经营与本有限合伙企业相竞争的业务。

3. 有限合伙人可执行的事务

有限合伙人虽然不得执行合伙事务，亦无法对外代表有限合伙企业，但仍可基于其出资而享有以下事务的执行权利：

①参与决定普通合伙人入伙、退伙；

②对企业的经营管理提出建议；

③参与选择承办有限合伙企业审计业务的会计师事务所；

④获取经审计的有限合伙企业财务会计报告；

⑤对涉及自身利益的情况，查阅有限合伙企业财务会计账簿等财务资料；

⑥在有限合伙企业中的利益受到侵害时，向有责任的合伙人主张权利或者提起诉讼；

⑦执行事务合伙人怠于行使权利时，督促其行使权利或者为了本企业的利益以自己的名义提起诉讼；

⑧依法为本企业提供担保。

（六）入伙与退伙

1. 入伙

新合伙人入伙，除合伙协议另有约定外，应当经全体合伙人一致同意，并依法签订书面入伙协议。新合伙人对入伙前的企业债务承担无限连带责任。

2. 退伙

合伙人退出合伙企业的方式可分为自愿退伙与法定退伙。其中，自愿退伙又可以分为单方退伙和通知退伙；法定退伙又分为当然退伙和除名退伙。

（1）单方退伙

合伙协议约定合伙期限的，在合伙企业存续期间，有下列情形之一的，合伙人可以退伙：①合伙协议约定的退伙事由出现；②经全体合伙人一致同意；③发生合伙人难以继续参加合伙的事由；④其他合伙人严重违反合伙协议约定的义务。

（2）通知退伙

合伙协议未约定合伙期限的，合伙人在不给合伙企业事务执行造成不利影响的情况下，可以退伙，但应当提前三十日通知其他合伙人。

（3）当然退伙

合伙人有下列情形之一的，当然退伙：①作为合伙人的自然人死亡或者被依法宣告死亡；②个人丧失偿债能力；③作为合伙人的法人或者其他组织依法被吊销营业执照、责令关闭、撤销，或者被宣告破产；④法律规定或者合伙协议约定合伙人必须具有相关资格而丧失该资格；⑤合伙人在合伙企业中的全部财产份额被人民法院强制执行。

（4）除名退伙

合伙人有下列情形之一的，经其他合伙人一致同意，可以决议将其除名：①未履行出资义务；②因故意或者重大过失给合伙企业造成损失；③执行合伙事务时有不正当行为；④发生合伙协议约定的事由。对合伙人的除名决议应当书面通知被除名人。被除名人接到除名通知之日，除名生效，被除名人退伙。被除名人对除名决议有异议的，可以自接到除名通知之日起三十日内，向人民法院起诉。

（七）合伙人的责任

1. 普通合伙人

除特殊普通合伙企业外，无论是普通合伙企业还是有限合伙企业，其中的普通合伙人都对合伙企业债务承担无限责任或无限连带责任。

2. 有限合伙人

有限合伙企业中的有限合伙人对合伙企业的债务承担以出资额为限的有限责任。

3. 特殊普通合伙企业中的合伙人

在特殊普通合伙企业中，一个合伙人或者数个合伙人在执业活动中因故意或者重大过失造成合伙企业债务的，应当承担无限责任或者无限连带责任，其他合伙人以其在合伙企业中的财产份额为限承担责任。

合伙人在执业活动中非因故意或者重大过失造成的合伙企业债务以及合伙企业的其他债务，由全体合伙人承担无限连带责任。

合伙人执业活动中因故意或者重大过失造成的合伙企业债务，以合伙企业财产对外承担责任后，该合伙人应当按照合伙协议的约定对给合伙企业造成的损失承担赔偿责任。

（八）合伙企业的解散与清算

1. 解散

对于公司法人来说，其法人资格的终止可因解散清算导致，也可因破产清算导致。《中华人民共和国企业破产法》虽意在涵盖所有商事企业，但其具体规则上只明确规定了公司法人的破产清算，对于其他企业仅在第一百三十五条提及："其他法律规定企业法人以外的组织的清算，属于破产清算的，参照适用本法规定的程序。"

合伙企业的清算以解散清算为主，《中华人民共和国合伙企业法》具体规定了合伙企业的解散事由和清算程序。一般来说，合伙企业在发生以下事由时应当解散：

①合伙期限届满，合伙人决定不再经营；

②合伙协议约定的解散事由出现；

③全体合伙人决定解散；

④合伙人已不具备法定人数满 30 天；

⑤合伙协议约定的合伙目的已经实现或者无法实现；

⑥依法被吊销营业执照、责令关闭或者被撤销；

⑦法律、行政法规规定的其他原因。

2. 清算

合伙企业解散后，应当进行清算。

（1）清算人

合伙企业的清算人可以由全体合伙人共同担任，也可以自解散事由出现的 15 日内指定部分合伙人或委托第三人担任。在上述期限经过后，仍无法确认合伙企业清算人的，合伙人或其他利害关系人可申请人民法院指定清算人。

（2）清算人职责

清算人在清算期间执行下列事务：

①清理合伙企业财产，分别编制资产负债表和财产清单；

②处理与清算有关的合伙企业未了结事务；

③清缴所欠税款；

④清理债权、债务；

⑤处理合伙企业清偿债务后的剩余财产；

⑥代表合伙企业参加诉讼或者仲裁活动。

（3）清算程序

合伙企业的完整清算程序详见图 2-2。

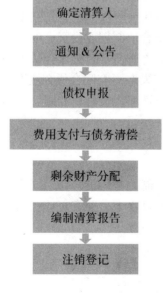

☆　共同担任；自行指定 / 委托；法院指定

☆　清算人自被确定之日起 10 日内将合伙企业解散事项通知债权人，并于 60 日内在报纸上公告。

☆　债权人应当自接到通知书之日起 30 日内，未接到通知书的自公告之日起 45 日内，向清算人申报债权。

☆　支付清算费用和职工工资、社会保险费用、法定补偿金以及缴纳所欠税款、清偿债务

☆　合伙协议有约定的按约定；未约定或者约定不明确的，由合伙人协商决定；协商不成的，按实缴出资比例分配；无法确定出资比例的，平均分配

☆　清算结束，清算人应当编制清算报告，由全体合伙人签名、盖章

☆　在 15 日内向企业登记机关报送清算报告，申请办理合伙企业注销登记

图 2-2　公司解散清算流程

此外，在清算期间，合伙企业存续，但不得开展与清算无关的经营活动。

三、案例分析

本案例的争议焦点在于合伙财产份额的继承与合伙人的竞业禁止规则。

陈立风作为普通合伙人，其死亡已经满足《中华人民共和国合伙企业法》第四十八条所规定的合伙人当然退伙事由。但《中华人民共和国合伙企业法》第五十条又规定，"合伙人死亡或者被依法宣告死亡的，对该合伙人在合伙企业中的财产份额享有合法继承权的继承人，按照合伙协议的约定或者经全体合伙人一致同意，从继承开始之日起，取得该合伙企业的合伙人资格。"陈立风的哥哥陈立龙并不属于法定或合伙协议约定不得成为合伙人的范围，因此，其若想继承合伙企业财产份额则需要经过其他两位合伙人于仁理和吴文亮的一致同意。若于仁理或吴文亮对此有异议，则陈立风的合伙财产份额无法被继承，应为当然退伙。此时，因该合伙企业唯一的普通合伙人退伙，若未出现新的普通合伙人，则合伙企业只能解散清算。

对于竞业禁止的争议，因吴文亮属于有限合伙人，且合伙协议未对有限合伙人的竞业禁止做出限制，故按照《中华人民共和国合伙企业法》第七十一条的规定，吴文亮可以自营或者同他人合作经营与本有限合伙企业相竞争的业务。

四、相关建议

在本案例中，另一个值得关注的是劳务出资的出资形式。《中华人民共和国合伙企业法》第十六条允许合伙人以劳务出资，但同时明确规定："合伙人以劳务出资的，其评估办法由全体合伙人协商确定，并在合伙协议中载明。"

另需关注的是，本案例涉及的有限合伙也越发成为创投企业[1]所热衷的企业组织形式。中国证券监督管理委员会有过大量涉及有限合伙制企业的行政批复，例如上市公司向有限合伙制创投企业定向发行股份、可转换公司债券等购买资产，有限合伙制创投企业要约收购上市公司股份等。国家税务总局在与财政部联合发文于北京中关村和苏州工业园区试点后，2015 年发布《关于有限合伙制创业投资企业法人合伙人企业所得税有关问题的公告》，对有限合伙制创业投资企业的法人合伙人做出特别规定。国务院国有资产监督管理委员会也于 2020 年发布《有限合伙企业国有权益登记暂行规定》，以加强有限合伙企业国有权益登记管理，及时、准确、全面反映有限合伙企业国有权益状况。

五、模拟与实战训练

在上述案例中，因于仁理和吴文亮对于陈立龙的经营能力有怀疑，并未同意其继承陈立风在合伙企业中的财产份额。吴文亮基于自己另设立个人独资企业，而对该合伙企业的存续并未持有积极态度。

---

[1] 有限合伙制创业投资企业是指依照《中华人民共和国合伙企业法》《创业投资企业管理暂行办法》(国家发展和改革委员会令第 39 号)和《外商投资创业投资企业管理规定》(外经贸部、科技部、工商总局、税务总局、外汇管理局令 2003 年第 2 号)设立的专门从事创业投资活动的有限合伙企业。

问题一：陈立龙如何主张其在该合伙企业中的利益？

问题二：于仁理可以采取什么方式使得该合伙企业继续存续？

第二节　公司的设立：条件、程序与效力

一、案例二：面对瑕疵出资，公司债权人如何维权？

林琳、蔡襄湘、李理、伞珺婕四位同学分别是某市某大学市场营销、物流管理、工商管理、电子商务专业的学生，结合所在城市的优势，他们决定另辟蹊径为网店店主提供网络供货及"一条龙"服务，他们计划开设一家名叫"涛涛店主的店"的网店。

四人经协商做出如下设立协议：①"涛涛店主的店"以有限公司的形式注册，注册资本为50万元；②林琳、蔡襄湘、李理以货币出资，出资额分别为10万元、5万元和5万元；③伞珺婕以自己家在该市高新区的公寓房产经评估作价30万元出资。

在向工商行政部门申请注册登记时，四人伪造相关证明材料、提供虚假的验资报告以及虚报公司的注册资本为100万元，完成了工商登记，从而领取了营业执照。

在公司经营两个月之后，因四人学业繁忙且缺乏经营公司的经验，公司的经营状况不佳，对外所欠货款无法按期偿还，债务人A于是向法院提起诉讼，请求法院依照《中华人民共和国公司法》第一百九十八条以及相关法律规定认定蓉林数码科技公司设立无效并要求蓉林数码科技公司偿还欠款。

问题：债权人A应该如何主张自己的权利？公司设立无效之诉能否成立？若债权人B为公司设立过程中，四人以未成立公司名义订立合同的相对方，其应当向谁主张权利？

二、法律知识点

（一）公司设立的方式与程序

公司设立是指公司发起人为促成公司成立并取得法人资格，依照法律规定的条件和程序所进行的一系列法律行为的总称。公司设立方式基本为两种方式，即发起设立和募集设立。

1. 发起设立

（1）概念

发起设立是指由发起人共同出资或认购公司应发行的全部股份而设立公司的一种方式。

（2）特征

公司资本或公司发行的全部股份不向社会公开募集，而由全体发起人出资或在全体发起人范围内认购全部股份。设立公司时的发起人是未来公司的全部股东。

（3）适用

此种方式对社会公众利益影响相对较小，法律规定的程序比较简单，设立期限短、成本低；成立后的公司股东也具有稳定性和封闭性，因此较为适宜中小型公司。

我国有限责任公司必需采用发起方式设立；股份有限公司则既可以采用发起方式设立也可采取募集方式设立。

2. 募集设立

（1）概念

募集设立是指发起人认购公司应发行股份的部分，其余部分按法定程序向社会公开募集而设立公司的方式。

（2）适用

募集设立适用于股份公司，有限公司不可采取募集设立方式。《中华人民共和国公司法》还规定，国有企业改建为股份有限公司的，应当采取募集设立方式。

（二）公司设立的条件

所谓公司设立的条件，是指法律规定设立公司所必须满足的各项基本要求。

1. 发起人

（1）对发起人人数的要求

①有限责任公司（1~50人）；

②股份有限公司（2~200人）。

（2）对发起人和股东资格的限制

①国家党政机关、军队一般不能成为公司发起人和股东，特别授权的除外；国家公务员、法官、检察官不能作为公司的发起人和有限公司的股东，但是否可以成为股份公司的股东，法律规定不明，一般应视为允许；

②自然人作为发起人应具有完全行为能力；

③股份公司发起人须有半数以上在中国有住所；

④国有独资公司的发起人限于国家授权投资的机构和国家授权的部门或《中华人民共和国公司法》实施前已设立的国有企业（改建）；

⑤会计师事务所、审计事务所、律师事务所和资产评估机构不得作为投资主体向其他行业投资设立公司。

2. 出资要求

除法律、行政法规以及国务院决定对特定行业注册资本最低限额另有规定的外，不再限制公司设立时全体股东（发起人）的首次出资比例，不再限制公司全体股东（发起人）的货币出资金额占注册资本的比例，不再规定公司股东（发起人）缴足出资的期限。

公司实收资本不再作为工商登记事项。公司登记时，无需提交验资报告。

3. 发起人协议与公司章程

（1）发起人协议

发起人协议是发起人之间以书面形式表达的共同设立公司、各自承担一定设立义务的意思表示一致的行为，其仅规范发起阶段发起人间的权利义务关系，在性质上被认为是合伙协议。发起人协议的主要内容有：

①发起人及其法定代表人的姓名、住所、国籍、职务和他们将要设立的公司的名称、住所和经营范围等；

②设立方式；

③资本总数及发行的股份总数、注册资本、每位发起人认购股份的数额；

④出资方式、期限、每股的金额等；

⑤发起人的权利、义务和责任；

⑥发起人内部职责的分工；

⑦协议适用法律、纠纷解决办法；

⑧协议生效、终止的时间和所附的条件；

⑨其他需要载明的事项等。

（2）公司章程

公司章程是公司存在和活动的基本依据，是公司行为的根本准则。公司章程是公司发起人依照《中华人民共和国公司法》的规定，根据所设立公司的目的而特别确定下来的行为规范，它不同于《中华人民共和国公司法》的一般规定，是为特定的公司规定的，旨在约束该公司未来组织和活动的规范。国家有宪法，公司有章程，章程对于公司的作用犹如宪法对于国家的作用。

①发起人协议与公司章程的联系

公司章程通常是在设立协议的基础上根据法律的规定制成，在没有争议和符合公司法的前提下，设立协议的基本内容通常都为公司章程所吸收，甚至设立协议的条文为公司章程原封不动地搬用，二者间一般不会发生矛盾和冲突。

②发起人协议与公司章程的区别

A. 性质

发起人协议是任意性法律文件，被视为合伙协议，主要依据当事人的意思表示一致而形成；公司章程除反映当事人的主观要求之外，更体现了公司法的强制性要求。公司章程应提交公司登记机关的进行审查和登记，且必需包含法定的记载事项，缺少或不合法可能导致章程无效。

B. 调整范围

发起人协议调整发起人之间的关系，只在发起人之间具有法律效力；而公司章程调整的是所有股东之间、股东与公司之间、公司的管理机构与公司之间的法律关系，制定后加入公司的新股东也受其约束。根据《中华人民共和国公司法》第十一条，公司章程对公司、股东、董事、监事、高级管理人员具有约束力。

C. 效力

发起人协议自协议成立时生效，贯穿于设立行为的过程，公司成立或不予登记时协议失效；公司章程的效力则及于公司成立后的整个存续过程，直至公司终止。

4. 公司名称

（1）概念

公司名称是指公司章程记载，并经商事登记机关核准注册的，表彰公司商事主体特征的，在公司的生产经营活动中用以与其他商事主体相互区别的固定称谓，是公司作为独立商事主体的名称。

（2）我国公司名称的选用规则

①名称构成为四段式，由"地名＋字号＋行业＋公司"的形式组成；②字号，要具有唯一性和易辨别性。

5. 公司住所

（1）概念

公司住所即公司的主要办事机构所在地。《中华人民共和国公司法》第十条规定：公司以其主要办事机构所在地为住所。

（2）我国法律对公司住所的规定

①公司必须有住所，不允许设立无住所的公司；

②公司住所必须在公司章程中载明；

③登记的公司住所只能有一个，且须在登记机关辖区内。设有分支机构的以总公司的所在地为住所；

④公司住所的确定和变更以登记为要件。不经登记的公司住所，不得对抗第三人。

（三）公司设立的效力与瑕疵设立的救济

1. 公司设立的效力

公司设立的效力即公司设立行为的法律后果，设立行为的后果包括三种情形：

（1）公司设立完成后，符合法律规定要求，被依法核准登记，获得法律人格，公司开始具有民事权利能力和民事行为能力，可在注册登记的经营范围内依法开展生产经营活动。

（2）公司设立未能最终完成，导致公司设立失败。

（3）公司设立存在瑕疵，导致被责令采取补救措施，或者被宣告已成立的公司无效或被撤销。

2. 公司设立的瑕疵及其救济

所谓公司设立瑕疵，是指经公司登记机关核准登记并且获得营业执照而宣告成立的公司，在设立过程中，存在不符合公司法规定的条件和程序而设立公司的情形，这与公司设立失败不同，因为我国原则上承认瑕疵公司的法人人格。瑕疵情形具体包括：

（1）股东瑕疵：人数瑕疵和能力瑕疵。

（2）资本瑕疵：主要包括出资虚假瑕疵、出资不足瑕疵、出资形式瑕疵等。

（3）章程瑕疵：指公司章程缺乏必须记载的事项或记载事项与法律的规定存在冲突的情况。

我国原则上承认瑕疵公司的法人人格，这是我国公司法律制度对待瑕疵公司的基本法律倾向。但是我国的瑕疵设立制度是不完善的，对很多问题都没有进行明确的规定。

对于虚假出资和出资不足的情况，在法律上都视为对其他足额出资人的违约，对公司构成侵权，因为公司法人享有独立的法人财产权。因此，其他足额出资的股东可以提起违约之诉，公司可以要求出资人承担严格的出资责任，不受时间限制，其他发起人与该瑕疵出资者承担连带责任，其他发起人承担责任之后，可以向其追偿。

（四）发起人与设立中公司

1. 发起人协议与公司章程

发起人，也称公司创办人或设立人，是指为设立公司而签署公司章程、向公司认购出资或者股份并履行公司设立职责的人。

发起人协议即公司设立协议，是发起人就拟设立公司的主要事宜达成的协议。其内容通常包括：公司经营的项目、宗旨、范围和生产规模；公司注册资本、各方出资、出资方式；公司组织机构和经营管理；公司名称和住所等。发起人协议实现了发起人从自然人向团体的转变，创造了设立中公司的社团属性。发起人协议的作用在于确定所设公司的基本性质和结构，协调发起人之间的关系及其权利和义务。

公司章程是公司存在和活动的基本依据，是公司行为的根本准则。公司章程是公司发起人依照《中华人民共和国公司法》的规定，根据所设立公司的目的而特别确定下来的行为规范，它不同于《中华人民共和国公司法》的一般规定，是为特定的公司规定的，旨在约束该公司未来组织和活动。国家有宪法，公司有章程，章程对于公司的作用犹如宪法对于国家的作用。

公司章程通常是在设立协议的基础上根据法律的规定制成，在没有争议和符合公司法的前提下，设立协议的基本内容通常都为公司章程所吸收，甚至设立协议的条文为公司章程原封不动地搬用，二者间一般不会发生矛盾和冲突。

2. 发起人的责任

（1）公司成立后的法律责任

①发起人的资本充实责任：对于股份有限公司而言，股份有限公司成立后，发起人未按照公司章程的规定缴足出资的，应当补缴，其他发起人承担连带责任；股份有限公司成立后，发现作为设立公司出资的非货币财产的实际价额显著低于公司章程所定价额的，应当由交付该出资的发起人补足其差额，其他发起人承担连带责任。对于有限责任公司而言，有限责任公司成立后，发现作为设立公司出资的非货币财产的实际价额显著低于公司章程所定价额的，应当由交付该出资的股东补足其差额；公司设立时的其他股东承担连带责任。

②发起人的损害赔偿责任：在公司设立过程中，由于发起人的过失导致公司利益受到损害的，应当对公司承担赔偿责任。

（2）公司设立不成立的法律责任

①公司设立不成立，由于各发起人在设立阶段视为民法中的合伙关系，所以设立中所发生债务和费用由发起人承担连带责任。

②公司设立不成立，发起人对认股人已经缴纳的股款，负返还股款并加算银行同期存款利息的连带责任。

（3）发起人对外签订合同的责任

发起人为设立公司以自己的名义对外签订合同，合同相对人请求该发起人承担合同责任的，法院应予以支持。

3. 公司的责任

（1）发起人以自己的名义行为

发起人为设立公司以自己的名义对外签订合同，公司成立后，合同相对人可以请求该公司承担合同责任。

（2）发起人以设立中公司的名义行为

①发起人以设立中公司名义对外签订合同，公司成立后合同相对人请求公司承担合同责任的，法院予以支持。

②公司成立后，有证据证明发起人利用设立中公司的名义为自己的利益与相对人签订合同，公司以此为由主张不承担合同责任的，法院予以支持，但相对人为善意的除外。

（3）造成他人损害的责任

发起人因履行公司设立职责造成他人损害，公司成立后受害人请求公司承担侵权赔偿责任的，法院予以支持。

三、案例分析

本案例中四位大学生的行为未达到《中华人民共和国公司法》第一百九十八条所述情节严重的情况，不应撤销公司登记或者吊销营业执照，因此对债权人 A 请求认定蓉林数码科技公司设立无效的请求不予支持。"涛涛店主的店"与债权人 A 之间的债权债务关系事实清楚，对于债权人 A 请求"涛涛店主的店"偿还所欠货款的请求予以支持。

由于林琳、蔡襄湘、李理和伞珺婕虚假出资，根据《中华人民共和国公司法司法解释二》第二十二条："公司财产不足以清偿债务时，债权人主张未缴出资股东，以及公司设立时的其他股东或者发起人在未缴出资范围内对公司债务承担连带清偿责任的，人民法院应依法予以支持。"因此本案债权人 A 可另行起诉林琳、蔡襄湘、李理和伞珺婕四位股东在未缴出资范围内对公司债务承担连带清偿责任。

另外，虽然债权人 B 与"涛涛店主的店"签订相关协议时该公司并未设立，但因"涛涛店主的店"嗣后设立成功，故"涛涛店主的店"依旧需要对债权人 B 承担相应责任。相关依据参见《中华人民共和国公司法司法解释（三）》第三条第一款："发起人以设立中公司名义对外签订合同，公司成立后合同相对人请求公司承担合同责任的，法院应予支持"，以及《中华人民共和国民法典》第七十五条第一款规定："设立人为设立法人从事的民事活动，其法律后果由法人承受；法人未成立的，其法律后果由设立人承受，设立人为二人以上的，享有连带债权，承担连带债务。"

四、相关建议

在本案例中，四位大学生创业者在登记注册时，虚报了注册资本，公司设立有瑕疵，所以在债权人请求四位股东承担债务责任的时候，未完成出资的股东需要在本息范围内对债权人承担责任，盲目地追求资本数额，其实是未能正确审视自身的风险能力。所以，建议大学生创业者，初次创业时，一定要利用好公司有限责任这个制度，根据自身的风险承受能力，合理设置注册资本。

五、模拟与实战训练

请结合本节案例的具体情形，草拟一份公司章程。

第三节　股东有限责任与公司法人人格否认制度

一、案例三：财产混同，股东何时承担无限连带责任？

如本章案例一所述，在陈立风去世后，吴文亮因其已经在经营领域的个人独资企业而未赞同陈立龙继承陈立风的合伙企业财产份额。另一有限合伙人于仁理知悉吴文亮另有经营企业后，与其协商解散了原合伙企业。在企业解散过程中，于仁理发现企业现有经营资源就此放弃太过可惜，于是也决定自行创业开办"精才美术"。于仁理出资 10 万元成立了一家一人有限责任公司，随后，由于公司资金周转困难于是以公司的名义向同学李刚借款 8 万元，并且要求李刚将这 8 万元借款汇入于仁理的个人银行账户，约定公司使用借款的期限为一年，到期后由公司一次性偿还。同时，在日常经营管理中，于仁理与公司共用一辆车，存在难以区分公司财产与个人财产的情况。一年后借款到期，于仁理成立的一人有限公司无法还清李刚的借款，因此，李刚提起了诉讼，请求法院依据《中华人民共和国公司法》第六十三条的规定判令于仁理对公司债务承担连带责任。

问题：李刚的诉求能否得到法院支持？股东在何种情况下需要对公司债务承担无限连带责任？

二、法律知识点

（一）法人的人格否认

1. 有限责任与公司制度

有限责任与无限责任对应，有限责任的产生抵御了因公司破产而导致自己破产的风险，便于人们投资入股，在近现代公司的发展过程中起着重要的作用。按照《中华人民共和国公司法》的规定："有限责任公司的股东以其认缴的出资额为限对公司承担责任；股份有限公司的股东以其认购的股份为限对公司承担责任"，即债务承担上，公司的债权人不得请求公司股东承担超过其出资义务的责任。这是因为在民法上，公司具有自己独立的财产，具备独立的人格，公司作为法人，必须以其全部资产对债务承担清偿责任。

公司人格制度，赋予公司以权利能力，排除公司股东个人意志的干预，使公司能够便捷地参与法律关系，为股东谋取利益；也成了债权人与股东之间的一道屏障或者面纱，并将二者隔开，债权人的债权只能以公司的财产为总担保，通常不能直接追索到公司面纱背后的股东，在此意义上，股东承担有限责任；也使得债权人明确地知悉交易对象及交易风险的大小，从而自由地做出选择，并对公司人格完善情况进行监督。

2. 公司法人人格否认的构成要件

公司法人人格否认在英美法系国家被称为"揭开公司面纱""刺破公司面纱"，在德国被称为"直索理论"，是指当公司的法人人格被公司之股东滥用时，为阻止公司独立人格的滥用和保护公司债权人利益及社会公共利益，法院基于公平正义的价值理念，就具体法律关系中的特定事实，否认公司与其背后的股东各自独立的人格及股东的有限责任，令股东对公司债权人或公共利益直接负责，对公司法人的债务承担责任的一种法律制度。

公司法人人格否认制度为一案一认，即仅对特定个案中的公司独立人格予以否认，是一种对失衡的公司利益关系进行的事后法律规制，构成要件为：①公司法人已经取得了独立人格；②股东滥用了公司独立人格；③公司人格的滥用客观上损害了债权人和社会公共利益，这种损害必须达到"严重"程度；④滥用公司人格行为与债权人或公共利益损害间具有因果关系；⑤公司财产不足以清偿全部债务。

对于如何认定股东存在滥用公司法人独立地位和股东有限责任的行为，《第九次全国法院民商事审判工作会议》明确规定，当存在人格混同、过度支配与控制、资本显著不足等情形时，便可以认定股东存在"滥用行为"。认定人格是否存在混同，最根本的判断标准是公司是否具有独立意思和独立财产，人格混同最主要的表现是公司的财产与股东的财产混同且无法区分；认定股东对公司过度支配与控制，是指股东操纵公司的决策过程，使公司完全丧失独立性，沦为控制股东的工具或躯壳，严重损害公司债权人利益，应当否认公司人格，由滥用控制权的股东对公司债务承担连带责任；资本显著不足指的是，公司设立后在经营过程中，股东实际投入公司的资本数额与公司经营所隐含的风险相比明显不匹配。股东利用较少资本从事力所不及的经营，表明其没有从事公司经营的诚意，实质是恶意利用公司独立人格和股东有限责任把投资风险转嫁给债权人。

3. 公司法人人格否认诉讼及其效力

法人人格否认诉讼作为一个新的民事诉讼种类，有其作为一般民事侵权行为的特征，也有其特有的诉讼属性：

（1）案由的确定

案由的确定主要从当事人之间的法律关系入手，因为法人人格否认只是股东承担连带责任的原因，不能作为案由，所以诉讼实践中一般是以当事人之间的具体债的发生依据作为案由。

（2）诉讼主体

原告应当为因股东滥用公司法人人格而受损害的债权人及其他利益相关者；《第九次全国法院民商事审判工作会议》规定，被告是实施了滥用公司法人独立地位和股东有限行为的股东，且是该行为严重损害了公司债权人利益的股东，而不是其他股东，不能让无辜股东受牵连，否则有违公司人格独立和股东有限责任这两个公司法的基本原则。

（3）举证责任的分配

如果采用举证责任倒置，对侵权股东不利，而且极易造成公司法人人格否认之诉被滥用；如果采用谁主张谁举证，对于原告而言，很难掌握股东对公司控制的直接证据。所以基于这种特殊性，应该采用"折中的举证责任"，即采取先由原告承担初步举证责任，等符合初步举证责任的要求后，再将举证责任移转给被告的做法。具体来说：首先，应当由原告举出盖然性的证据，证明股东存在滥用公司"人格"的行为以及由此产生了损害的结果。其次，由被告证明其不存在滥用权利的行为，即证明自己与被控制公司的关系正当，公司人格不存在形骸化，无虚假出资，公司人事、财务、业务完全独立，公司账目真实、完整，公司的经营状况正常等情况，从而抗辩原告的诉讼主张。如果被告的举证内容不能排除其存在人格滥用的可能，则应承担举证不能的后果。

公司法人人格否认诉讼本身是为了平衡各方利益而设立的，所以这个判决的效力应当具有个别性，只是在个案当中否定公司的法人人格，而不影响公司以前所有的经营活动以及公司本身的存续，对公司以后的发展并不造成其他法律后果。也就是说，公司法人人格否认判决的效力只局限于一个具体的法律关系，这与公司的解散、破产而进入清算，从而在制度上丧失法人资格是完全不相同的。而且该效力只存在于特定的当事人之间，只局限于股东滥用有限责任时所涉及的债权人、公司或公司活动之间。因为其具有个案性，个别性，所以在以后再次出现股东滥用公司独立人格的情形，债权人仍然可以请求法院否认该公司的人格，要求股东承担连带责任，不受一事不再理的限制。

（二）一人公司的法人人格否认

1. 一人公司的特殊组织形式

上述案例中的公司是由一个自然人设立的一人有限公司，一人有限公司具备股东的有限责任与公司的独立人格，但在一些组织形式上略有不同。《中华人民共和国公司法》第五十七条第二款规定："本法所称一人有限责任公司，是指只有一个自然人股东或者一个法人股东的有限责任公司。"

设立上，一个自然人只能投资设立一个一人有限责任公司，该一人有限责任公司不能投资设立新的一人有限责任公司，并且必须在营业执照中载明自然人独资或者法人独资；人员设置上，一人有限责任公司不设股东会；财务制度上，一人公司应当在每一会计年度编制财务会计报告，并经依法设立的会计师事务所审计；债务承担上，原则上是公司对债权人担责，如果出现财产混同，股东不能证明的，应该对债务承担连带责任。

2. 一人公司的举证责任倒置

《中华人民共和国公司法》第六十三条规定："一人有限责任公司的股东不能证明公司财产独立于股东自己的财产的，应当对公司债务承担连带责任"，这就是所谓的一人有限责任公司的举证责任倒置。公司法设立法人人格否认制度是为防止法人独立地位和股东有限责任被滥用，从而保护公司债权人的利益。一人公司由于独特的组建模式，更容易出现法人人格混同的问题。为兼顾一人公司股东和公司债权人的利益，对于一人公司的对外债务推定股东承担连带责任，除非股东反证其个人财产是独立于公司财产的。这样，既坚持了一人公司作为有限责任公司，股东享受的是有限责任的待遇，而且对待债权人的利益也实现了公平公正。

（三）关联企业的人格混同

1. 关联企业

《中华人民共和国公司法》第二百一十六条第四款规定："关联关系，是指公司控股股东、实际控制人、董事、监事、高级管理人员与其直接或者间接控制的企业之间的关系，以及可能导致公司利益转移的其他关系。"但是对于什么是关联企业，并没有给出定义，学理上关联企业指任何两个具有关联关系的企业，彼此互为对方的关联企业；广义上泛指一切与其他企业之间具有控制关系、投资关系、业务关系、人事关系、财务关系及长期业务关系等利益关系的企业；狭义上是指与其他企业之间存在直接或者间接控制关系或重大影响关系的企业。

2. 关联企业人格混同的司法裁判规则

从《中华人民共和国公司法》第二十条第三款的规定来看，公司股东对公司债务承担连带责任，被称为纵向否认，但是实践中经常有关联企业之间人格、财务、人员、业务混同等，造成公司之间相互逃避债权人债务，这种横向的法人人格否认在公司法上并没有规定。

为了弥补立法缺陷，《第九次全国法院民商事审判工作会议》的第十一条第二款规定："控制股东控制多个子公司或关联公司，滥用控制权使多个子公司或关联公司财产边界不清、财务混同，利益相互输送，丧失人格独立性，沦为控制股东逃避债务、非法经营，甚至违法犯罪工具的，可以综合案件事实，否认子公司或者关联公司法人人格，判令承担连带责任"。自此以后，关联企业之间的横向否认也在审判实务中得到了统一。

三、案例分析

在上述案例中，于仁理以公司之名行私人借款的事实，并且和公司共同使用一辆车，无法区分个人财产与公司财产，公司不能偿还李刚的借款时，向法院起诉是可以的，鉴于该公司是一人有限责任公司，所以当股东于仁理不能举证证明公司财产独立于个人财产时，应该对李刚承担连带责任。

四、相关建议

一人有限责任公司的法人人格否认采用的是举证责任倒置，也更容易被推定为人格混同，建议创业者在创立公司时，如果采用这种公司形式，一定要做好财务的区分，守护好有限责任这个面纱，减少自己的投资风险。

五、模拟与实战训练

请对比分析吴文亮成立的个人独资企业与于仁理成立的一人公司在出资人责任承担方面的区别，并为上述一人公司的股东于仁理提出可行的风险预防方案。

第四节　股东的出资

一、案例四：非货币出资瑕疵，其他股东是否应承担责任？

游鑫、张睿、郭卫分别是金融、管理以及计算机专业的在校大学生，三人都喜欢网游，也有创业的想法，于是一拍即合，拟在某市高新区成立蓉林数码科技公司。

按照公司章程的规定，蓉林数码科技公司的注册资本为 30 万元。其中，游鑫应现金出资 14 万元，张睿应现金出资 5 万元，而郭卫应该以一辆价值 11 万元的轿车出资。游鑫被任命为公司董事长和法定代表人。两位股东足额缴纳了现金出资。同时，郭卫将轿车的所有权和实际占有转移给蓉林数码科技公司。资产评估机构也对郭卫的实物出资进行了评估作价，该公司完成设立登记，取得营业执照。

但几个星期以后大家发现轿车存在缺陷，由于验资机构程序的瑕疵，再次进行评估时，该轿车的实际价值是 6 万元，而非 11 万元。郭卫以实物出资已经经过评估因此没有过错为理由，拒绝补足差额。

公司经营过程中，公司的盈利状况不佳，到期无法偿还该市联想销售公司的货款 7 万元，于是该市联想销售公司向法院起诉，请求法院依照《中华人民共和国公司法》第二十八条以及第三十条的规定，判令郭卫支付 5 万元的出资差额来实现其对公司享有但又不能以公司资产获得清偿的债权，并要求其他股东承担连带清偿责任。

问题：其他股东是否要向该市联想销售公司承担连带清偿责任？

二、法律知识点

（一）股东出资

各国公司法对于股东出资的规则主要包括了出资形式、出资比例、非货币出资的价值评估、瑕疵出资的责任等。股东出资是指出资人为获得公司股权，在公司设立或增资时根据法律、公司设立协议、公司章程等规定向公司履行出资义务的行为[1]。股东的出资是股东取得公司股权的对价，也是其承担股东有限责任的具体方式。公司的资本完全由股东的出资构成，而履行出资义务的股东本人又是公司权力机关股东（大）会的基本成员。因此，股东的出资也是形成公司人事基础和资本基础的前提。

公司资本的真实性涉及对公司债权人利益的保护。为此，不仅要防止资本的事后抽逃，更要做好股东出资时的资本真实性核实。若股东因出资义务的不履行而损害公司债权人利益的，应当依法承担相应的责任。

1. 出资形式

股东出资形式一般采用法定主义。《中华人民共和国公司法》第二十七条明确规

---

[1]　李建伟. 公司法学［M］. 4 版. 北京：中国人民大学出版社，2018：169.

定的可作为股东出资的具体形式如下：

①货币出资；

②实物出资；

③知识产权出资；

④土地使用权出资。

该法条也未将股东出资形式仅仅局限于上述四种，只要不是法律、行政法规规定的不得作为出资的财产，在满足以下两个基本条件时也可作为股东的出资：

①该财产具有价值上的确定性，即可以用货币估价；

②该财产具有可转让性。

例如，《中华人民共和国合伙企业法》允许的劳务出资并不能作为股东的出资形式，但可以满足要求的其他公司股权出资。《中华人民共和国公司法司法解释（三）》第十一条具体规定了股权出资应满足的条件：

①该股权由出资人合法持有并依法可以转让；

②该股权无权利瑕疵或权利负担；

③出资人已履行关于股权转让的法定手续；

④出资的股权已依法进行了价值评估。

此外，债权能否出资也往往成为公司实务中的一个疑难问题。债权出资在本质上属于一种债权转让，即将对第三人的债权从股东手里转给公司[1]。以债权的形式为标准，债权出资可分为一般债权出资和债券债权出资[2]。后者本身即为可自由流通的有价证券，性质应与股权相同，各国立法一般不做限制。对于以请求权为本质的一般债权，英美法系国家持较开放的态度，大陆法系国家则由原本的保守转向逐渐开放[3]。

2. 实缴与认缴

实缴是指股东在允诺出资义务时即实际完成了出资。《中华人民共和国公司法》第二十八条规定："股东以货币出资的，应当将货币出资足额存入有限责任公司在银行开设的账户；以非货币财产出资的，应当依法办理其财产权的转移手续。"

与实缴相对，认缴是指股东在公司设立或增资时并未及时实际完成出资义务，而允诺在将来完成出资的一种出资形式。认缴具体又可分为约定有具体期限的认缴和没有约定具体期限的认缴。对于前者，股东应当按期足额缴纳公司章程中规定的各自所认缴的出资额。否则，除应当向公司足额缴纳外，还应当向已按期足额缴纳出资的股东承担违约责任。约定出资期限届满之前，公司的债权人一般不得直接要求认缴股东提前履行出资义务，除非发生《第九次全国法院民商事审判工作会议》第六条、《中华人民共和国企业破产法》第三十五条和《中华人民共和国公司法司法解释（二）》第二十二条所规定的四种情形。

---

［1］ 赵旭东. 公司法学 ［M］. 4版. 北京：高等教育出版社，2015：208.

［2］ 李建伟. 公司法学 ［M］. 4版. 北京：中国人民大学出版社，2018：175.

［3］ 冯果. 股东现物出资若干问题研究 ［J］. 中国法学，1999（6）.

3. 认缴出资的股东权利限制问题

认缴出资获得的股权相较于实缴出资是否受到限制的问题需要按照具体情形进行区分。一般而言，基于股权平等原则，认缴股权与实缴股权在权利行使上应当一致，但在两种情形下则需要特殊讨论：

（1）分红权及优先认购权

《中华人民共和国公司法》第三十四条规定，除非全体股东一致约定，否则有限公司股东按照实缴出资比例分红以及优先认购公司增资。

（2）对认缴出资股权表决权的限制

《第九次全国法院民商事审判工作会议》对此问题给出了明确界定，即"股东认缴的出资未届履行期限，对未缴纳部分的出资是否享有以及如何行使表决权等问题，应当根据公司章程来确定。公司章程没有规定的，应当按照认缴出资的比例确定。如果股东（大）会做出不按认缴出资比例而按实际出资比例或者其他标准确定表决权的决议，股东请求确认决议无效的，人民法院应当审查该决议是否符合修改公司章程所要求的表决程序，即必须经代表三分之二以上表决权的股东通过。符合的，人民法院不予支持；反之，则依法予以支持。"

4. 验资制度

验资是指对股东非货币出资进行价值评估的制度。《中华人民共和国公司法》在2013年修法时取消了此前的强制验资程序，但完善了瑕疵出资人的责任，并增加了其他股东的连带责任。详情可参见《中华人民共和国公司法》第三十条和第九十三条的规定。

（二）增资与减资

1. 增资与减资的目的、方式和条件

（1）增资

增资是指公司基于筹集资金，扩大经营等目的，依照法定的条件和程序增加公司的资本总额。公司增资的主要目的在于：①筹集经营资金，开拓新的投资项目或投资领域，扩大现有经营规模；②减少股东收益分配，保持现有运营资金；③调整现有股东结构和持股比例，改变公司管理机构的构成；④基于公司的吸收合并；⑤增强公司实力，提高公司信用。

就增资方式而言，初创公司大致可能经历以下几种：①内部增资与外部增资，前者指由现有股东认购增加的公司资本，后者指由股东之外的投资者认购新增的公司资本。②同比增资与不同比增资，前者指内部增资时各股东按原出资比例或持股比例同步增加出资，增资后各股东的股权比例或持股比例不变，后者则是指在增资时改变了原有的出资/持股比例。③追加性增资与分配性增资，前者指通过现有股东或其他投资者对公司的新的投入而增加资本，后者则是在现有股东不做新的投入情况下，通过将未分配利润用于股东出资缴纳或把公积金转为资本的方式增加资本，只增加公司的资本总额，而不增加公司的资产总量。④股份公司的增加股份数额与增加股份金额，前者指在原定股份总数之外发行新的股份，后者则是在不改变原定股份总数的情况下增加每一股份的金额或面额。

（2）减资

减资是指公司基于某种情况或需要，依照法定条件和程序，减少公司资本总额。公司减资的主要目的在于：①缩小经营规模或停止经营项目；②减少资本过剩，提高财产效用；③实现股利分配，保证股东利益；④缩小资本与净资产差距，真实反映公司资本信用状况；⑤基于公司分立。

就减资方式而言，初创公司大致可能经历以下几种：①同比减资与不同比减资，前者指各股东按原出资比例或持股比例同步减少出资，减资后各股东的股权比例或持股比例不变，后者则是通过减资改变各股东的原出资或持股比例。②返还出资的减资、免除出资义务的减资与消除股权或股份的减资，第一个为实质减资，后两者均为形式上的减资，并不改变公司资产总量；③股份公司减少股份数量和减少股份金额，前者指每股金额并不减少，而只是减少股份总数，后者则不改变股份总数，只减少每股的金额。

（3）增资与减资的条件与程序

公司增资减资须由股东（大）会做出决议，且该决议必须经代表三分之二以上表决权的股东通过（股份公司为出席表决权的三分之二以上通过）。

2. 优先认购权

《中华人民共和国公司法》第三十四条规定了有限公司股东的优先认购权，即除全体股东另有约定的，股东在公司增资时，有权先按照实缴的出资比例认缴出资。

3. 减资程序中的债权人保护

绝大多数的公司减资都会在客观上造成公司资产总量的减少，至少会使得公司注册资本变少。由此造成的最大利益受损方即为公司的债权人。因此，在公司的减资程序中如何加强对债权人的保护就显得尤为重要。

《中华人民共和国公司法》第一百七十七条规定："公司需要减少注册资本时，必需编制资产负债表及财产清单。公司应当自做出减少注册资本决议之日起 10 日内通知债权人，并于 30 日内在报纸上公告。"

《中华人民共和国公司法》还赋予了债权人两种方式保障自己的债权不致受损，其一为直接要求公司清偿债务，其二还可选择要求公司提供相应的担保。但法律对债权人的保护也有时间上的限制，即债权人上述权利的行使需在自接到通知书之日起 30 日内，未接到通知书的自公告之日起 45 日内完成。

（三）瑕疵出资及其法律责任

1. 瑕疵出资的类型

股东瑕疵出资即为股东对其出资义务的违反。按照瑕疵的严重程度可以分为完全未出资、未完全出资和不适当出资。

完全未出资指股东根本没有履行出资义务，包括：①股东在公司设立协议或认股协议生效后主观拒绝履行出资义务的拒绝出资；②因客观条件变化而造成的出资不能；③基于欺诈宣传的虚假出资；④在公司设立成功或完成验资程序后抽回资本的抽逃出资[1]。

未完全出资是指股东履行了部分出资义务，但未按规定或约定足额完成出资缴纳的情形。其具体又包括货币出资不足，实物、知识产权等非货币出资价值显著过低等。

不适当出资是指出资的时间、形式或手续不符合规定，包括迟延出资和瑕疵出资。瑕疵出资又可包括非货币出资上存在其他权利负担或质量瑕疵，未完全物权等出资财产的产权变动公示程序等。

2. 股东出资责任

股东的出资责任主要目的在于对于瑕疵出资的弥补，以保护公司债权人等的利益。按照责任主体大致可以分为出资人本人的出资违约责任和其他股东的资本充实责任。

（1）出资违约责任

出资违约责任是指出资股东基于其瑕疵出资行为违反公司设立协议或新股认购协议而承担的合同责任。其责任内容具体包括三个方面：①追缴出资：公司有权请求违反出资义务但仍有能力履行的股东继续履行出资义务。②催告失权程序：公司对于客观不履行出资义务的股东，可以催告其在一定期限内完成出资，否则丧失其股东权利，相关股份另行募集。③请求损害赔偿：股东违反出资义务给公司和其他股东造成损失的，除了应足额缴纳出资外，还要进行损害赔偿。

2. 连带出资责任

《中华人民共和国公司法》在 2013 年修法取消强制验资程序后，明确了其他股东对非货币出资股东充实出资的连带担保责任。若非货币财产出资的实际价额显著低于公司章程所定价额时，除了出资人本身承担相应责任外，公司设立时的其他股东也要被连带追责。除此之外，股份公司发起人未按照公司章程的规定缴足出资的，其他发起人也要承担连带责任。

三、案例分析

本案例的争议焦点在于非货币瑕疵出资的责任承担问题。按照《中华人民共和国公司法》第三十条的规定："有限责任公司成立后，发现作为设立公司出资的非货币财产的实际价额显著低于公司章程所定价额的，应当由交付该出资的股东补足其差额；公司设立时的其他股东承担连带责任。"即不论该非货币财产的价值高估是否是因为出资人主观故意或过失，只要客观上造成了实际价额地域章程所定价额的情形，出资人就有义务补足出资，且公司设立时的其他股东也负有连带责任。这也是基于商法对于交易安全保护的特殊考量。故该市联想销售公司在向蓉林数码科技公司求偿未果时，若蓉林数码科技公司也未及时向郭卫或连带股东要求补充出资，

---

[1] 《中华人民共和国公司法司法解释（三）》第十二条：公司成立后，公司、股东或公司债权人以相关股东的行为符合下列情形之一且损害公司权益为由，请求认定该股东抽逃出资的，人民法院应予支持：（一）制作虚假财务会计报表虚增利润进行分配；（二）通过虚构债权债务关系将其出资转出；（三）利用关联交易将出资转出；（四）其他未经法定程序将出资抽回的行为。

其可直接向郭卫或负有连带责任的游鑫、张睿主张 5 万元的清偿责任。

四、相关建议

公司资本制度改革是《中华人民共和国公司法》2013 年修法的重点内容。删除最低资本制，将实缴制改为认缴制，删除强制验资程序等改革极大地降低了设立公司的门槛，便捷了创新创业。但与此同时，公司债权人保护的问题也相对地凸显和引发关注。公司法规定公司减资时的债权人保护制度、非货币瑕疵出资的股东连带责任等都是在为上述利益做出调节与平衡。因此创业企业在涉及公司出资问题上一定要做好风险防范，尤其是要关注对非典型出资形式的可行性、非货币出资的验资、认缴出资与实缴出资在股东权益上的差异等。

五、模拟与实战训练

若本节案例中的股东张睿 5 万出资分别为 3 万的其他公司股权及 2 万的其他公司公司债券，在公司设立时对上述股权和债权的验资妥当无误，但一年后，该市联想销售公司发现相关股权和债权价值严重缩水，总共仅价值 2 万元。试问，联想销售公司能否主张张睿的出资为瑕疵出资？能否主张张睿承担补充出资义务？能否要求其他两位股东承担连带责任？

第五节　股东（大）会与董事会的职权

一、案例五：未召开股东会，公司对外担保的合同是否有效？

游鑫、张睿、郭卫三人创办的蓉林数码科技公司在经历了创业初期的艰难后逐渐摆脱困境，并因为一款游戏的开发成功获得巨大收益，公司购买了一处公寓专门用以办公，并完成了公司住址的变更登记。按照蓉林数码科技公司章程的规定：公司为他人提供担保，应由占股东会三分之二以上表决权的股东决议通过。

2016 年 10 月 8 日，蓉林数码科技公司与该市中国农业银行股份有限公司人民路支行（以下简称"人民路农行"）签订《抵押合同》，约定由蓉林数码科技公司为三人好友设立的"爱鞋之家"公司因贷款形成的 20 万元债务，以土地使用权提供抵押担保。蓉林数码科技公司向人民路农行出具了关于同意此次担保的股东会决议，当日，该土地使用权进行了抵押登记。实际上，三人并未召开股东会会议，也没有形成关于对外提供担保的股东会决议。

2018 年 10 月 25 日，人民路农行与"爱鞋之家"公司签订《流动资金借款合同》，约定："爱鞋之家"公司向人民路农行借款 20 万元，借款期限 11 个月。

上述借款期满后，"爱鞋之家"公司仅偿还部分借款本金。人民路农行向法院起诉，提出如下请求：①请求"爱鞋之家"公司还本付息；②请求"爱鞋之家"公司未按期偿还上述款项，对其不能清偿部分，人民路农行以蓉林数码科技公司抵押的土地使用权的拍卖、变卖或折价款在人民币 20 万元限额内优先受偿。该市 E 区人民法院支持了其请求。

蓉林数码科技公司不服该判决，以蓉林数码科技公司对外提供担保未真正召开股东会为由。向该市中级人民法院上诉，该市中级人民法院驳回其申请。

问题：人民路农行与蓉林数码科技公司的主张，哪一个更合理？

二、法律知识点

（一）股东（大）会与董事会的划分

1. 股东（大）会与董事会的一般职权划分

《中华人民共和国公司法》以四个条款划分股东（大）会与董事会的基本职权范围，简言之，第三十七条和第九十九条规定了股东（大）会的基本职权包括以下十项：

①决定公司的经营方针和投资计划；

②选举和更换非由职工代表担任的董事、监事，决定有关董事、监事的报酬事项；

③审议批准董事会的报告；

④审议批准监事会或者监事的报告；

⑤审议批准公司的年度财务预算方案、决算方案；

⑥审议批准公司的利润分配方案和弥补亏损方案；

⑦对公司增加或者减少注册资本做出决议；

⑧对发行公司债券做出决议；

⑨对公司合并、分立、解散、清算或者变更公司形式做出决议；

⑩修改公司章程。

第四十六条和第一百零八条规定了董事会的十项基本职权：

①召集股东会会议，并向股东会报告工作；

②执行股东会的决议；

③决定公司的经营计划和投资方案；

④制订公司的年度财务预算方案、决算方案；

⑤制订公司的利润分配方案和弥补亏损方案；

⑥制订公司增加或者减少注册资本以及发行公司债券的方案；

⑦制订公司合并、分立、解散或者变更公司形式的方案；

⑧决定公司内部管理机构的设置；

⑨决定聘任或者解聘公司经理及其报酬事项，并根据经理的提名决定聘任或者解聘公司副经理、财务负责人及其报酬事项；

⑩制定公司的基本管理制度。

当然，这两款规则的最后都有一个兜底条款，即"公司章程规定的其他职权"。

2. 公司对外投资与担保的决定权限

《中华人民共和国公司法》第十六条规定了公司对外投资与担保的特殊规则。对于一般的投资与担保，决议权限归属于股东（大）会抑或董事会由公司章程确定；若公司为本公司股东或实际控制人提供担保的，则必须由股东（大）会来进行决议。该规则为公司法的强制性条款，公司章程或公司决议违反其规定的，即为无效。

3. 公司章程与公司法规则的冲突

章程自治是公司法中意思自治的主要体现。章程的制定是公司投资人共同所为法律行为的结果。按照民法典中法律行为的效力规则，违反法律法规强制性规定的法律行为无效。故公司章程本身亦不得违反公司法的强制性规定。因此，当公司章程与公司法规则相冲突时，章程条款的效力的认定问题就转变为判断公司法相关条款的性质属于强制性抑或任意性的问题。

《中华人民共和国公司法》规定了有限责任公司和股份有限公司两种公司组织形式。相较而言，有限公司更注重人合性；而股份公司，尤其是其中的上市公司则更加关注资合性。从立法技术上考察，股份有限公司的部分条款参照适用有限公司既有规则的立法方式。这就导致同样的规则，在更加关注人合性的有限公司中可能是强制性的，而在股份公司中作为任意性规则也问题不大。综上所述，我们在判断具体公司法规则是否属于强制性规则的时候，除了考察其关键用词外，还要结合该规则适用的公司性质。而公司法强制性规则的范围也就决定了该公司中章程意思自治的边界。

以章程能否改变公司法规定的股东（大）会及董事会职权为例进行分析。

公司法在规定股东（大）会和董事会职权的时候都预留有兜底条款，即股东（大）会和董事会均可有"公司章程规定的其他职权"。这里的"其他"应该理解为除去公司法对于股东（大）会、董事会职权的各自前十项强制性规定的。至于这些强制性规定是否抑制了公司自治的空间，应该是在公司法内部的强制性规范与任意性或赋权性规范之间做出平衡，即修改上述强制性规则本身，而不是直接将其变性为任意性规则，进而完全打破了公司章程与公司法强制性规则之间的适用边界。

（二）股东（大）会的组成与召开程序

1. 股东（大）会的类型

（1）定期会议

定期会议又叫普通会议、股东大会、股东年会，指依据法律和公司章程的规定在一定时间内必须召开的股东会议，其中有限公司应在每个会计年度结束之后即行召开，股份公司应在会计年度终了后 6 个月内召开。

（2）临时会议

临时会议又叫特别会议，指在定期会议以外必要的时候，由于发生法定事由或根据法定人员、机构的提议而召开的股东会议。

在以下五种情形下需要召开临时股东会议（股份有限公司应在 2 个月内召开）：

①持有一定比例股份的股东申请时（有限公司：代表十分之一以上表决权的股东；股份公司：单独或合计持有公司 10% 以上股份的股东）；

②根据董事提议或在董事会认为必要时（有限公司：三分之一以上董事；股份公司：董事会）；

③根据监事提议或监事会认为必要时（有限公司：监事会或不设监事会的公司的监事；股份公司：监事会）；

④发生法定事由时（董事人数不足本法规定人数或公司章程所定人数的三分之二时；公司未弥补的亏损达实收股本总额三分之一时）；

⑤章定事由发生时。

2. 股东（大）会的召集程序

有限公司和股份公司股东（大）会召集程序对比见表2-1。

表2-1　有限公司和股份公司股东（大）会召集程序对比

	有限公司	股份公司
召集与主持	首次会议：出资最多的股东召集与主持 （1）董事会或执行董事：①董事会召集，董事长主持（董事长→副董事长→半数董事推举董事）；②执行董事（不设董事会的） （2）监事会或不设监事会的监事在上述不履职时，召集和主持 （3）监事会或不设监事会的监事在不履职时，十分之一以上表决权股东自行召集	（1）董事会：①董事会召集，董事长主持（董事长→副董事长→半数董事推举董事） （2）上述不履职时，监事会召集和主持 （3）监事会再不履职时，单独或合计连续持公司股份十分之一且在90日以上的股东自行召集和主持
召集通知	召开股东会会议，应当于会议召开15日前通知全体股东；公司章程另有规定或全体股东另有约定的除外	（1）召开股东大会会议，应当将会议召开的时间、地点和审议的事项于会议召开20日前通知各股东 （2）临时股东大会应当于会议召开15日前通知各股东 （3）发行无记名股票的，应当于会议召开30日前公告会议召开的时间、地点和审议事项
临时提案		单独或合计持有公司3%以上股份的股东，可以在股东大会召开10日前提出临时提案并书面提交董事会；董事会应当在收到提案后2日内通知其他股东，并将该临时提案提交股东大会审议。临时提案的内容应当属于股东大会职权范围，并有明确议题和具体决议事项
股票交存		无记名股票持有人出席股东大会会议的，应当于会议召开5日前至股东大会闭会时将股票交存于公司

（三）董事会的组成与召集程序

1. 董事

（1）董事的种类

①董事按照其是否同时担任公司其他职务分为内部董事与外部董事。内部董事即可以同时担任公司其他职务的董事，外部董事为在担任董事职务的公司不可以同

时担任公司其他职务的董事。

②独立董事，又称为独立的外部董事，指不在公司担任除董事外的其他任何职务，并与其所受聘的公司及其主要股东不存在可能妨碍其进行客观判断的重要关系的董事。

（2）禁止担任董事的情形

《中华人民共和国公司法》规定，有下列情形之一的，不得担任公司的董事、监事、高级管理人员：

①无民事行为能力或限制民事行为能力；

②因贪污、贿赂、侵占财产、挪用财产或者破坏社会主义市场经济秩序，被判处刑罚，执行期满未逾五年，或者因犯罪被剥夺政治权利，执行期满未逾五年；

③担任破产清算的公司、企业的董事或者厂长、经理，对该公司、企业的破产负有个人责任的，自该公司、企业破产清算完结之日起未逾三年；

④担任因违法被吊销营业执照、责令关闭的公司、企业的法定代表人，并负有个人责任的，自该公司、企业被吊销营业执照之日起未逾三年；

⑤个人所负数额较大的债务到期未清偿。

2. 董事会的召集与主持

有限公司和股份公司董事会召集、主持程序对比见表2-2。

表2-2　有限公司和股份公司董事会召集、主持程序对比

	有限公司	股份公司
组成	（1）设董事会的，其成员人数为3~13人 （2）股东人数较少和规模较小的，可以设一名执行董事，不设立董事会	（1）成员人数为5~19人 （2）成员中可以有公司职工代表
董事长	董事长、副董事长的产生办法由公司章程规定	（1）董事长和副董事长由董事会以全体董事的过半数选举产生 （2）董事长不能履行职务或不履行职务的，由副董事长履行职务 （3）副董事长不能履行职务或不履行职务的（或者没有副董事长的），由半数以上董事共同推举一名董事履行职务
召集时间		（1）董事会每年度至少召开两次会议，每次会议应当于会议召开10日前通知全体董事和监事 （2）代表十分之一以上表决权的股东、三分之一以上董事或监事会，可以提议召开董事会临时会议。董事长应当自接到提议后10日内，召集和主持董事会会议。董事会召开临时会议，可以另定召集董事会的通知方式和通知时限
召集与主持	（1）董事会会议由董事长召集和主持 （2）董事长不能履行职务或不履行职务的，由副董事长召集和主持 （3）副董事长不能履行职务或不履行职务的，由半数以上董事共同推举一名董事召集和主持	

（四）公司决议的效力瑕疵之诉

1. 决议不成立之诉

（1）《中华人民共和国公司法司法解释（四）》第五条规定了决议不成立的情形：

①公司未召开会议的，但依据《中华人民共和国公司法》第三十七条第二款或者公司章程规定可以不召开股东会或者股东大会而直接做出决定，并由全体股东在决定文件上签名、盖章的除外；

②会议未对决议事项进行表决的；

③出席会议的人数或者股东所持表决权不符合公司法或者公司章程规定的；

④会议的表决结果未达到公司法或者公司章程规定的通过比例的；

⑤导致决议不成立的其他情形。

（2）诉讼主体：根据《中华人民共和国公司法司法解释（四）》第一条的规定，公司股东、董事、监事等可提起公司决议不成立之诉。

2. 决议无效之诉

（1）决议作为一种法律行为，自然适用《中华人民共和国民法典》第一百五十三条关于法律行为无效的规定，即违反法律、行政法规的强制性规定的决议无效，违背公序良俗的决议无效。

（2）《中华人民共和国公司法》第二十二条具体规定了公司股东会或者股东大会、董事会的决议内容违反法律、行政法规的无效。

（3）诉讼主体：根据《中华人民共和国公司法司法解释（四）》第一条的规定，公司股东、董事、监事等可提起公司决议无效之诉。

3. 决议可撤销之诉

《中华人民共和国民法典》第八十五条规定了法人中决议的可撤销规则，《中华人民共和国公司法》第二十二条第二款则具体规定了公司决议可撤销的情形，即股东会或者股东大会、董事会的会议召集程序、表决方式违反法律、行政法规或者公司章程，或者决议内容违反公司章程的决议可撤销。

撤销之诉需是在起诉时具备股东资格的股东在决议做出之日起60日内提请，该诉讼的被告公司可向法院申请要求原告股东提供诉讼担保。

4. 轻微瑕疵的裁量驳回制度

股东基于程序瑕疵请求撤销股东会或者股东大会、董事会决议的，若仅有轻微瑕疵且对决议未产生实质影响，人民法院应裁量驳回。

5. 决议瑕疵诉讼的外部效力

股东会或者股东大会、董事会决议被人民法院判决确认无效或者撤销的，公司依据该决议与善意相对人形成的民事法律关系不受影响。

三、案例分析

本案例的核心争议点表面上看起来是公司对外担保的效力问题，实际上是公司决议效力被否定后的外部效力问题，也可以将这类问题的分析分为两个层次：

第一层，若是无权，则需要再判断可否基于抵押权人的善意而适用表见代表规则，也即判断第三人善意的标准问题。

第二层，若是有权，则需再判断该决议之效力是否存在瑕疵。若无瑕疵，抵押权人当然可主张抵押权的实现；若有瑕疵而至决议失效，则又需基于《中华人民共和国公司法司法解释（四）》第六条来判断抵押权人是否属于善意。

就本案例而言，人民路农行与蓉林数码科技公司签订的《抵押合同》有效，且亦对公司对外担保所需的股东会决议进行了必要的审查，应当认定其为善意相对人。基于《中华人民共和国公司法司法解释（四）》第六条的规定，公司对外担保之决议虽因会议并未召开且未实际决议而不成立，但决议的无效并不影响蓉林数码科技公司与善意相对人基于该决议所签订的《抵押合同》之效力。故已经办理抵押登记的抵押权成立并生效，人民路农行的主张应得到支持。

四、相关建议

事实上，各地法院在司法实践中，对于公司对外担保时的善意相对人判断标准并不一致，而针对这一问题的专门司法解释也迟迟未见出台。《第九次全国法院民商事审判工作会议》中有七条规则（第十七至二十三条）对这一问题进行了解释，明确了对于善意债权人善意的判断标准："只要债权人能够证明其在订立担保合同时对董事会决议或者股东（大）会决议进行了审查，同意决议的人数及签字人员符合公司章程的规定，就应当认定其构成善意，但公司能够证明债权人明知公司章程对决议机关有明确规定的除外。债权人对公司机关决议内容的审查一般限于形式审查，只要求尽到必要的注意义务即可，标准不宜太过严苛。公司以机关决议系法定代表人伪造或者变造、决议程序违法、签章（名）不实、担保金额超过法定限额等事由抗辩债权人非善意的，人民法院一般不予支持。但是，公司有证据证明债权人明知决议系伪造或者变造的除外。"

此外，本节还需关注的内容在于公司股东（大）会与董事会的职权划分问题。该问题主要可能出现的争议点在于公司股东（大）会能否通过修改章程或直接决议的方式将部分公司法规定自己行使的职权委托给董事会行使，或者通过上述方式将公司法赋予董事会的职权"抢夺"到自己手中。我国公司法的立法模式将有限公司和股份公司的股东（大）会和董事会的职权划分放在一起规范，并没有对上述问题直接给予回答，学术界对此也有支持、反对与折中三种学说。我们倾向于采用折中说，即在我国现有的立法模式下，股份公司一般应当严格禁止股东大会通过修改章程或直接决议的形式变更公司法关于股东大会与董事会的职权划分；对于有限公司（尤其是部分较小的有限公司），基于公司人合性的考虑和商法的效率原则，或可允许一部分的上述修改职权的行为有效。需要注意的是即使有的法院认可了部分有限公司通过章程修改某些职权划分条款的效力，上述行为也是具有极大法律风险的。

当然，决议本身的效力问题也是公司诉讼的争讼热点问题，请读者根据第五部分模拟与实战训练自行总结归纳各种瑕疵决议的类型，再参见参考答案进行学习。

五、模拟与实战训练

请归纳我国法律规定的决议公司效力规则，即哪些决议不成立，哪些决议无效，哪些决议可撤销，哪些决议可事后补正。

第六节 股权确认纠纷

一、案例六：谁才是真正的股东？

1. 隐名股东能否直接成为公司股东？

某市大学城某高校学生孙佳凝和社团好友房光友、邵阳经过调研发现大学城内没有专门的鞋类养护机构，于是三人准备成立公司"爱鞋之家"来填补市场空白。每人出资 3 万元。孙佳凝表示因为房光友计划考研，提议由自己代持房光友所占股份，房光友作为隐名股东可以更加专心学习，房光友和邵阳对此表示同意。孙佳凝随后和房光友签订了一份股权代持协议，约定孙佳凝代持房光友 33.333% 的股份。之后，"爱鞋之家"鞋类养护公司设立，孙佳凝、邵阳主要负责公司的日常经营管理，孙佳凝担任公司的执行董事，邵阳担任公司监事，房光友则偶尔参与经营事务讨论。

公司在蓉林数码科技公司的帮助下渡过了创业初期的困难，后在国家对大学生创业和高新科技行业大力支持的政策背景下，发展迅速，迅速扩展出数家连锁店，经营形势大好。房光友虽提出股东分红，却一直被孙佳凝以公司前期投入成本太大，没有什么盈利而且公司接下来的项目需要大量资金为由拒绝。房光友据此请求查看公司会计账簿，也被拒绝。

问题一：隐名股东房光友如何实现自己的知情权和分红请求权？房光友能否直接成为公司股东？

2. 股权转让要满足哪些条件？

根据蓉林数码科技公司的公司章程规定，股东对外转让股权，需经其他股东一致同意。2020 年 1 月，游鑫准备将其股权转让给自己的朋友王五，就此事通知张睿、郭卫后，张睿、郭卫明确表示不同意。游鑫欲尽快套现，实施了分批转让的策略，即游鑫以 20 万元现金一次性付清的条件转让 1% 的股权给王五，并就此通知了张睿、郭卫，两人鉴于价格过高表示放弃优先购买权，游鑫随即与王五办理了股权转让手续并办理了变更登记。随后，游鑫将剩余的全部股权悉数转让给王五。张睿与郭卫得知后如梦初醒，恍然大悟，高呼反对。两位股东向法院起诉，请求法院依据公司法相关规定判令游鑫的两次转让行为侵犯了股东的优先购买权，对外转让股权的行为无效。

问题二：游鑫与王五的股权转让协议是否有效？王五能否成为公司股东？

二、法律知识点

（一）股权代持的法律问题

1. 股权代持协议的效力

股权代持协议是指有限责任公司的实际出资人与名义出资人订立合同，约定由实际出资人出资并享有投资权益，以名义出资人为名义股东。《中华人民共和国公司法司法解释（三）》第二十四条明确了股权代持合同的效力。

股权代持协议应视为一个实践合同，只有当实际出资人实际履行完出资义务时，才得以向名义股东主张该股权的投资回报权益。

2. 隐名股东显名化

实际出资人基于与名义股东之间生效的股权代持合同而享有请求名义出资人协助其变更公司股东名册登记内容的权利，但股权代持协议的效力仅基于实际出资人与名义股东之间，并不对公司其他股东产生效力。

有限公司基于其人合性的考虑，对股权对外转让规定了法定的股东优先购买权。同理，隐名股东的显名化，在实质上也是新股东的加入，依旧需要得到公司其他股东半数以上的同意。

3. 代持股权的转让纠纷

当名义股东将登记于其名下的股权转让、质押或者以其他方式处分的，并不当然地为无权处分。基于对商事交易外观主义的保护，实际出资人也不得直接否定相关行为的效力。《中华人民共和国公司法司法解释（三）》第二十五条规定，因此种情形产生的股权归属纠纷适用物权善意取得制度，若接受物权转让的第三人为不知情的善意者，则股权转让有效，实际出资人只能基于股权代持协议而向名义股东主张赔偿。

4. 名义股东的出资义务

若公司债权人以登记于公司登记机关的股东未履行出资义务为由，请求其对公司债务不能清偿的部分在未出资本息范围内承担补充赔偿责任的，名义股东不得拒绝。名义股东承担了上述出资义务后，可以向实际出资人追偿。

（二）有关股东资格的法律规定

1. 股东资格的取得

（1）原始取得

股权的原始取得可能发生在两个时刻：其一，是在公司成立时就因创办公司或认购公司首次发行的出资或股份而成为公司的股东；其二，是在公司成立后因认购公司新增资本而取得公司股东资格的。

（2）继受取得

股权的继受取得是指因转让、继承、公司合并等方式取得公司出资或股份并成为公司股东的。

2. 对股东资格的限制

公司法对股东资格的限制是影响股权转让协议效力的重要因素，各国或地区一般对继受股东的资格限制较少，而对股权原始取得中的发起人股东资格要求较严。

（1）自然人作为发起人应当具备完全民事行为能力，并从事不为法律所禁止的职业，如公务员、法官、检察官等。

（2）法人作为发起人应是法律上允许设立公司的法人，法律禁止党政机关和军队参与设立公司。

（3）公司章程约定不得成为股东的人不得为公司的股东。

（4）股份公司对于发起人国籍和住所的限制，要求一半以上发起人在中国境内有住所。

3. 股东资格的认定规则

（1）股东资格诉讼中诉讼主体的确认规则

当事人向法院起诉请求确认其股东资格的，应当以公司为被告，与案件争议股权有利害关系的人作为第三人参加诉讼。

（2）股权权属争议的举证责任分配规则

当事人之间对股权归属发生争议，一方请求法院确认其享有股权的，应当证明以下事实之一：

①已经依法向公司出资或认缴出资，且不违反法律法规强制性规定；

②已经受让或以其他形式继受公司股权，且不违反法律法规强制性规定。

4. 股东资格的丧失

股东资格可能基于以下情形而消失：

①所持有的股权已经合法转让的；

②未依公司章程约定履行股东义务，而受到除名处置的；

③因违法受到处罚而被剥夺股权的（如没收财产）；

④法律规定的其他事由。

（三）有限公司股权转让一般规则

所谓股权转让是指公司的股东，将其持有的股权转让给他人的行为。最常见的股权转让方式是股权的买卖，除此之外，还包括股权赠与、股权继承、股权回购、离婚时因共有财产分割而导致的股权转让，以及因法院强制执行而导致的股权转让。而股权转让应当遵守的一般规则简单来说就是内外有别。

1. 有限公司股权对内转让的一般规则

股权内部转让较为自由，股东之间可以自由转让股权。转让人无须征得其他股东同意，只要通知其他股东就可以了。当然，根据公司自治原则，公司章程可以就股权的内部转让做出一定的特殊限制，譬如需要经过其他股东过半数同意等。章程若有规定的话，股权内部转让时应遵守这些规定。

2. 有限公司股权对外转让的一般规则

为保障有限公司的人合性，《中华人民共和国公司法》第七十一条和第七十二条规定了有限公司股权转让时，其他股东享有的股权优先购买权。

（1）股权自由转让时

有限公司股东对外转让股权时，应当经书面征询其他股东半数以上的同意；其他股东自接到书面通知之日起满 30 日未答复的，视为同意转让；不同意该转让的其他股东应当购买该转让的股权；不购买的，视为同意转让。

经股东同意转让的股权，在同等条件下，其他股东有优先购买权。两个以上股东主张行使优先购买权的，协商确定各自的购买比例；协商不成的，按照转让时各自的出资比例行使优先购买权。

公司章程对股权转让另有规定的，从其规定。

（2）法院强制执行时

人民法院以转让的方式强制执行股权时，应当通知公司的其他股东，其他股东享有一个除斥期间为 20 日的优先购买权。

三、案例分析

本节问题一为股权代持协议纠纷。按照《中华人民共和国公司法司法解释（三）》第二十四条的规定，完成了现实出资的实际出资人得依据股权代持协议向名义股东主张相关股权投资的收益，投资收益也即该股权自益权的内容。但本案例的核心问题并非名义股东孙佳凝不将公司分红交付给实际出资人房光友，而是公司并未分红。请求公司为股东分红或申请查阅公司会计账簿都并非孙佳凝与房光友两人之间的问题，还涉及公司法人与另一股东邵阳的利益。因此，房光友若要主张上述权利则必须首先使自己显名化。

问题二为有限公司股权转让优先权纠纷。该案例中，游鑫与王五的第一次股权转让为股权对外转让，游鑫通知了其他两位股东，在其明确拒绝购买后由王五购得1%的公司股权，并成为公司小股东；游鑫与王五此后的股权交易即为股权内部转让，对此交易，张睿与郭卫并不享有优先购买权。

四、相关建议

本节内容主要涉及股权转让纠纷，这类纠纷也是公司诉讼的最主要案由。对于股权转让协议的风险点，首先要注意股权与物权的区别。其次，要注意有限公司基于人合性而对股权转让的一些特殊规定。当然，股份公司尤其是上市公司基于其资合性和公开市场的交易规则，对发起人持股的转让、董监高持股的转让等也有不少特殊规定，但介于本书以指导大学生创业为主要目标，便不在此再做赘述。

另需提醒的是，《第九次全国法院民商事审判工作会议》对股权转让给出了两条解释，需要我们加以关注：

"8.【有限责任公司的股权变动】当事人之间转让有限责任公司股权，受让人以其姓名或者名称已记载于股东名册为由主张其已经取得股权的，人民法院依法予以支持，但法律、行政法规规定应当办理批准手续生效的股权转让除外。未向公司登记机关办理股权变更登记的，不得对抗善意相对人。

9.【侵犯优先购买权的股权转让合同的效力】审判实践中，部分人民法院对公司法《中华人民共和国公司法司法解释（四）》第二十一条规定的理解存在偏差，往往以保护其他股东的优先购买权为由认定股权转让合同无效。准确理解该条规定，既要注意保护其他股东的优先购买权，还要注意保护股东以外的股权受让人的合法权益，正确认定有限责任公司的股东与股东以外的股权受让人订立的股权转让合同的效力。一方面，其他股东依法享有优先购买权，在其主张按照股权转让合同约定的同等条件购买股权的情况下，应当支持其诉讼请求，除非出现该条第 1 款规定的情形。另一方面，为保护股东以外的股权受让人的合法权益，股权转让合同如无其他影响合同效力的事由，应当认定有效。其他股东行使优先购买权的，虽然股东以外的股权受让人关于继续履行股权转让合同的请求不能得到支持，但不影响其依约请求转让股东承担相应的违约责任。"

另外，对于股权代持问题，一般存在诸多法律风险，比如名义股东不向隐名股东支付投资收益、怠于行使或滥用股东权、擅自处分股权等等。投资者特别是大学生创业者应该审慎考虑是否进行隐名投资。在决定隐名投资后，一定要保存好自己实际出资的证据，同时最好与名义股东订立书面的代持协议，并在协议中明确股权的行使方式，比如表决权、分红权等，显名股东必须按照隐名股东的意愿行使股东权利，避免名义股东滥用股权。

五、模拟与实战训练

请以图示的方式总结归纳《中华人民共和国公司法》对于不同公司股权转让的各种限制。

第七节 股权与股东诉讼

一、案例七：公司盈利不分红怎么办？

游鑫、张睿和郭卫准备成立蓉林数码科技公司，每人出资 3 万元，分别为公司的三位股东。之后，蓉林数码科技公司设立，游鑫、张睿主要负责公司的日常经营管理，郭卫负责技术研发。在国家对大学生创业和高新科技行业大力支持的政策背景下，公司发展迅速，经营形势大好。郭卫提出股东分红，却一直被游鑫以公司前期投入成本太大，没有什么盈利而且公司接下来的项目需要大量资金为由拒绝。于是郭卫向公司发出申请书，提出自出资以来，自己长期只负责技术研发，对公司经营现状所知甚少，要求公司提供出资之日起至今的财务会计报告（包括资产负债表、损益表、现金流量表、财务情况说明书和利润分配表）供自己查阅复制，以及财务会计账簿（包括总账、明细账、日记账和其他辅助性账簿）供自己查阅。公司未予答复。

问题：股东郭卫应如何实现自己的知情权和分红请求权？

二、法律知识点

（一）股东的权利

1. 自益权与共益权

股东权利可分为自益权和共益权两类。自益权是指股东为实现自己利益而行使的权利，以股东获取股权收益为中心。根据《中华人民共和国公司法》，自益权主要有出资证明书的交付请求权（第三十二条）、新增资本或新股优先认购权（第三十四、一百三十三条）、利润分配请求权（第一百六十六条）、剩余财产分配请求权（第一百八十六条）、新股优先认购权（第三十五条）、异议股东退股请求权（第七十四、一百四十二条）、股份转让权（第七十一、一百三十七条）等。

共益权是指股东基于公司利益，同时也为自己利益而行使的权利，以股东参与公司经营管理为中心。主要包括表决权（第四十二、一百零三条）、股东会或股东大会召集权（第三十九、四十、一百、一百零一条）、知情权（第三十三、九十七、一百一十六条）、提案权（第一百零二条）、质询权（第一百五十条）、股东会或股东大会决议无效及撤销权（第二十二条）、异议股东股份收购请求权（第一百四十二条）、代表诉讼的提起权（第一百五十一条）、对董事或高管的直接诉权（第一百五十二条）和解散公司的诉权（第一百八十二条）等。

2. 固有权与非固有权

固有权指股东依法享有而不得以公司章程或股东会决议等形式予以限制或剥夺的权利。包括剩余财产分配请求权（第一百八十六条）、异议股东股份回购请求权（第一百四十二条）、表决权（第四十二、一百零三条）、股东会或股东大会召集权（第三十九、四十、一百、一百零一条）、知情权（第三十三、九十七、一百一十六条）、代表诉讼的提起权（第一百五十一条）、对董事或高管的直接诉权（第一百五十二条）和解散公司的诉权（第一百八十二条）等。

非固有权，指可由公司章程或股东会决议予以限制或剥夺的权利。包括新增资本或新股优先认购权（第三十四、一百三十三条）、股份转让权（第七十一、一百三十七条）等。

（二）股东知情权之诉

股东知情权是指公司股东了解公司信息的权利。股东作为公司资本的提供者和经营风险的最终承担者，有权知悉公司的人事、财务、经营、管理等方面情况。按照公司类型，股东知情权可分为有限公司股东知情权和股份有限公司股东知情权。

各类企业法中出资人知情权对比情况见表2-3。

表2-3　各类企业法中出资人知情权对比

普通合伙人	所有材料	获取	无前置程序
有限合伙人	财务会计报告	获取	无前置程序
	财务会计账簿	查阅	需涉及自身利益才可查阅

表2-3(续)

有限公司股东	公司章程、股东会会议记录、董事会会议决议、监事会会议决议和财务会计报告	查阅、复制	无前置程序
	公司会计账簿	查阅	需书面请求并说明理由
股份公司股东	公司章程、股东名册、公司债券存根、股东大会会议记录、董事会会议决议、监事会会议决议、财务会计报告	查阅	无前置程序
	公司会计账簿	无法定规定	

1. 有限公司股东知情权

有限公司应依公司章程规定的期限将财务会计报告送交各股东（第一百六十五条）。有限公司股东有权查阅、复制公司章程、股东会会议记录、董事会会议记录、董事会会议决议、监事会会议决议和财务会计报告，有权查阅公司会计账簿。要求查阅会计账簿的股东应向公司提出书面请求，说明查阅目的。公司有合理根据认为股东查阅会计账簿有不正当目的，可能损害公司合法利益的，可以拒绝提供查阅，并应当自股东提出书面请求之日起15日内书面答复股东并说明理由。公司拒绝提供查阅的，股东可以请求人民法院要求公司提供查阅（第三十三条）。

2. 股份公司股东知情权

股份公司股东有权查阅公司章程、股东名册、公司债券存根、股东大会会议记录、董事会会议决议、监事会会议决议、财务会计报告（第九十七条）。公司无权以目的不正当为由不提供查阅。

（三）股东分红请求权之诉

1. 公司会计制度与股东分红请求权

股东分红请求权指股东基于其公司股东的资格和地位而享有的请求公司向自己分配股利的权利。公司利润不能自动量化为每个股东的收益，公司分派利润需做出相关决议后实施。在公司做出利润分配决议之前，股东分红权只具有抽象意义，只是表明股东分取利润之资格。审判实践中有关利润分配的常见争议是，股东是否有权要求公司分配可分配之利润，公司的不分配决议是否损害了股东权利，是否对特定股东构成压制等。

股东行使分红请求权必需具备如下条件：

（1）公司必需有实际可供分配的利润。为贯彻资本维持原则，保护公司债权人，不能用公司资本向股东分配红利，否则便意味着向股东返还了出资，从而损害了资本维持原则。因此，股利分配的资金来源只能求助公司的利润。依《中华人民共和国公司法》第一百六十六条之规定，股利分配的资金来源为当年税后利润弥补亏损和提取公积金之余额。只有当公司符合法定的股利分配要件，当年有可供分配的利润时，方能分配股利。

（2）公司的利润分配方案是否得到股东会或股东大会的通过。股利分配与否，除了取决于公司是否有可资分配的利润，还取决于公司的意思。只有当公司宣布分配股利时，股东的具体分红请求权才得以产生。股东根据《中华人民共和国公司法》第四十二条、第一百零三条规定，通过召开定期会议或临时会议，在股东会或股东大会通过利润分配方案，使股东享有的利润处于确定状态，股东的抽象层面的分红请求权转化为具体层面，股东才能行使请求权。

（3）公司是否存在侵权行为。在股东分红请求权纠纷案件中，公司的侵权行为一般表现为：公司拒绝支付股利，公司少分股利，公司未按股东的出资比例或股份比例分配股利等。

2. 股东分红请求权与股份回购请求权

股份回购请求权是指在特定情形下，对公司股东（大）会决议持反对意见的股东享有的要求公司以合理公平的价格收购自己股份的权利，广义上包括股份有限公司中异议股东的股份回购请求权和有限责任公司中异议股东的股份回购请求权。

《中华人民共和国公司法》第七十四条规定，在有限责任公司出现下列情形之一时，对股东会该项决议投反对票的股东可以请求公司按照合理价格收购其股权：①公司连续五年不向股东分配利润，而公司该五年连续盈利，并且符合本法规定的分配利润条件的；②公司合并、分立、转让主要财产的；③公司章程规定的营业期限届满或者章程规定的其他解散事由出现，股东会会议通过决议修改章程使公司存续的。

《中华人民共和国公司法》第一百四十二条规定，对股东大会做出的公司合并、分立决议持异议的股东，可以请求公司回购其股份。

三、案例分析

本案中郭卫作为蓉林数码科技公司的股东，享有有限公司股东的一般知情权，即可查阅、复制公司章程、股东会会议记录、董事会会议决议、监事会会议决议和财务会计报告等文件。但对于公司会计账簿而言，有限公司股东则只有查阅权而无复制权，且该查阅权需要提出书面申请并说明查阅理由。若郭卫向公司提出查阅请求而公司予以拒绝或 15 日内未予答复，则郭卫可请求人民法院要求公司提供财务会计报告和会计账簿供自己查阅。

分红权为股东自益权的主要内容，若公司确有可供分配的利润，郭卫可召开临时股东会决议公司是否分配红利。若公司连续五年盈利却决议不向股东分配利润，对该项决议投反对票的郭卫可以请求公司按照合理价格收购其股权。

四、相关建议

股东分红权是股东自益权的重要组成部分，包括具体分红权与抽象分红权。前者指公司有分配红利但却未向特定股东分配而产生的请求权，该权利可直接通过股东诉讼得到救济；后者则是在公司未决议分红时能否主张分红的权利。作为有限公司的股东，郭卫可先通过公司内部的决议机制来寻求股利分配；若大股东或其他股东联合在应当分红时拒绝分配红利，且满足了《中华人民共和国公司法》第七十五条中所规定的第一项情形时，异议股东可以要求公司回购其股份进而退出公司。

另需强调的是，股东分红权实现的前提往往也在于股东知情权的保障，故知情权之诉常称为分红权诉讼的前置诉讼。

五、模拟与实战训练

请梳理股东直接诉讼的类型与法律依据。

第八节　董监高的义务与股东代表诉讼

一、案例八：董事违反忠实义务怎么办?

续接案例六的问题一。隐名股东房光友显名化成为公司股东后，2020年5月27日，"爱鞋之家"鞋类养护公司通过了吸收合并杰星公司的股东会决议。后来，房光友发现，杰星公司为孙佳凝室友张斯睿创业成立的一人有限责任公司，该公司由于经营不善，负债累累，"爱鞋之家"鞋类养护公司因承继其债权债务关系而背负了10万元债务。2020年6月3日，房光友书面请求邵阳向人民法院提起诉讼，请求孙佳凝赔偿公司因吸收合并杰星公司所遭受的10万元损失。邵阳拒绝，并希望房光友不要因此而破坏了三人的友情。2020年6月4日，房光友向人民法院提起诉讼，请求执行董事孙佳凝赔偿公司因吸收合并遭受的10万元损失。

问题：法院是否应当支持股东房光友的诉讼请求，判令执行董事孙佳凝赔偿公司的10万元损失?

二、法律知识点

（一）监事会及其职权

1. 监事会的组成

有限责任公司和股份有限公司设监事会，其成员不得少于三人。股东人数较少或者规模较小的有限责任公司，可以设一至二名监事，不设监事会。

监事会应当包括股东代表和适当比例的公司职工代表，其中职工代表的比例不得低于三分之一，具体比例由公司章程规定。监事会中的职工代表由公司职工通过职工代表大会、职工大会或者其他形式民主选举产生。

董事、高级管理人员不得兼任监事。

2. 监事会的职权

监事会、不设监事会的公司的监事行使下列职权：

①检查公司财务；

②对董事、高级管理人员执行公司职务的行为进行监督，对违反法律、行政法规、公司章程或者股东会决议的董事、高级管理人员提出罢免的建议；

③当董事、高级管理人员的行为损害公司的利益时，要求董事、高级管理人员予以纠正；

④提议召开临时股东会会议，在董事会不履行本法规定的召集和主持股东会会议职责时召集和主持股东会会议；

⑤向股东会会议提出提案；

⑥依照《中华人民共和国公司法》第一百五十一条的规定，对董事、高级管理人员提起诉讼；

⑦公司章程规定的其他职权。

（二）董监高的忠实勤勉义务

1. 董监高的忠实义务

《中华人民共和国公司法》未规定忠实义务的含义，但在第一百四十八条列举了董事、高级管理人员违反忠实义务的行为类型，包括：

①挪用公司资金；

②将公司资金以其个人名义或者以其他个人名义开立账户存储；

③违反公司章程的规定，未经股东会、股东大会或者董事会同意，将公司资金借贷给他人或者以公司财产为他人提供担保；

④违反公司章程的规定或者未经股东会、股东大会同意，与本公司订立合同或者进行交易；

⑤未经股东会或者股东大会同意，利用职务便利为自己或者他人谋取属于公司的商业机会，自营或者为他人经营与所任职公司同类的业务；

⑥接受他人与公司交易的佣金归为己有；

⑦擅自披露公司秘密；

⑧违反对公司忠实义务的其他行为。

2. 董监高的勤勉义务

忠实义务的着重点在于董事行为的目的和做出决策的出发点是否正确，是否是为了公司的利益最大化；勤勉义务的着重点则是董事行为本身和做出决策的过程是否尽职和是否到位。勤勉义务要求董事处理公司事务时能像处理个人事务时那么认真和尽力，或者说董事必须以一个谨慎的人在管理自己的财产时所展现的勤勉程度去管理公司的财产。

董事行使职权的最主要方式就是参加董事会会议并做出决议。因此，关于董事勤勉义务的要求也主要体现在董事会会议方面。根据勤勉义务的要求，董事应当亲自出席董事会会议，应就公司董事会所讨论和决议的事项加以合理、谨慎的关注；应当在法律、公司章程允许的公司目的范围之内和其应有的权限内做出决议；就董事会决议的事项有异议时应当将其异议记入董事会会议记录；在发现董事会聘任的经营管理人员不能胜任时，应当及时建议董事会将其解聘；当其不能履行董事职责时，应当及时提出辞任，等等。

3. 董监高的赔偿责任

董监高违反对公司之忠实或勤勉义务时，公司可根据实际情况要求董监高：①停止侵害；②排除妨碍；③消除危险；④返还财产；⑤恢复原状；⑥赔偿损失；⑦赔礼道歉；⑧消除影响、恢复名誉。董监高的行为如果违反其与公司间的合同，则公司当然可依合同法要求其承担违约责任。

《中华人民共和国公司法》对董监高民事责任专设以下两条规定：一是违反忠实义务所得收入"应当归公司所有"（第一百四十八条第二款）；二是执行职务时违反法律、行政法规或公司章程，给公司造成损失的，应赔偿公司损失（第一百四十九条）。

在某些法定情形下，管理者还须对第三人（主要是公司的债权人）承担赔偿责任。例如，在公司清算过程中，清算组成员因故意或重大过失损害债权人利益的，应承担赔偿责任（第一百八十九条）；在企业破产程序中，有《中华人民共和国企业破产法》第三十一至三十三条规定的减少责任财产、个别清偿、隐匿或转移财产等损害债权人利益的行为的，企业的法定代表人和其他直接责任人应对债权人承担赔偿责任。

在公司对第三人侵权的案件中（如产品缺陷侵权、环境污染侵权等），公司董监高对第三人是否须承担民事责任的问题，时常被提出。如果董监高对公司进行操纵的事实足以令人相信其与公司共同实施了侵害行为，或者公司的侵害行为完全是在董监高的恶意操纵下进行，公司只不过是管理者逃避个人责任的工具，那么，理应支持第三人对董监高的赔偿请求。

（三）股东代表诉讼

股东代表诉讼，是指当公司利益受到损害或侵害而公司法定诉讼机关不能、拒绝或怠于追究损害人或侵害人责任时，具备法定资格的股东为了公司利益，以自己的名义对损害人或侵害人提起诉讼，追究其法律责任的诉讼制度。

1. 股东代表诉讼的前置程序

股东代表诉讼的前置程序也称竭尽公司内部救济原则，是指股东在提起诉讼前，必须向公司董事会、监事会或监察人提出请求令公司提起直接诉讼，只有在董事会、监事会或监察人接到该请求，经过一定期间而未提起诉讼的情况下，股东才有权提起代表诉讼。

根据《中华人民共和国公司法》第一百五十一条，除"情况紧急、不立即提起诉讼将会使公司利益受到难以弥补的损害的"情形外，董事会、不设董事会的有限责任公司的执行董事、监事会、不设监事会的有限责任公司的监事是公司利益受损时法定的公司诉讼机关。当上述公司诉讼机关不能履行诉讼职责、拒绝履行诉讼职责或者怠于履行诉讼职责时，股东为维护公司利益有权向人民法院提起代表诉讼。

2. 诉讼当事人与利益归属

（1）提起股东代表诉讼的主体资格条件

根据《中华人民共和国公司法》第一百五十一条规定，有限责任公司的股东以及股份有限公司连续180日以上单独或合计持有公司1%以上股份的股东，有权提起股东代表诉讼。

（2）公司在股东代表诉讼的法律地位

由于公司对诉讼的态度是消极的，其承担胜诉结果是被动的，因而基于对诉讼结果有"法律上的利害关系"，故宜将公司作为无独立请求权的第三人，在原告一方参加诉讼较为妥当。

（3）股东代表诉讼的利益归属

股东代表诉讼不同于股东为维护自身利益向公司或其他人提起的直接诉讼。一般来说，直接诉讼的原告是最终受益者，而股东代表诉讼的原告只是享有名义上的诉权，胜诉后利益归于公司，提起诉讼的股东只是由于拥有股份而间接受益。法院判决的结果直接由公司承担。

3. 股东代表诉讼的扩张

《中华人民共和国公司法司法解释（五）》第二条扩张了股东代表诉讼的适用范围，使股东能直接用以主张关联交易合同的无效和撤销。其具体规定为："关联交易合同存在无效或者可撤销情形，公司没有起诉合同相对方的，符合本法第一百五十一条第一款规定条件的股东，可以依据《中华人民共和国公司法》第一百五十一条第二款、第三款规定向人民法院提起诉讼。"因关联交易而导致公司利益受损，公司当然得依据合同之规则寻求救济。但因关联交易往往都是关联人自己促成的，而关联人又多为公司的主要管理人员，这就使得公司怠于主张权利的情形成为常态。因此，在此赋予股东代表诉讼的诉权就显得别有意义。

三、案例分析

因我国公司法并未规定公司合并无效之诉，房光友固然也可针对合并决议提起决议瑕疵诉讼，但该诉讼可能并不能直接给予房光友必要的损害赔偿。因此，本案中的股东房光友选择了直接向孙佳凝要求赔偿。孙佳凝在"爱鞋之家"鞋类养护公司中具有股东和执行董事双重身份。股东房光友先请求公司监事邵阳代表公司向执行董事孙佳凝索赔，被拒绝后当然可以依据《中华人民共和国公司法》第一百五十一条股东代表诉讼的相关规定代表公司直接向孙佳凝索赔。除此之外，房光友还可选择根据《中华人民共和国公司法》第二十条直接起诉股东孙佳凝。两种诉讼如何选择更多的可能还要基于在相关股东会决议过程中，孙佳凝的欺诈行为是以何种身份做出的。

四、相关建议

本案例体现出公司法为股东设计的多种救济途径，股东直接诉讼、股东代表诉讼和决议瑕疵诉讼何种选择更为恰当需要在不同案例中具体情况具体分析。既要考虑被告人的身份，又要顾及决议本身的内容。比如此案例，若相关决议涉及公司组织结构变更的，直接诉求决议的撤销和无效能否将其判决效力及于组织行为本身，在中国公司司法实践中可能存疑。但公司法对于公司董监高及大股东所规定的信义义务则为公司和利益受损股东提供了另外一条救济路径。

五、模拟与实战训练

《中华人民共和国公司法司法解释（四）》（征求意见稿）中一度出现了下面两个条款，但在正式稿中予以删除，请简述该条文的主要制度内容，并请探讨当前遇到这种情形时，股东应当如何寻求救济？

第三十一条　公司法第一百五十一条第一款、第二款所称的"董事、高级管理人员""监事会""监事"包括全资子公司的董事、高级管理人员、监事会、监事。公司法第一百五十一条第三款所称的"他人"，是指除公司或者全资子公司的董事、监事、高级管理人员以外的其他人。

第三十五条第二款　股东因公司的全资子公司利益受到损害，依据公司法第一百五十一条提起诉讼，请求被告全资子公司承担民事责任的，应予支持；请求被告向公司承担民事责任的，不予支持。

第九节　公司的终止

一、案例九：公司不能形成有效决议时该解散吗？

正如本章第一节与第三节的案例所述，吴文亮与于仁理分别设立了"名优美术培训"个人独资企业和"精才美术培训机构"一人公司。在经营过程中，两人发现两家企业经营范围高度重合，为了避免恶性竞争遂决定由吴文亮解散"名优美术培训"并以 10 万元入股"精才美术培训机构"。增资后，吴文亮与于仁理各占"精才美术培训机构"50%的股权。

经过数年的发展，公司一直处于盈利状态，市场份额逐渐扩大，但对于下一步如何发展，吴文亮与于仁理各持己见，两年来不能召开股东会，亦不能形成有效决议，吴文亮遂诉至法院，请求判决解散公司，同时对公司予以清算。

问题：公司尚在盈利，能否判决解散？请求强制解散时，能否同时请求清算？

二、法律知识点

（一）公司的终止与解散清算

1. 公司的终止

本案涉及公司终止的问题，公司终止是指由于法律或者公司章程规定的事由发生，或者股东（大）会形成决议，公司结束经营活动，最终消灭其民事主体资格的法律事实和法律结果，其法律意义是使公司的商事主体资格和法人资格归于消灭，从此公司彻底退出市场。

公司终止必需满足两个特征：①必须依法定程序进行，公司终止意味着公司经营资格和法人资格的彻底丧失，其关涉与公司密切相关的各利益主体的利益，包括债权人、股东、公司员工和消费者等。因此，公司终止必须严格按照法律规定的程序进行，以切实保护各方利益主体的利益和维护良好的社会经济秩序。②必须依法经过解散和清算程序。公司终止作为一种法律事实和法律结果，从终止事由的出现到办理注销登记手续彻底消灭其法人资格，需要经过一个过程，而非立即丧失其法人资格。公司的终止，除因变更组织形式外，一般要经过解散清算程序。

2. 公司的解散事由

根据《中华人民共和国公司法》第一百八十条的规定，公司因下列原因解散：（一）公司章程规定的营业期限届满或者公司章程规定的其他解散事由出现；（二）股东会或者股东大会决议解散；（三）因公司合并或者分立需要解散；（四）依法被吊销营业执照、责令关闭或者被撤销；（五）人民法院依照本法第一百八十二条的规定予以解散。

3. 公司僵局与解散公司之诉

解散事由中提及的《中华人民共和国公司法》第一百八十二条，即公司僵局的情况出现可以诉请解散。根据《中华人民共和国公司法司法解释（二）》第一条的规定，公司僵局有以下情形：（一）公司持续两年以上无法召开股东会或者股东大会，公司经营管理发生严重困难的；（二）股东表决时无法达到法定或者公司章程规定的比例，持续两年以上不能做出有效的股东会或者股东大会决议，公司经营管理发生严重困难的；（三）公司董事长期冲突，且无法通过股东会或者股东大会解决，公司经营管理发生严重困难的；（四）经营管理发生其他严重困难，公司继续存续会使股东利益受到重大损失的情形。

《中华人民共和国公司法》第一百八十二条规定，公司经营管理发生严重困难，继续存续会使股东利益受到重大损失，通过其他途径不能解决的，持有公司全部股东表决权百分之十以上的股东（司法解释规定：单独或者合计持有百分之十均可），可以请求人民法院解散公司。

从以上规定看出，解散公司之诉必须满足以下要件：①公司须陷入僵局，即经营管理严重困难；②公司的存续会给股东利益造成重大损失，这种重大损失既包括已经发生的，也包括将要发生的情况，但是要将其与正常的经营风险和决策失误区分开，不能把这两者作为解散理由；③通过其他途径不能解决，包括了穷尽所有诉讼之外的手段，如内部协商、章程规范、民间调解、股东查账、强制股权置换、股东退股、要求撤销变更股东决议等方式。这一点只是法院做出裁判的前提条件，不是起诉的前置程序。

（二）公司的解散清算

1. 解散清算的程序

根据《中华人民共和国公司法》第一百八十三条的规定，公司因本法第一百八十条第（一）项、第（二）项、第（四）项、第（五）项规定而解散的，应当在解散事由出现之日起15日内成立清算组，开始清算。具体程序如下：

（1）成立清算组。因公司章程规定的营业期限届满或者公司章程规定的其他解散事由出现时，或者股东会决议解散时，按照《中华人民共和国公司法》的规定，应当在15天内成立清算组。有限责任公司解散时，清算组由全体股东组成；股份有限公司解散时，清算组由董事或者股东大会确定，清算组成员既可以是股东、董事，也可以是其他人。逾期不成立清算组进行清算的，债权人可以申请人民法院指定有关人员组成清算组进行清算。人民法院应当受理该申请，并及时组织清算组进行清算。

（2）通知债权人。《中华人民共和国公司法》第一百八十五条规定，清算组应当自成立之日起 10 日内通知债权人，并于 60 日内在报纸上公告。

（3）债权人应当自接到通知书之日起 30 日内，未接到通知书的自公告之日起 45 日内，向清算组申报其债权。债权人申报债权，应当说明债权的有关事项，并提供证明材料。清算组应当对债权进行登记。在申报债权期间，清算组不得对债权人进行清偿。

（4）清理公司财产，对债权人进行清偿。

2. 清算人与清算义务人

公司进入清算后，结算终结前，公司人格仍然存续，仍需要有对外代表清算中公司并负责清算事宜的组织，即清算组，又称清算人。

清算人是具体操作公司清算事宜的临时性组织，其范围较广，包括公司股东、董事、监事、高级管理人员、律师事务所等。清算人的主要义务有，认真清理保管公司资产，不得利用职权徇私舞弊；必须在清算业务范围内活动，不得从事与公司清算无关的事务，包括经营活动；应当按照法律规定分配公司财产；应当如实制作清算报告，并向登记机关报送。

清算义务人是当公司解散时，依法负责组织清算人启动清算、担任清算人和协助清算的义务主体。清算义务人的范围较窄，主要包括股东和董事。清算义务人的主要义务有，负责组建清算组织，保证清算程序能够及时启动并顺利进行，如果不成立或逾期成立清算组织，应有清算义务人承担相应的责任。《中华人民共和国公司法司法解释（二）》第十八条规定了清算义务人在应当清算而没有清算时应当承担的民事责任。《第九次全国法院民商事审判工作会议》则明确了没有"怠于履行义务"的小股东或者虽"怠于履行义务"但与公司主要财产、账册、重要文件等灭失没有因果关系的小股东可以免于上述连带责任，尝试在债权人保护与小股东利益之间寻求平衡。

3. 股东的剩余财产分配请求权

债权人申报债权之后，清算组应以公司财产进行清偿，清偿顺序是：①清偿费用；②职工的工资、社会保险费用和法定补偿金；③所欠税款；④清偿公司债务；⑤清算后剩余的财产，有限责任公司按照股东的出资比例分配，股份有限公司按照股东持有的比例分配；清算组发现公司财产不足清偿债务的，应当向人民法院申请破产。

上述清偿顺序⑤涉及股东的剩余财产分配请求权，即对公司的剩余财产，股东有权要求公司按照出资比例或者持股比例进行分配的权利，这是股东对其出资所有权的直接体现。依定义，其必须发生在非破产清算中，股东只能在公司清偿其他债务之后进行请求，并且须以公司清偿债务之后的剩余财产为限。

（三）破产、重整与和解制度

1. 破产与破产清算

在现代法律制度上，破产是指债务人无力偿债的一种事实状态。《中华人民共和国破产法》第二条规定，破产有两种法定情形：一是不能清偿且资不抵债，主要适用于债务人提出破产申请的情形；二是不能清偿且明显缺乏清偿能力，主要适用于债权人提出破产申请或者债务人提出破产申请但"资不抵债"不易判断的情形。对于债务人不能清偿的认定，《中华人民共和国破产法司法解释（一）》第二条规定须同时满足三个条件：①债权债务关系依法成立；②债务履行期限已经届满；③债务人未完全清偿债务。

在破产程序进行过程中负责债务人或破产人财产的管理、处分、业务经营以及破产方案拟定和执行的专门机构，成为破产管理人。法院裁定受理破产申请后，应同时指定管理人。

破产清算是指公司不能清偿到期债务依法被宣告破产而进行的清算。依法负有清算责任的人，即清算组，应当向人民法院申请破产清算，其程序为：

（1）成立清算组。人民法院应当在宣告企业破产之日起15日内成立清算组，接管破产企业，清算组应当由股东、有关机关及专业人士组成。

（2）清算组接管破产公司。人民法院宣告企业破产后，破产企业由清算组接管，负责对破产企业的财产进行管理、清理、估价、处理、分配，代表破产企业参与民事活动，其行为对人民法院负责并汇报工作。

（3）破产财产分配。分配破产财产，由清算组提出分配方案，在债权人会上讨论通过，报人民法院批准后由清算组具体执行；清算组分配破产财产前，首先应拨付清算费用。

（4）清算终结。破产财产清算分配完毕，由清算组向人民法院汇报清算分配工作的情况，并申请人民法院裁定破产终结，未得到清偿的债权，不再进行清偿。

（5）注销登记。企业破产，破产财产分配完毕，企业法人依法终止其民事行为能力，清算组向破产公司的原登记机关申请注销原公司登记。

2. 重整

破产重整是指，对已经具备破产原因或有破产原因之虞而又有再生希望的债务人实施的旨在挽救其生存的法律程序，其目的不在于公平分配债务人财产，而在于调整债权人、股东及其他利益相关人员与重整企业的利益关系，因而有别于破产清算程序：

（1）启动条件。只有企业法人才可以适用重整，满足以下三个条件之一均可以启动：一是"不能清偿到期债务，且资产不足以清偿全部债务"，二是"不能清偿到期债务，且明显缺乏清偿能力"；三是"明显丧失清偿能力的可能性"。

（2）重整申请。债权人和债务人直接向法院提出申请，启动重整程序。债权人申请对债务人进行破产清算的，在法院受理破产申请后、宣告债务人破产前，债务人或者出资额占债务人注册资本十分之一以上的出资人，可以向法院申请重整。人民法院经审查认为重整申请符合本法规定的，应当裁定债务人重整，并予以公告。

（3）制定批准重整计划。债务人或者管理人应当自人民法院裁定债务人重整之日起六个月内，同时向人民法院和债权人会议提交重整计划草案；期限届满，经债务人或者管理人请求，有正当理由的，人民法院可以裁定延期三个月；债务人或者管理人未按期提出重整计划草案的，人民法院应当裁定终止重整程序，并宣告债务人破产。债务人自行管理财产和营业事务的，由债务人制作重整计划草案。管理人负责管理财产和营业事务的，由管理人制作重整计划草案。债权人会议分组对重整计划草案进行表决，各表决组均通过重整计划草案时，重整计划即为通过。

（4）裁定批准，重整程序结束。自重整计划通过之日起 10 日内，债务人和管理人应当向法院提出批准重整计划草案的申请，法院审查认为合法的，应当自收到之日起 30 日内裁定批准，终止重整程序并予以公告。

3. 和解制度

和解是指具备破产原因的债务人，为避免破产清算，与债权人在互谅互让的基础上，就债务人延期清偿债务、减少债务数额等事项达成协议，以中止破产程序，防止企业破产清算的法律制度。其启动条件和程序均与重整不同：

（1）启动原因。不能清偿到期债务，且资产不足以清偿全部债务；或者不能清偿到期债务，且明显缺乏清偿能力。

（2）和解申请。债务人可以依照本法规定，直接向人民法院申请和解；也可以在人民法院受理破产申请后、宣告债务人破产前，向人民法院申请和解。债务人申请和解，应当提出和解协议草案。

（3）裁定和解，讨论协议草案。人民法院经审查认为和解申请符合本法规定的，应当裁定和解，予以公告，并召集债权人会议讨论和解协议草案；债权人会议通过和解协议的决议，由出席会议的有表决权的债权人过半数同意，并且其所代表的债权额占无财产担保债权总额的三分之二以上。

（4）和解终止。债权人会议通过和解协议的，由人民法院裁定认可，终止和解程序，并予以公告。

三、案例分析

在上述案例中，吴文亮与于仁理各持股 50%，但是对于公司如何下一步发展，双方僵持不下，虽然公司处于盈利阶段，但已经符合了司法解释规定的诉请解散事由，因此吴文亮可以向法院申请解散。根据《中华人民共和国公司法司法解释（二）》第二条规定，解散公司之诉与公司清算申请不能同时提起，法院在判决解散时仍可以要求股东及时自行清算公司，主要是考虑到僵局的现实状况，对公司清算一并做出裁决，有利于纠纷的全面彻底解决。

四、相关建议

"精才美术培训机构"最终走向了解散，不得不说是一个正处于辉煌的公司做出的无奈之举，对两位股东的信心也造成了打击。所以建议创业者尽量合理分配股权比例，章程中建立多样化的纠纷解决方式等，降低僵局出现的可能性，让企业获得长足的发展。

公司的最终"死亡"可能出现两种路径即正常死亡的"解散→清算→注销登记"和资不抵债情形下的非正常死亡"破产宣告→破产清算→注销登记",无论哪种情形都需要经过三个步骤。对于后一情形,企业在资不抵债的状况下不一定必然走向死亡,还可能通过《中华人民共和国企业破产法》中规定的司法重整与和解程序获得再生。企业只要进入了《中华人民共和国企业破产法》所规定的三类司法程序中,就需要有专业的破产管理人团队介入而获得专业化的救济或处理。因此,作为企业的投资人更应该关注解散清算情形的法律程序及法定义务,尤其是《中华人民共和国民法典》《中华人民共和国公司法司法解释(三)》和《第九次全国法院民商事审判工作会议》中对于清算义务人制度的相关规定,我们也在下文的模拟与实战训练中予以提出,读者可先尝试自行思考,而后从参考答案中获得相应解答。

五、模拟与实战训练

请论述清算义务人与清算人的区别,梳理我国对于破产义务人的主要法律规定。

第三章
企业运营阶段法律问题（一）

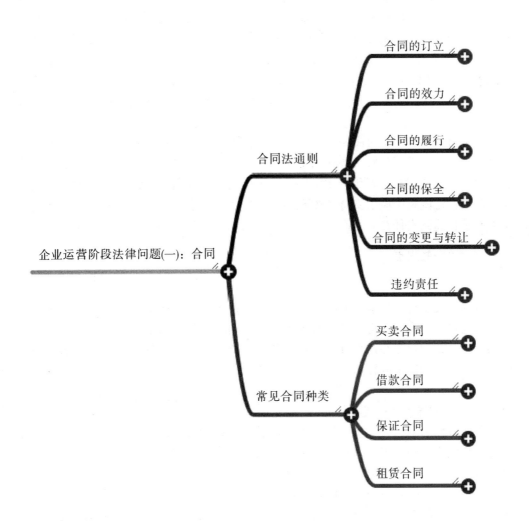

第一节　合同的订立

一、案例一：实际价格超过广告承诺价格怎么办？

为满足营业需求，"爱鞋之家"需要对商铺进行装修。邵阳在报纸上浏览到 X 装修公司的广告，其上注明"130 平方米精装 39 800 元，X 装修公司郑重承诺：预算＝决算，项目造价包含水电改造"，于是联系了该装修公司。2021 年 3 月 2 日，双方签订了合同，明确约定了工程总造价为 38 223 元。关于合同范围内的工程项目是否需要根据实际工程量另行计价，合同并未做出特别约定。在"爱鞋之家"预交了 38 223 元工程款后，X 装修公司又多次向其催缴共计 8 930 元的水电改造费用，但"爱鞋之家"认为按照广告内容，水电改造费用应包含在工程总造价中，故拒绝支付；X 装修公司遂停工，并表示在"爱鞋之家"补齐费用前，装修公司不会继续施工。

一个月后双方仍未协商一致，"爱鞋之家"遂将 X 装修公司诉至法院，请求法院判令装修公司履行装修义务并承担违约责任；装修公司辩称自己停工是由于"爱鞋之家"并未支付相应费用，请求判令"爱鞋之家"支付 8 930 元水电改造费用。

问题：法院是否应当支持"爱鞋之家"的诉讼请求，判令 X 装修公司履行装修义务并承担违约责任？

二、法律知识点

（一）合同订立

合同是交易行为中最常见的法律形式，包括大学生创业者在内的各类市场主体都希望通过订立合同，将交易行为置于法律强制力的保护之下。合同订立是一个动态的过程，缔约双方在这个过程中做出各自的意思表示，再相互磋商，以达成一致的、成立合同为追求的目标。

（二）要约

1. 要约的概念及构成要件

创业者作为缔约人，想要订立合同就需要向相对人传达合作的意愿，常用的方法之一为发出要约。根据《中华人民共和国民法典》第四百七十二条的规定，要约是以订立合同为目的，由特定人向相对人发出的、内容明确的意思表示。

要约一般应当具备四个构成要件：①具备特定的主体。一般情况下，发出要约的主体应当是特定的，接收要约的主体也应当是特定的，如此才能将缔约双方固定下来。特殊情况下，要约可向不特定人发出，例如《中华人民共和国民法典》第四百九十九条规定的悬赏广告[1]。②发出目的为订立合同。要约人发出要约是为了表

---

[1] 悬赏广告是一种单方法律行为，指广告人以公开广告的形式允诺对完成指定行为给予一定报酬，只要行为人完成特定行为，即可要求悬赏人履行义务。参见：杨立新. 债法总则研究［M］. 北京：中国人民大学出版社，2006：39.

达其希望与受要约人订立合同的意愿，这种意愿就是要约发出的目的。③内容具体明确。要约内容是受要约人判断是否订立合同的重要依据，如果含糊不清，受要约人就难以做出积极回应。④要约人表明一旦受要约人做出积极的意思表示，自己则受该意思表示拘束。

2. 要约与要约邀请

除要约外，创业者还可以采取其他方式传达希望与相对方签订合同的意图，例如发出要约邀请。根据《中华人民共和国民法典》第四百七十三条的规定，要约邀请是邀请他人向自己发出要约的意思表示。

要约与要约邀请较为相似，但二者在法律责任方面存在较大差异。要约一旦经受要约人承诺，要约人即受要约内容拘束，应当依约履行，否则需承担合同责任，而要约邀请的邀请人一般无需承担责任。具体而言，创业者可以从如下角度对二者加以区分：①发出该意思表示的目的是否为订立合同。以订立合同为目的属于要约，以邀请他人向自己发出要约为目的属于要约邀请；②意思表示发出后，合同订立权利的归属。接收方取得最终订立合同的权利的属于要约，发出方享有最终订立合同的权利的属于要约邀请；③意思表示的内容是否具备合同必备条款。内容具体明确，足够据以订立合同的属于要约，内容只包含部分交易信息，不足以为订立合同提供全部要点的属于要约邀请[1]。但现实情况复杂多变，要约与要约邀请的边界并非总是一成不变的，还需要根据个案情形、交易习惯和社会一般观念等因素加以辨析。

3. 要约的撤回、撤销和消灭

根据《中华人民共和国民法典》第一百四十一条、第四百七十五条以及第四百七十六条的规定，创业者欲撤回、撤销已经发出的要约，仅在撤回通知先于要约或与要约同时到达受要约人处时，才构成要约的撤回；若要约已生效，要约人要求撤销的，做出意思表示的方式不同，法律规定也不同。但要约人以确定承诺期限等形式明示要约不可撤销，或受要约人有理由认为要约不可撤销，并已经为履行合同做了合理准备工作的，该要约就不可撤销。

要约虽然会对要约人产生一定的法律约束，但其效力不会永久存在。根据《中华人民共和国民法典》第四百七十八条的规定，要约被拒绝、被依法撤销的，受要约人未在承诺期限届满前承诺，或对要约内容做出实质性变更的，要约失效，要约人不再受要约拘束。

（三）承诺

1. 承诺的概念

合同的订立绝不是一个人的"独角戏"，当一方当事人发出要约后，还需另一方当事人予以回应，这就涉及承诺。根据《中华人民共和国民法典》第四百七十九条的规定，承诺是对要约表示肯定的回应，是一种同意订立合同的意思表示。一般而言，承诺的内容应当与要约一致，如果承诺改变了要约内容，其实质就是拒绝要约。当改变达到实质性变更的程度时，视为向原要约人发出新要约，法律上也称之

95

---

[1] 隋彭生. 合同法要义［M］. 5 版. 北京：中国人民大学出版社，2018：36-37.

为反要约。所谓实质性变更，可以从合同性质、对当事人利益的影响以及要约人的意思三方面加以考虑[1]。

2. 承诺的方法及期限

根据《中华人民共和国民法典》第四百八十条的规定，承诺一般应当以通知的方式做出，但根据交易习惯或者要约内容，受要约人也可以行为做出承诺。例如，双方之间存在长期合作关系并已形成一定交易习惯的，受要约人的相应行为即可视为承诺。

受要约人向要约人承诺的权利仅在一定期限内存在，要约明确约定承诺期限的，应从其约定；若无约定，应当遵循《中华人民共和国民法典》第四百八十一条和第四百八十二条：以对话方式发出要约的，应当即时承诺；以非对话方式发出要约的，承诺应当在合理期限[2]内到达；以信件或者电报发出要约的，承诺期限自信件载明的日期或者电报交发之日开始计算；信件未载明日期的，自投寄该信件的邮戳日期开始计算。要约以电话、传真、电子邮件等快速通讯方式做出的，承诺期限的认定采取到达主义[3]。

3. 承诺的法律效力

承诺作为订立合同的重要制度步骤，其生效时间决定了合同的成立时间，以及缔约双方开始负担法律责任的时间。根据《中华人民共和国民法典》第四百八十三条，除法律另有规定或者当事人另有约定外，承诺一旦生效合同即成立。

根据《中华人民共和国民法典》第四百八十五条，创业者欲撤回承诺的，仅在撤回通知先于或与承诺通知同时到达要约人处时，发生撤回的效力。

4. 合意

当创业者与相对方经过以上要约邀请、要约、新要约、承诺等过程，最终就合同主要条款达成了一致的意思表示[4]时，即产生合意，合同成立。合同成立是合同订立的直接结果，也是探讨合同效力的基础。

三、案例分析

本案争议焦点为 X 装修公司的登报广告是否属于要约。X 装修公司的广告注明了"X 装修公司郑重承诺：预算＝决算，项目造价包含水电改造"，内容明确具体，足以使"爱鞋之家"对合同签订后自己应当承担的义务、装修公司应当做出的履行行为进行合理预估，因而该广告构成要约。由于要约的内容对要约人而言具有法律

---

[1] 王利明. 合同法研究：第 1 卷 [M]. 北京：中国人民大学出版社，2015：303-304.
[2] 确定合理期限应当结合要约措辞的缓急、要约内容、行业习惯综合考虑，并为受要约人（假定其为理智、善良、业务水平中等的交易人）预留正常的考虑、准备时间，以及合理的承诺在途时间。参见：杨立新. 中华人民共和国民法典释义与案例评注：合同编 [M]. 北京：中国法制出版社，2020：63-64.
[3] 到达主义意味着意思表示到达相对人即生效。所谓到达，是指根据一般交易观念，意思表示已经进入相对人能够了解的范围，并在通常情况下可以期待受领人能够知悉意思表示的内容。参见：王利明. 民法总则 [M]. 2 版. 北京：中国人民大学出版社，2020：289.
[4] "关于判定缔约双方意思表示是否达成一致，我国合同法以表示主义为原则，故只要双方对合同条款在客观上意思表示一致的，即认可达成合意；仅在合同因欺诈、胁迫等原因而成立时采取意思主义，所以合意原则上应指双方当事人表示内容的一致。"参见：崔建远. 合同法总论：上卷 [M]. 北京：中国人民大学出版社，2011：224.

约束力，故 X 装修公司受其广告内容的约束。在双方就施工项目的费用收取未做特殊约定的情况下，该要约内容应当作为双方合同的约定内容，即项目造价包含了水电改造费用。在已支付项目总造价的前提下，"爱鞋之家"拒付水电改造费用合理、合法，X 装修公司以此为由拒绝履行装修合同构成违约行为，应当承担违约责任，故"爱鞋之家"的诉讼请求应当得到支持。

四、相关建议

创业者在订立合同时的身份主要为要约人和受要约人。作为要约人时，一方面，创业者应当根据要约要件做出意思表示，以使得发出的要约产生预期效力；另一方面，创业者应当认识到自己所发出的要约内容对自己具有拘束力，需要对其负责，故应秉持审慎、诚信之原则审视要约内容。

在确定对方所作意思表示为要约而非要约邀请的前提下，创业者的身份为受要约人。此时，创业者应对要约内容进行认真严格的审查，重点关注标的质量、违约责任和解决争议方法等实质性内容，有异议的，要及时提出并与相对方沟通，完全认可后再做出承诺。如果创业者的意思表示对要约内容做出了实质性变更，需得到相对人的认可，否则视为缔约双方未达成合意，合同未成立，不得以更改后的内容为依据要求相对方承担违约责任。

五、模拟与实战训练

2021 年 2 月 13 日，"状元美术班"与 P 物业公司签订协议，约定将机构所有的国际教育中心××号商铺委托物业公司进行统一管理。同时，P 物业公司向"状元美术班"发出《商铺回购书》，商铺回购书的内容为：至 2021 年 8 月 13 日，如"状元美术班"以书面方式明确要求本公司将其所有的国际教育中心××号商铺回购，只要满足特定条件，本公司承诺按照该套商铺合同价的 120% 优先购回，税费由本公司承担。"状元美术班"在其上签字确认。2021 年 4 月 11 日，回购书约定的条件满足，"状元美术班"以书面方式请求物业公司回购其商铺，但物业公司以《商铺回购书》是要约邀请不具法律效力为由拒绝履行。

问题：物业公司拒绝履行《商铺回购书》是否具有正当性？

第二节　合同的效力

一、案例二：代刷流量合同是否有效，买家能否拒付报酬？

"涛涛店主的店"初开业，网店数据不佳。林琳浏览到一条代刷网店流量的广告，便通过广告页面添加了徐某微信，询问相关业务。徐某回复称："该业务单价为 0.9 元/千次 UV，UV∶IP 为 3∶1，酬金周结，可以指定数据统计后台"。在"涛涛店主的店"预交了 1 000 元的费用后，徐某通过邮件向"涛涛店主的店"发送了相关代码、统计账户的链接及密码。"涛涛店主的店"于一周后查看统计数据，发现徐某提供的统计数据中至少有 40% 的数据造假，遂拒绝支付余款。双方因此产生纠纷，徐某将"涛涛店主的店"诉至法院，请求法院判令其依约支付剩余的1 640.3 元报酬。

问题：法院是否应当支持徐某相关诉讼请求，判令"涛涛店主的店"依约支付剩余报酬？

二、法律知识点

（一）合同的效力

创业者与相对方签订的合同可能处于有效、无效、效力待定或可撤销等多种状态，根据合同效力状态的不同，合同对交易行为的保障程度也不同。合同效力指合同对当事人及第三人的效力，具有以下特点：①合同效力由法律赋予，由国家强制力保障。②合同的效力源于法律对当事人合意的评价。法律对当事人合意做出积极评价的，合同发生当事人预期效力；法律做出消极评价的，合同无效；法律仅对部分合意做出积极评价的，合同可撤销或效力待定。合同生效后，双方当事人按照合同约定产生相应的权利义务。如一方当事人未履行、不适当履行或者违反合同约定义务的，将承担不利后果[1]。

合同具有相对性，受其效力约束的民事主体一般仅限于合同当事人，只在特定情况下对第三人产生拘束力，包括第三人侵害合同债权的、合同当事人行使代位权或行使撤销权保全债权时涉及第三人利益等。

（二）合同的有效

合同仅在有效情况下才能发生保障交易行为顺利运行的效果，创业者为实现合同的预期利益，需要了解合同有效的法定要件。根据《中华人民共和国民法典》第一百四十三条的规定，合同有效一般具有以下三个构成要件：①主体适格，即合同当事人具有相应的民事行为能力。根据《中华人民共和国民法典》第一百四十四条和第一百四十五条的规定，无民事行为能力人签订的各类合同均无效；完全民事行为能力人签订的各类合同、限制性民事行为能力人签订的纯获利合同当然有效。但限制性民事行为能力人签订其他类型合同的，在合同内容与其年龄、智力、精神健康状况相适应时有效，否则需由其法定代理人同意或追认。②意思表示真实，即在无其他法定因素干扰的情况下，当事人所作出的意思表示应与其内心期望的意思效果相一致。③不违反法律法规的强制性规定和公序良俗。法律法规的强制性规定是意思自治原则下，维护社会经济秩序和社会公共利益的底线；公序良俗是公共秩序与善良风俗的简称[2]，主要包含"社会管理秩序"和"中华传统文化及伦理观念"两个核心价值[3]。

（三）合同的无效

1. 合同无效的缘由

如果合同无效，就无法发生创业者订立合同时的预期效果，故创业者在订立合

[1] 王利明. 合同法研究：第 1 卷 [M]. 北京：中国人民大学出版社，2015：493-499.
[2] 梁慧星. 民法总论 [M]. 5 版. 北京：法律出版社，2017：51.
[3] 孙梦娇. 公序良俗司法应用之法理分析：功能、理据与实证机制 [J]. 法制与社会发展，2020（2）：110.

创／新／创／业／与／法／律

同时应当尽量避免存在以下致使合同无效的缘由：①违反合同有效要件，如根据《中华人民共和国民法典》第一百四十四条、第一百四十五条、第一百四十六条和第一百五十三条的规定，当事人不具备相应民事行为能力的、以虚假意思表示签订合同的、合同内容违反法律法规强制性规定以及公序良俗的，合同无效。②根据《中华人民共和国民法典》第一百五十四条的规定，合同当事人恶意串通，损害他人合法权益的，合同无效。

2. 合同无效的法律后果

根据《中华人民共和国民法典》第一百五十五条，合同无效即自始没有法律约束力，但并不一定是全部无效。合同无效原因存在于部分内容的，不受该部分影响的其他部分仍然有效。另根据《中华人民共和国民法典》第一百五十七条，除法律另有规定外，合同无效的，当事人应返还因缔约行为取得的财产；不能或没有必要返还的，应折价补偿。一方有过错的，应赔偿对方由此所受的损失；各方均有过错的，应各自承担相应的责任。

（四）合同的撤销

1. 合同可撤销的缘由

在合同订立过程中，创业者所做意思表示存在瑕疵的，其权利可能遭受损害。为了尊重当事人的意思自治、维护交易安全，法律赋予受害方当事人撤销合同的权利[1]。根据《中华人民共和国民法典》第一百四十七条到第一百五十一条，合同可撤销的缘由主要包括：①存在重大误解，行为主体由于重大误解而做出不真实的意思表示。②存在欺诈行为，合同相对方或第三方实施欺诈，使受欺诈方在违背自己真实意思的情况下签订合同。③存在胁迫行为，合同相对方或第三人通过言语威胁、暴力逼迫等手段使受胁迫方感到恐惧而在违背真实意思的情况下签订合同。④合同订立显失公平，合同一方当事人利用另一方处于危困状态或缺乏判断能力等情形，设定明显不对等的权利义务，使当事人权益因签订合同而受到损害[2]。

2. 合同撤销权的行使

当合同效力为可撤销时，创业者可以通过在除斥期间内行使撤销权来维护利益。根据《中华人民共和国民法典》第一百五十二条，除斥期间一般为一年，自当事人知道或应当知道撤销事由之日起算；存在重大误解的，除斥期间为 90 日；存在胁迫的，除斥期为一年，自胁迫行为终止之日起算。超出除斥期间或当事人于知道撤销事由后放弃行使权利的，撤销权消灭。

3. 合同被撤销的法律后果

与前述合同无效的法律后果一致，合同被撤销的法律后果同样适用《中华人民共和国民法典》第一百五十七条的规定，根据具体情况，由当事人承担返还财产、折价补偿、损害赔偿等责任。

---

[1] 王德山. 合同效力研究 [M]. 北京：中国政法大学出版社，2015：310-312.
[2] 但现实中市场主体之间订立合同很难保证绝对公平，合同有利方故意利用受损方陷于经营困难、资金短缺、债务危机等不利状况的，并不必然具有可遣责性，而是需要超出一般商业风险的范畴。参见：武腾. 显失公平规定的解释论构造：基于相关裁判经验的实证考察 [J]. 法学，2018（1）：135.

三、案例分析

本案例的争议焦点为"代刷流量"服务合同是否属于无效合同。在本案例中，"涛涛店主的店"与徐某签订了"代刷流量"服务合同，要认定该合同的效力，应当考虑其内容是否符合法律规定及公序良俗的要求，而欲对合同内容进行评价，就要先了解何为"流量"，以及如何实现"刷流量"。

流量是指网页页面点击量。随着互联网产业的繁荣，流量逐渐拥有了经济意义，能够转化为现实的经济利益。比如，流量高的网站更容易吸引投资，广告位的经济价值更高，"流量明星"更受到影视剧市场的青睐，片酬更高等。然而，虚假流量可能带来的高收益，成为部分市场主体投机取巧的动因[1]。"刷流量"是指通过不正当的技术手段，以虚假流量提高约定网络产品浏览量的行为。例如，通过在网站的广告页植入代码，在用户无法察觉的情况下将其点击广告页产生的流量直接导向双方约定的需要"刷流量"的网络产品。"涛涛店主的店"与徐某约定的"代刷流量"服务所产生的流量，就属于虚假流量。

本案例涉及的"代刷流量"服务合同一方面减损同业竞争者诚实劳动的价值，破坏市场竞争秩序；另一方面误导网络用户点击与其预期不相符的网络产品，损害其利益，违背公序良俗，根据《中华人民共和国民法典》第一百五十三条第二款，该合同应属无效。在合同归于无效之后，双方原定义务不存在法律拘束力，故徐某要求"涛涛店主的店"支付报酬的诉讼请求不应得到支持。

四、相关建议

虽然法律能在一定程度上保障公民的合法权益，但创业者在交易过程中损失的时间和精力成本却是无法追回的。故创业者订立合同时，一方面，应关注相对人的行为能力、合同订立相关法律规定和公序良俗，避免合同无效；另一方面，对效力待定的合同应及时补救，通过确认、追认、变更等方式使已成立合同有效。

在合同签订之后，一方当事人合法利益在客观上遭受侵害的，无论侵害行为系由合同相对方或第三方所为，都应积极按照法律规定在除斥期间内主张合同无效或申请行使撤销权，以维护自己的权益。

五、模拟与实战训练

"爱鞋之家"计划与 D 鞋油厂签订一份 100 000 元的鞋油买卖合同，合同内容拟定为：D 鞋油厂将于 2021 年 2 月 12 日前发货，"爱鞋之家"需于 2 月 10 日向鞋油厂支付 30 000 元定金，尾款到付。后"爱鞋之家"了解到，D 鞋油厂计划派出的代表人为厂长独子，虽年仅 15 岁，但经常在其父指导下参与 D 鞋油厂事务性工作，此次为其第一次代表鞋油厂外出签订合同。

问题：根据以上信息，你将为"爱鞋之家"此次签订合同提出怎样的法律建议？

[1] 中国裁判文书网. 北京互联网法院民事判决书（2019）[EB/OL]. (2019 – 09 – 11) [2020 – 10 – 16]. https://wenshu. court. gov. cn/website/wenshu/181107ANFZ0BXSK4/index. html？docId = edd27343db1f4 b338411aac5002b51b3.

第三节　合同的履行

一、案例三：按照合同应当先履行义务的一方能否中止履行，解除合同？

主营无公害农产品销售的 B 公司（甲方）与艺善坊文化创意公司（乙方，以下简称艺善坊公司）签订合同，约定乙方自 2021 年 4 月 15 日起为甲方提供广告宣传服务；甲方于 2021 年 6 月 16 日向乙方支付报酬 60 000 元；当事人未按约履行合同义务的，需承担 20 000 元违约金。合同签订后，艺善坊公司开始依约履行合同义务。4 月 20 日，当地食药监局检测出 B 公司产品农药含量超标，决定罚款 B 公司500 000 元。4 月 21 日，多位消费者就产品质量问题将 B 公司诉至法院，法院判决B 公司承担共计 500 000 元的赔偿责任。5 月 6 日，艺善坊公司得知前述情况后向 B公司发函，以 B 公司丧失商业信誉为由中止了合同履行。

至 2021 年 9 月 10 日，B 公司经营状况仍未好转，艺善坊公司将其诉至法院，请求法院判令解除双方合同。

问题：法院是否应当支持艺善坊文化创意公司相关诉讼请求，判令解除双方合同？

二、法律知识点

（一）合同的履行

1. 合同履行的概念及原则

合同履行是创业者实现合同目的的重要方式，其是指合同当事人完成合同约定的义务，使当事人权利义务终结、合同之债归于消灭。债务人履行合同的方式包括作为和不作为两种，例如交付货物、给付货款、提供服务，即是以作为方式履行；例如将商标独占授权给一方当事人后，另一方不再使用该商标，即是以不作为方式履行。

创业者在履行合同的过程中，应当根据《中华人民共和国民法典》第五百零九条的规定，遵循全面履行原则、诚信原则和绿色原则[1]。一方面，全面履行原则要求当事人履行全部合同义务，除主给付义务，还包括从给付义务、先合同义务以及附随义务；另一方面，在当事人履行义务时，履行的主体、标的、时间、地点、方式等应当符合合同约定。诚信原则要求当事人履行合同时严守商业道德，根据合同的性质、目的和交易习惯履行合同义务，顾及对方合同目的的实现，具体包括协作履行原则和经济合理原则[2]。协作履行原则要求当事人除履行自己的义务外，还应在必要限度内协助对方履行，例如，及时通知对方给付，对在过程中知晓的对方信息予以保密等；经济合理原则要求当事人在履行过程中选择适当的履行方式，降低

---

[1] 最高人民法院民法典贯彻实施工作领导小组. 中华人民共和国民法典合同编理解与适用 [M]. 北京：人民法院出版社，2020：338-345.

[2] 杨立新. 中华人民共和国民法典释义与案例评注：合同编 [M]. 北京：中国法制出版社，2020：156.

履约成本，提高经济效益[1]。例如，在履行期限不紧迫的情况下，大宗货物的运输更多采用陆运或水运，而非航空运输。绿色原则要求合同履行时注意保护环境和生态，有效率地利用资源[2]。

2. 合同履行的标的

创业者履行合同需要明确其应当履行的内容，即履行标的。合同约定的标的可以不唯一，也可以在履行过程中进行变更。当合同约定了多项标的而债务人只需履行一项的，根据《中华人民共和国民法典》第五百一十五条，债务人享有选择权。当债务人超出约定期限或履行期限，经催告仍不选择的，选择权转移至对方。根据《中华人民共和国民法典》第五百一十六条，选择权应以通知的方式行使，通知到达对方时，当事人之间的选择之债，因选择权人的意思表示变更为标的唯一的简单之债。若要变更或撤销已做出的选择，需经对方同意。

3. 合同履行的其他内容

由于合同成立仅要求双方当事人就合同主要条款达成合意，履行时间、履行地点、履行方式等非主要条款在合同中的约定可能并不明确。但创业者为了全面适当履行其义务，或者受领其债权，需要确定其他相关合同内容。此时，就可以根据《中华人民共和国民法典》第五百一十条，与相对方协议补充合同未约定或约定不明的内容；不能达成补充协议的，按照合同相关条款或者交易习惯确定。

若在上述情形下仍然无法确定合同内容，创业者可根据《中华人民共和国民法典》第五百一十一条，按照以下标准确定：①质量约定不明的，依次按照国家标准、行业标准、通常标准或符合合同目的的特定标准确定。②价款或者报酬约定不明的，按照合同订立时履行地的市场价格确定，依法应当执行政府定价或者政府指导价的，按照相关的规定确定。债务人履行期间内政府定价或者政府指导价调整的，根据《中华人民共和国民法典》第五百一十三条，以保护履行方当事人为原则确定履行价格[3]。③履行地点不明的，依据标的确定。给付货币的，履行地点为接受货币一方所在地；交付不动产的，履行地点为不动产所在地；其他标的，履行地点为债务人所在地。④履行期限不明的，在给对方预留必要准备时间的前提下，债务人可以随时履行，债权人也可以随时请求履行。⑤履行方式不明的，以有利于实现合同目的的方式履行。⑥履行费用负担不明的，一般由债务人负担，因债权人原因致使履行费用增加的部分则由债权人负担。

4. 情势变更制度

情势变更是指在合同成立后，非因双方当事人的过错，合同基础发生重大变化致使合同难以履行，或继续履行对于一方当事人显失公平，当事人得以请求变更或解除合同的制度[4]。现代市场经济活跃多变，如果始终坚持严守合同未免过于僵化。适用情势变更制度则可以通过变更合同内容或解除合同，较为灵活地调整创业

［1］崔建远. 合同法总论：中卷［M］. 北京：中国人民大学出版社，2016：7-8.
［2］王利明. 民法总则［M］. 2版. 北京：中国人民大学出版社，2020：75-79.
［3］中国审判理论研究会民事审判理论专业委员会. 民法典合同编条文理解与司法适用［M］. 北京：法律出版社，2020：93.
［4］梁慧星. 中国民法经济法诸问题［M］. 北京：法律出版社，1999：200.

者与相对人之间失衡的利益。

但过度套用《中华人民共和国民法典》第五百三十三条规定的情势变更制度，将影响已成立合同的法律效力，打破交易的稳定性，故法律对该制度的适用条件做出如下限制：①客观上存在改变合同订立基础的重大变化。合意作为合同订立的基础，依托于一定的基础条件和客观环境产生。但在市场经济条件下，商业条件和市场环境不可能一成不变，故构成情势变更的变化仅限于合同成立后，履行完毕前发生的，当事人在订立合同时无法预见的、异常的、非商业风险的变化。②继续履行合同对于一方当事人而言显失公平。具体包括合同履行特别困难、履行费用显著加大等情况，虽然并非完全不能履行，但坚持履行将使得一方当事人丧失基本或全部利益[1]。

处于不利地位时，善于在必要情况下适用情势变更制度可以为创业者提供与相对方再次协商的机会，经协商达成新协议的，其与相对人之间的权利义务关系即可重新确定；不能达成协议的，可以变更或解除合同。至于受不利影响方应否承担解除合同所致当事人损失的赔偿责任，还需考虑损失的分担[2]。

（二）合同履行中的抗辩权

1. 抗辩权的概念

在双务合同中，债务人在法定条件成就时享有对抗债权人、中止债务履行而不必承担责任的权利，即抗辩权，主要包括同时履行抗辩权、先履行抗辩权以及不安抗辩权三种类型。

2. 同时履行抗辩权

根据《中华人民共和国民法典》第五百二十五条，创业者与相对人互负债务但未约定先后履行顺序的，一方未履行或履行不适当而请求对方履行时，对方有权拒绝全部或与履行不适当部分相应的履行请求。行使同时履行抗辩权需满足以下条件：①双方基于同一法律关系互负债务；②合同未约定履行顺序；③双方债务均届期履行；④请求对方履行的一方当事人所负债务尚具有履行可能，但未履行或履行不适当。例如，甲服装厂与乙运输公司签订合同，但未明确约定双方履行义务的先后顺序，乙公司已依约将货物运至收货地，几日后甲服装厂仍未给付货款的，乙公司可行使同时履行抗辩权，即便将货物运回也不构成违约[3]。

3. 先履行抗辩权

根据《中华人民共和国民法典》第五百二十六条，创业者与相对人互负债务并且约定了先后履行顺序的，应先履行的一方当事人不履行债务，或履行不适当而等到对方履行期限届至时，当然无权请求后履行一方履行，这是后履行一方当事人根据合同约定所享有的权利，应当得到保障，故后履行一方有权拒绝对方提出的全部

---

[1] 隋彭生. 合同法要义 [M]. 5版. 北京：中国人民大学出版社，2018：176.

[2] 最高人民法院民法典贯彻实施工作领导小组. 中华人民共和国民法典合同编理解与适用 [M]. 北京：人民法院出版社，2020：488-533.

[3] 最高人民法院中国应用法学研究所. 人民法院案例选：民事卷 [M]. 北京：人民法院出版社，1997：932-936.

或与履行不适当部分相应的履行请求。行使先履行抗辩权需满足以下条件：①双方基于同一法律关系互负债务；②合同明确约定了双方当事人履行债务的顺序；③先履行债务的一方当事人所负债务尚具有履行可能，但在未履行或履行不适当情况下就请求后履行债务的一方履行[1]。

4. 不安抗辩权

根据《中华人民共和国民法典》第五百二十七条，创业者与相对人互负债务并且约定了先后履行顺序的，如果相对方财产明显减少或资力明显减弱，有难为对待给付的可能时，对方违约的可能性大大增加，创业者如果继续履行合同义务将承担更大的风险，因而应当被赋予中止履行债务的抗辩权。存在以下情形的，可以认定相对方有难为对待给付的可能：①经营状况严重恶化；②转移财产、抽逃资金，以逃避债务；③丧失商业信誉；④有丧失或者可能丧失履行债务能力的其他情形。

根据《中华人民共和国民法典》第五百二十八条，行使不安抗辩权的一方当事人须承担以下两项义务：①举证义务。当事人需出示确切证据证明存在前述情形，可能使对方在履行期限内难为对待给付。否则，随意中止履行债务可能需要承担违约责任。②通知义务。行使抗辩权中止履行虽不必征得对方同意，但应当及时通知对方，给予其证明自己具备履行能力或提供担保的机会。

三、案例分析

本案例的争议焦点为艺善坊公司能否行使不安抗辩权。根据《中华人民共和国民法典》第五百二十七条的规定，应当先履行债务的当事人在有证据证明后履行义务一方当事人存在经营状况严重恶化、丧失商业信誉等情形的，可以行使不安抗辩权，中止履行其合同义务。根据本案例合同约定，艺善坊公司应当先行提供广告宣传服务，B 公司于其后给付报酬。B 公司虽应在艺善坊公司适当履行后再为对待给付，但食药监局的处罚决定书和法院的裁判文书足以证明 B 公司存在《中华人民共和国民法典》第五百二十七条中经营状况严重恶化、丧失商业信誉的情形，如果艺善坊继续负担先履行义务，将承担极大的风险，甚至蒙受损失，故其有权行使不安抗辩权，中止义务履行。

根据《中华人民共和国民法典》第五百二十八条，当事人行使不安抗辩权中止履行义务的，应当及时通知对方，中止履行后，对方在合理期限内既未恢复履行能力，又未提供适当担保的，中止履行的一方可以解除合同并可以请求对方承担违约责任。艺善坊公司在知悉上述情形后即发函通知 B 公司，及时履行了通知义务，B 公司并未提供适当担保，自合同履行中止至艺善坊公司起诉经历了半年时间，其间 B 公司经营情况并未好转，故艺善坊公司有权解除合同并要求 B 公司承担违约责任，其诉讼请求应当得到支持。

---

[1] 最高人民法院民法典贯彻实施工作领导小组. 中华人民共和国民法典合同编理解与适用 [M]. 北京：人民法院出版社，2020：434-435.

四、相关建议

创业者作为合同当事人，履行合同的前提是确定合同的内容。但合同订立时难以保证面面俱到，合同条款中可能存在空白或争议之处，如若发生争议可与相对方积极协商，协商不成还可根据合同相关条款或法律规定予以确定。

如果相对方未履行合同约定义务或履行不适当时，创业者可以通过行使相应抗辩权中止履行债务，如在对方经营状况明显恶化、商誉受损严重时行使不安抗辩权，避免由于积极履约而蒙受损失。但还要注意，行使不安抗辩权中止履行合同义务时，需有确切证据证明对方发生了难为对待给付的情形并通知对方，在抗辩权行使条件消除后，创业者应当及时恢复履行，避免履行迟延并承担违约责任。

五、模拟与实战训练

艺善坊文化创意公司（以下简称"艺善坊公司"）连续 3 年向 S 公司订购某款茶具，自 2018 年 11 月起，S 公司开始以每套 560 元的优惠价格向艺善坊公司出售该茶具。2021 年 3 月 13 日，S 公司（乙方）与艺善坊公司（甲方）签订了买卖合同，约定乙方于 3 月 25 日前向甲方供应 25 套该茶具；甲方于乙方发货后 2 天内支付 14 000 元货款。

S 公司于 3 月 21 日发货，艺善坊公司于 3 月 23 日给付货款共计 14 000 元，4 月 2 日该批茶具到货。艺善坊公司在签收时发现送货单上显示茶具单价为 800 元，货款共计 20 000 元，已付 14 000 元，还应给付 6 000 元。艺善坊公司当即联系 S 公司询问货款变更原因，对方回复："新经理取消了艺善坊公司的优惠购买资格，此批茶具按照市场价格售出。"双方协商无果，艺善坊公司认为 S 公司调整价格并未通知自己，此批茶具的价格仍应按照优惠价格计算，遂拒绝给付 S 公司主张的余下 6 000 元货款。

问题：艺善坊公司是否有权拒绝支付 S 公司主张的余下货款？

第四节　合同的保全

一、案例四：三角债中债务人怠于行使权利，债权人如何要回欠款？

自 2021 年 1 月起，"爱鞋之家"按照其与 A 洗衣房签订的合同提供鞋类养护服务，但至同年 3 月，A 洗衣房累计已有 84 908 元报酬尚未给付。"爱鞋之家"在债权到期后多次向 A 洗衣房主张，但 A 洗衣房由于经营不善无力支付。后"爱鞋之家"得知，A 洗衣房对经营状况良好的 B 公司享有共计 89 376 元的到期债权，但 A 洗衣房从未向 B 公司主张过此笔债权。2021 年 5 月 20 日，"爱鞋之家"再次向 A 洗衣房主张给付款项未果，遂于 5 月 25 日将 B 公司诉至法院，请求法院判令 B 公司给付 84 908 元欠款。

问题：法院是否应当支持"爱鞋之家"相关诉讼请求，判令 B 公司给付 84 908 元欠款？

二、法律知识点

（一）债权人代位权

创业者在商业活动中不可避免地会成为债权人，因而需要了解一定的保全债权的法律方法，其常用方法之一即行使代位权。在债务人怠于行使其对相对人的权利，危及创业者权利实现时，创业者有权向人民法院请求代位行使本属于债务人的权利。代位权是法律规定的权利，无论合同是否约定，产生债权时即产生代位权，行使该权利可以突破合同的相对性[1]。

1. 债权人代位权的行使条件

创业者欲行使代位权，以自己名义向债务人的相对人主张权利的，根据《中华人民共和国民法典》第五百三十五条，应当具备以下要件：①债权人对债务人享有合法的到期债权；②债务人对相对人的债权及其从权利不得为专属于债务人自身的权利，例如退休金、抚养费等[2]；③债务人对相对人享有的权利及从权利虽具有实现可能，但债务人怠于主张；④债权人债权实现因债务人怠于行使权利而受到危害。

2. 债权人代位权的效力

债权人实际受领相对人的履行后，债权人与债务人、债务人与相对人之间的权利义务均告终止。债务人对相对人的债权或相关的从权利如果被采取保全、执行措施，或者债务人破产的，债权人可以代债务人向破产管理人申报债权。根据个案具体情况，债权人还可以请求查封、冻结财产等[3]。

（二）债权人撤销权

创业者维护自己债权还可以通过行使撤销权的方式。该权利可在债务人做出积极减少其现有责任财产，或增加消极财产等危害债权的行为时行使。例如，无偿或低价转让所有物、为他人提供担保、恶意延长其到期债权履行期限等。

1. 债权人撤销权的行使条件

债权人欲行使撤销权，首先需要明确债务人危害债权的行为包括无偿处分和有偿处分两类，行使撤销权的要件因债务人的具体行为不同而存在差异。具体而言，根据《中华人民共和国民法典》第五百三十八条，针对债务人无偿处分其财产的行为，债权人行使撤销权一般应具备以下要件：①债务人处分财产的行为发生在债权成立之后。②债务人的处分行为是无偿的。例如，债务人放弃到期或未到期债权等。③债务人延长其对第三人到期债权的履行期限的，主观状态应表现为恶意。④债权人的处分行为损害了债权人权利的实现。

由于债务人正常的有偿处分行为并不一定会导致其责任财产的减少，在未影响债权人权利实现的情况下，债权人无权干涉债务人的处分行为，故根据《中华人民共和国民法典》第五百三十九条，债权人主张撤销债务人的有偿处分行为，除应具

[1] 朱广新. 合同法总则研究 [M]. 北京：中国人民大学出版社，2018：852-853.
[2] 专属于债务人自身的权利具体包括：基于扶养关系、抚养关系、赡养关系、继承关系产生的给付请求权和劳动报酬、退休金、养老金、抚恤金、安置费、人寿保险、人身伤害求偿权等权利。参见：杨立新. 民法判解研究与适用：第4辑 [M]. 北京：人民法院出版社，1999：50.
[3] 杨立新. 中华人民共和国民法典释义与案例评注：合同编 [M]. 北京：中国法制出版社，2020：241.

备处分行为发生在债权成立之后、债权人处分行为危害债权实现等要件外，还应具备以下要件：①债务人处分财产的行为是有偿的，且具有主观恶意。②受让人行为时明知，或应当知道该受让价格明显不合理。

2. 债权人撤销权的效力

由于撤销权对对方权利具有较强的侵略性，故法律对其行使进行了一定限制。根据《中华人民共和国民法典》第五百四十条的规定，债权人行使撤销权应以对债务人享有的债权为限，但债务人处分的财产或权利不可分时，债权人得以对整个处分行为行使撤销权。此外，撤销权不会永远存续。根据《中华人民共和国民法典》第五百四十一条的规定，债权人应于知道或者应当知道撤销事由之日起一年内行使撤销权；即使债权人不知道也不应当知道存在撤销事由，自债务人实施危害债权行为发生之日起算，撤销权至多存在五年，超出期限则权利消灭。

三、案例分析

本案例的争议焦点为"爱鞋之家"作为债权人，能否行使代位权以及如何行使。根据《中华人民共和国民法典》第五百三十五条的规定，债权人行使代位权需存在债务人怠于行使其债权的行为影响到了债权人的到期债权实现的情形，具体可从以下三个方面判断：首先，行使代位权要求债权人对债务人享有合法的到期债权；其次，债务人应当对相对人享有债权，该债权不具专属性且尚具实现可能；最后，要求债权人债权实现在客观上已经受到危害。本案中"爱鞋之家"对 A 洗衣房享有的共计 84 908 元债权是基于合同关系发生的，是合法债权，且已到期清偿；A 洗衣房作为债务人，对 B 公司享有共计 89 376 元的到期债权，该笔债权并不具备人身专属性，且 B 公司经营状况良好，有能力清偿其债务；最后，A 洗衣房因经营不善已无力偿还对"爱鞋之家"的债务，但至起诉之日仍未请求 B 公司给付欠款，造成了危及债权人"爱鞋之家"债权实现的客观情况。债权人"爱鞋之家"有权行使代位权。

至于如何行使代位权，还需要考虑权利行使范围。根据《中华人民共和国民法典》第五百三十五条的规定，代位权的行使范围以债权人的到期债权为限，"爱鞋之家"作为债权人，主张 B 公司向自己履行的债务为 84 908 元，未超出法定范围，故其诉讼请求应当得到支持。

四、相关建议

享有债权并不代表权利必然能够实现，若丧失实现的物质基础，债权人主张权利也将失去意义。创业者作为债权人的，在债权尚未实现时，应当对债务人的责任财产状况予以关注，若债务人责任财产不当减少或消极财产不当增加至危及债权实现的程度，则应根据债务人具体行为判断维权方法。

如果发现债务人对他人享有权利但未主张的，创业者可以向法院请求行使代位权，要求次债务人向自己清偿；如果发现债务人处分财产的行为危及债权实现，创业者可以行使撤销权，但要根据处分行为是否有偿来加以区分，债权人无权干涉债务人正常的有偿处分行为，仅在转让价格明显不合理且受让人对此明知或应知的情况下才能行使撤销权，同时还应注意在除斥期间内行使撤销权。

五、模拟与实战训练

根据法院生效判决，王某应向艺善坊文化创意公司（以下简称"艺善坊公司"）给付报酬 65 000 元及违约金 20 000 元。2020 年 11 月 7 日，艺善坊公司申请强制执行，但由于被执行人王某名下无可供执行的财产，本次执行程序终结。2020 年 12 月 20 日，艺善坊公司得知王某与刘某在 2020 年 11 月 6 日签订房屋转让合同，约定：王某名下位于 D 小区的某房产转让至刘某名下，王某应当配合刘某于 11 月 7 日前完成过户；刘某应于 2021 年 7 月 10 日向王某支付 780 000 元购房款。双方于 2020 年 11 月 7 日办理房屋过户手续，协议中约定的房产从王某名下过户至刘某名下。

问题：根据以上信息，你将为艺善坊公司维护债权提出怎样的法律建议？

第五节　合同的变更和转让

一、案例五：债务人擅自转让债务，债权人该找谁要钱？

艺善坊文化创意公司（以下简称"艺善坊公司"）基于合同对 B 瓷器厂享有一笔 33 000 元的到期债权，由于 B 瓷器厂资金周转出现困难，艺善坊公司多次催告仍未得清偿。后双方协商确认 B 瓷器厂对艺善坊公司的债务包括本金及利息共计 33 500 元，清偿时间为 2021 年 2 月 20 日。B 瓷器厂对 C 公司享有一笔于 2021 年 2 月 1 日到期的 34 000 元的债权，2020 年 11 月 30 日，B 瓷器厂与 C 公司签订债务转让协议，约定由 C 公司于 2021 年 2 月 1 日向艺善坊公司支付 33 000 元。B 瓷器厂发函通知了艺善坊公司债务转移事项，但未得到明确回复。

2021 年 2 月 20 日，艺善坊公司向 B 瓷器厂主张清偿，B 瓷器厂表示 C 公司才是现在的债务人，拒绝向艺善坊公司支付款项。2 月 28 日，艺善坊公司将 B 瓷器厂诉至法院，请求法院判令 B 瓷器厂支付本金及利息共计 33 500 元。

问题：法院是否应当支持艺善坊公司的诉讼请求，判令 B 瓷器厂清偿本金及利息共计 33 500 元？

二、法律知识点

（一）合同的变更

1. 合同的变更概述

现实生活中，由于环境、当事人的需求以及履约能力都可能发生变化，必要时合同约定也应当随之变动。创业者可以与相对方协商，协议变更合同的主体、内容，以更好实现合同目的。

2. 合同变更的条件和效力

创业者协议变更合同的，应当具备以下条件：①双方当事人之间存在合同关系。②合同的内容应当发生变化，包括当事人对合同标的、合同履行方式、违约责任、争议解决方法等内容做出修改或补充。③双方当事人就变更合同达成合意。④双方对变更的内容约定明确。根据《中华人民共和国民法典》第五百四十四条的规定，双方当事人对变更内容约定不明的，推定为未变更。⑤符合法定形式要件。根据《中华人民共和国民法典》第五百零二条的规定，法律规定变更合同需办理批准手续的，未办理时除约定办理批准手续的条款生效外，合同未生效。

合同变更部分自双方达成合意之日起生效，未变更部分的权利义务继续有效。变更后的合同仅向未来生效，对变更前已履行的部分并无溯及力，除当事人另有约定外，不产生恢复原状的效力[1]。

（二）合同的转让

1. 合同的转让概述

合同转让指合同主体的变更，在不改变合同内容的情况下将合同约定的权利义务转移给第三人。具体包括三种情况：①第三人接受合同权利转移的，称为债权让与；②第三人负担合同义务履行的，称为债务承担；③第三人既接受合同权利转移又承受义务转移的，称为概括承受。

2. 债权让与

债权让与是指合同的原债权人通过转让合同将其全部或者部分权利转让给第三人，第三人取得合同当事人地位，享有合同权利，承担合同义务。原债权人被称为转让人，第三人被称为受让人。创业者的让与行为需具备以下条件才能生效：①产生被转让的债权所依据的合同关系是合法有效的。②被让与的债权具有可转让性。例如，具有人身损害赔偿性质的债权、国防、军工等涉及国家安全和敏感信息的债权，均不得让与[2]。③转让人与受让人达成合意。④符合法定形式要件。⑤债权让与须通知债务人。根据《中华人民共和国民法典》第五百四十六条的规定，转让人转让合同权利的，虽不必征得债务人的同意，但应当通知债务人，使其明确新的受领主体。

债权一旦让与，将发生如下效力：①受让人取得合同债权人的法律地位。在全部权利转让情况下，受让人将取代转让人的法律地位，成为新的合同债权人；在部分权利转让情况下，受让人加入基础法律关系，成为债权人之一。②受让人取得与转让债权相关的从权利。如定金债权、违约金债权、债权人撤销权等具有可转让性的从权利，受让人可与主权利同时取得，且不受该从权利是否办理转移登记手续或者转移占有影响。③债务人主张抗辩或抵销的，应向受让人主张。④转让人对转让的债权负担瑕疵担保责任，如告知受让人全部债权相关情况、将债权证明相关文件全部交付给受让人等。如果受让人因受让的权利存在瑕疵而遭受损失，转让人负担

[1] 崔建远. 合同法 [M]. 3 版. 北京：北京大学出版社，2018：215-216.
[2] 中国审判理论研究会民事审判理论专业委员会. 民法典合同编条文理解与司法适用 [M]. 北京：法律出版社，2020：152-153.

损害赔偿责任[1]。⑤因债权让与增加的合同履行费用由转让人承担。例如，由于受领对象变更导致债务人履行过程中差旅费增加的，增加部分应当由转让人负担。

3. 债务承担

债务承担是指第三人，即承担人通过与债权人或债务人签订协议，取得合同主体地位，承担原合同当事人之间约定的部分或全部义务。债务人与承担人明确约定转移部分或全部债务，由承担人就转移范围内的债务负责的，称为债务转移；承担人加入合同关系，与原债务人共同承担债务的，称为并存的债务承担。

债务承担的条件既包括基础合同关系合法有效、被转移的债务具有可转让性、转让人与第三人达成合意、符合法定形式要件等，又因为两类债务承担各自的特殊性，而需分别满足以下条件：①债务转移需债权人明确同意。债务转移后，债权人在订立合同时所信赖的债务人脱离了合同关系，转由承担人对合同债务负责，但债权人可能因对承担人的履行能力并不了解而蒙受损失，故仅以明示方法认可债务人转移债务时，才发生相应效力。②并存的债务承担需债权人未明确拒绝。承担人明确表示加入债务的，只要债权人未在合理期限内明确拒绝，即使不通知原债务人，也不影响债务承担的生效[2]。这是由于承担人与原债务人在被承担的债务范围内承担连带责任[3]，债权人承担的风险较低，故债权人对债务人行为的干预程度也应降低。

4. 概括承受

根据《中华人民共和国民法典》第五百五十五条的规定，一方当事人有权将其债权与债务一并转移给第三人，由第三人概括承受原合同当事人享有的债权和债务。根据《中华人民共和国民法典》第五百五十六条的规定，概括承受应具备的生效条件除基础合同关系有效、被转移的债权和债务具有可转让性、转让人与第三人达成合意、符合法定形式要件外，还需合同相对方同意。

三、案例分析

本案例中，艺善坊公司与 B 瓷器厂基于合同存在债权债务关系，双方均认可 B 瓷器厂对艺善坊公司的债务包括本金及利息共计 33 500 元。2020 年 11 月 30 日，B 公司签订债务转让协议，意图将全部债务转移给 C 公司，使自己脱离与艺善坊公司的债权债务关系。根据《中华人民共和国民法典》第五百五十一条的规定，债务人将债务的全部或者部分转移给第三人的，应当经债权人同意，债权人未做表示的，视为不同意。故案例中债务人 B 瓷器厂将债务转移至 C 公司，应当经债权人艺善坊公司明示同意，在未得到艺善坊公司明确回复的情况下，B 瓷器厂将债务转移给 C 公司并不能发生预期的债务转移效力，其仍为艺善坊公司的债务人，艺善坊公司的诉讼请求应当得到支持。

[1] 王利明. 合同法研究：第 2 卷 [M]. 北京：中国人民大学出版社，2011：225.
[2] 夏昊晗. 债务加入与保证之识别：基于裁判分歧的分析和展开 [J]. 法学家，2019 (6)：102.
[3] 中国审判理论研究会民事审判理论专业委员会. 民法典合同编条文理解与司法适用 [M]. 北京：法律出版社，2020：163-164.

四、相关建议

对于已订立的合同，创业者不能或不愿继续履行合同约定的，不必急于解除合同，可以与合同相对人通过协商方式变更合同约定的权利义务，能够达成合意的，应当明确约定变更的内容，以免因约定不明而被推定为未变更。

如果创业者想要通过将第三人引入现有合同关系的方式，减轻自己的履行压力或受领风险，对债务转移的行为应多加注意。作为债权人时，创业者应当在明示同意债务转移前确认承担人的履行能力；作为债务人时，创业者需要得到债权人明示认可，以免债务转移行为不能发生预期效力，债权人不予表态的，可对其进行催告。

五、模拟与实战训练

2021 年 1 月 1 日，"涛涛店主的店"（乙方）与某商场（甲方）签订买卖合同，约定乙方向甲方供应商品，甲方向乙方支付货款，合同至 2023 年 1 月 1 日到期。后"涛涛店主的店"出具变更申请，载明"涛涛店主的店"于 2021 年 3 月 18 日起变更为 D 公司，之后"涛涛店主的店"与商场发生的各项债权债务全部由 D 公司负责，各项责任均由 D 公司承担。变更申请加盖了"涛涛店主的店"与 D 公司的公章及财务章。后 D 公司向该商场供货三次，商场未提出异议，在受领后给付了货款。后商场逾期支付货款，经 D 公司催告，商场主张自己并未明确认可与"涛涛店主的店"之间的买卖合同发生变更，D 公司并非合同主体，无权要求自己履行给付义务，拒绝付款，D 公司遂提起诉讼，请求法院判令商场支付货款。

问题：法院应当如何判决？

第六节　合同权利与义务的终止

一、案例六：债务人迟延履行义务，债权人能否解除合同？

"爱鞋之家"（甲方）与 C 鞋油厂（乙方）签订了一份合作协议。协议约定乙方向甲方供应 X 型鞋油，货款于每年 11 月 21 日前一次结清；如甲方逾期付款，需承担 200 000 元违约金。

2020 年 11 月 23 日，"爱鞋之家"向 C 鞋油厂结算 2020 年货款时，C 鞋油厂以"爱鞋之家"逾期付款为由拒绝受领。2021 年 2 月 1 日，C 鞋油厂以违约为由向"爱鞋之家"送达了合同解除通知书，要求"爱鞋之家"赔付合同约定的 200 000 元违约金。后双方发生纠纷，"爱鞋之家"于 2 月 15 日将 C 鞋油厂诉至法院，要求法院确认合同解除通知书无效。

问题：法院是否应当支持"爱鞋之家"的诉讼请求，确认 C 鞋油厂发出的合同解除通知书无效？

二、法律知识点

（一）合同权利义务的终止概述

合同权利义务的终止，是指发生法定或约定的事由时，当事人之间的合同权利义务归于消灭。根据《中华人民共和国民法典》第五百五十七条的规定，债权债务终止的事由包括清偿、抵销、提存、免除、混同以及当事人约定终止的其他情形。此外，由于合同约定的权利义务本质上也属于一种债权债务关系，故基于其他法律关系产生的债权债务的终止，同样可适用合同权利义务终止的相关规定。因此，了解合同权利义务终止相关的法律知识，对于创业者脱离各类债权债务关系均具有重要意义。

合同的权利义务终止将产生如下法律效果：①当事人之间产生后合同义务。根据《中华人民共和国民法典》第五百五十八条的规定，结合诚信等原则及交易习惯，当事人还负有尽量使权利义务恢复到合同订立前状态的义务，例如，保守在前期商业合作中知悉的对方商业秘密、旧物回收等[1]。②债权人享有的从权利消灭。③合同中关于结算和清理的条款仍然有效。

1. 清偿

清偿是指当事人按照合同约定适当履行合同义务后，当事人合同目的得到实现的制度。创业者的履行行为并不一定构成清偿，产生终止合同权利义务的效果，只有按照合同约定正确、适当履行合同义务，实现当事人的合同目的，基于合同发生的债权债务关系才能归于消灭，不再对当事人产生拘束力[2]。

2. 抵销

抵销是指当事人互负给付义务的，各自以其债权充当债务履行以实现清偿，使自己负担的债务与对方债务在等额内相互消灭，达到终止合同权利义务效果的制度。债务人主张抵销的，需具备以下要件：①创业者与相对人互负义务、互享权利。②创业者与相对人所负义务的给付标的为同一种类。③创业者主张抵销的债务已届清偿期。④被主张抵销的债务是可抵销的。部分债务就性质而言并不适宜抵销，或者基于当事人约定、法律规定等因素而不得抵销，例如《中华人民共和国信托法》第十八条中就规定了两种不得抵销的情形[3]。⑤创业者的债权尚具执行力。

3. 提存

提存是指债务已届清偿期时，债务人将由于债权人原因无法给付的标的物提交至提存部门，以消灭合同约定债务的制度。根据《中华人民共和国民法典》第五百七十条的规定，债务人可提存标的物的情况包括：①债权人无正当理由拒绝受领。②债权人下落不明。③债权人死亡且未确定继承人，或丧失民事行为能力且未确定

［1］ 杨立新. 中华人民共和国民法典释义与案例评注：合同编［M］. 北京：中国法制出版社，2020：307.
［2］ 王利明. 合同法研究：第2卷［M］. 北京：中国人民大学出版社，2011：258-259.
［3］ 根据《中华人民共和国信托法》第十八条的规定，受托人管理运用、处分信托财产所产生的债权，不得与其固有财产产生的债务相抵销；受托人管理运用、处分不同委托人的信托财产所产生的债权债务，不得相互抵销。中国审判理论研究会民事审判理论专业委员会. 民法典合同编条文理解与司法适用［M］. 北京：法律出版社，2020：186-188.

监护人。④法律规定的其他情形。

由于提存时合同权利义务已经终止，但债权人并未实际受领标的物，为保护其利益，《中华人民共和国民法典》第五百七十二条使债务人负担通知义务。未履行或怠于履行通知义务造成债权人损失的，债务人应当赔偿。

4. 免除

免除也是一种较为常见的终止合同权利义务的方式，是债权人向债务人做出放弃债权的意思表示，消灭部分或全部债务的法律行为。根据《中华人民共和国民法典》第五百七十五条的规定，免除一旦生效，与该灭失债权相关的从权利也一并消灭，但债务人有权在合理期限内拒绝。

5. 混同

混同是指债权与债务同归于一人，使得合同权利义务关系消灭的法律事实。例如，创业者在合作过程中做出兼并合同相对方企业的行为，二者之间基于合同而产生的权利义务关系随之消灭。但根据《中华人民共和国民法典》第五百七十六条的规定，混同损害第三人利益的，不发生终止权利义务的效力。

（二）合同的解除

1. 合同解除概述

除前述五种方式外，合同解除也是一种常见的终止权利义务关系的方法。根据《中华人民共和国民法典》第五百六十二条的规定，在不违背法律规定的前提下，当事人有权协商或依约解除合同。

此外，《中华人民共和国民法典》第五百六十三条还规定了法定解除。法定解除权需在合同生效后、履行完毕前行使，具体包括如下事由：①因不可抗力[1]致使合同目的不能实现的。②在债务届期清偿之前，一方当事人明确做出意思表示或者以行为表明不履行主要债务的。③一方当事人迟延履行主要债务，经催告后仍未在合理期限内履行的。④一方当事人迟延履行债务，或者存在其他违约行为致使合同目的不能实现的。⑤法律规定的其他情形，例如，《中华人民共和国消费者权益保护法》第二十四条规定的七天无理由退货[2]。

2. 合同解除权的行使期限

根据《中华人民共和国民法典》第五百六十四条的规定，合同约定了解除权行使期限的，应当从其约定；若无约定，则应当根据法律规定加以确定；既无约定又无法律规定的，自解除权人知道或者应当知道解除事由之日起一年内未行使权利的，或经对方催告后仍未在合理期限内行使的，解除权消灭。

3. 合同解除的效力

根据《中华人民共和国民法典》第五百六十六条的规定，合同解除后，当事人不必再继续履行合同义务；已经履行的，根据履行情况和合同性质，当事人可以请

---

[1] 不可抗力是指不能预见、不能避免、不能克服的客观现象，包括自然灾害、社会异常事件等。由不可抗力导致的损失，不可归责于当事人。参见：刘凯湘，张海峡. 论不可抗力 [J]. 法学研究，2000（6）：110-113.

[2] 杨立新. 中华人民共和国民法典释义与案例评注：合同编 [M]. 北京：中国法制出版社，2020：322-323.

求复原，也可请求赔偿损失以及采取其他补救措施。主合同解除后，除担保合同另有约定以外，担保人仍应承担担保责任。

三、案例分析

本案的争议焦点为迟延履行情况下，债权人能否行使合同解除权。依据"爱鞋之家"与 C 鞋油厂签订的合作协议，"爱鞋之家"应当于每年 11 月 21 日前一次交清货款，但"爱鞋之家"2020 年的付款时间为 11 月 23 日，相较于合同约定迟延了两天履行合同义务。由于双方并未约定解除权，C 鞋油厂欲解除合同只能行使法定解除权。根据《中华人民共和国民法典》第五百六十三条的规定，相对人迟延履行主要债务，经催告仍未在合理期限内履行的，当事人可以行使法定解除权解除合同。在案例中，给付货款是"爱鞋之家"的主要合同义务，但 C 鞋油厂并未催告就直接拒绝受领货款，且两天的迟延付款并不会致使合同目的无法实现，因此，C 鞋油厂并不享有法定的解除权，故其向"爱鞋之家"送达的合同解除通知书不应发生解除合同的效力，"爱鞋之家"要求确认 C 鞋油厂发出的合同解除通知书无效的诉讼请求应当得到支持。

四、相关建议

从促进交易、节约成本的角度考虑，创业者作为合同当事人应当促进合同约定的权利与义务的实现，以争取预期利益。但现实情况复杂多变，由于相对方原因或不可抗力，合同义务可能难以履行，合同约定的权利与义务也可能失去促进合同目的实现的作用，甚或成为一道枷锁，将创业者禁锢在已经失去意义的法律关系当中。此种情况下，创业者可以通过抵销、提存等方式消灭自己的债务。在主张抵销时，应当确认相对人是否销毁债权凭证；在以提存方法清偿债务时，应当向债权人履行通知义务。在相对人迟延履行主要债务，且经催告后在合理期限内仍未履行，或者存在不可抗力、迟延履行以及其他违约行为致使合同目的不能实现的情况下，创业者可以通过行使法定解除权终止合同权利义务。

五、模拟与实战训练

2021 年 4 月 21 日，"状元美术班"（甲方）与 D 印刷厂（乙方）签订合作协议，约定乙方为甲方打印辅导讲义，未经甲方同意不得向他人售卖；甲方应于每月 1 日前向乙方支付上月费用；任何一方违约的，需向对方支付 30 000 元违约金，甲方迟延履行付款义务超过 10 天的，乙方有权解除合同。11 月 10 日，"状元美术班"向 D 印刷厂结算费用，印刷厂以"状元美术班"迟延履行付款义务为由，拒绝受领费用并要求解除合同，同时要求培训机构向其支付 30 000 元违约金。后"状元美术班"得知，D 印刷厂于 10 月 23 日开始向 E 书店出售由培训机构编写的讲义。

问题：根据以上信息，你将为"状元美术班"维权提出怎样的法律建议？

第七节　违约责任

一、案例七：双方约定高额违约金，法院可否调低？

2021 年 3 月 6 日，A 钢笔厂（甲方）与"涛涛店主的店"（乙方）签订合同，约定：甲方按照订单向乙方供应 X 牌钢笔；乙方应于每月 15 日结清当月货款，货款以送货单记载为准；若乙方迟延履行，违约金以所供货款总额的 1% 每日计算。至 2021 年 7 月 15 日，A 钢笔厂向"涛涛店主的店"供货 X 牌钢笔共计 2 631 支，价值人民币 46 574 元，"涛涛店主的店"因资金紧张未能支付货款。至 8 月 10 日，A 钢笔厂多次催告"涛涛店主的店"清偿未果，A 钢笔厂遂将其诉至法院，请求法院判令"涛涛店主的店"立即给付货款 46 574 元及违约金 47 039.74 元（暂计算至 2021 年 10 月 25 日）。"涛涛店主的店"辩称该违约金约定过高，请求法院适当调低。

问题：法院是否应当支持"涛涛店主的店"的诉讼请求，判令调低违约金？

二、法律知识点

（一）违约责任概述

一方合同当事人无法继续按照合同约定的内容履行义务，或做出其他有违合同约定的行为时，合同目的即有落空的危险，并将对守约方权利造成实质侵害，为了保护守约方的利益，法律要求违约方负担相应的违约责任[1]。创业者了解违约责任相关的法律知识，既有利于在自己作为违约方时，明确是否应当承担以及如何承担违约责任；又有利于自己作为守约方时，减少违约导致的利益损失。

1. 违约责任的概念及构成要件

违约责任是指合同当事人不履行合同义务，或者履行行为不符合合同约定而应承担的民事责任。创业者向相对方主张违约责任的，一般需具备以下条件：①存在已生效的合同。如果合同无效或尚未生效，相对方就还未实际负担约定义务，不受合同权利义务关系拘束，无权要求其履行义务或承担责任。②存在违约行为。违约行为的一般形态可以概括为以下两类：一是不履行合同义务，包括拒绝履行和履行不能。二是履行合同义务不符合约定，包括违反合同履行时间约定的迟延履行和违反合同其他约定的瑕疵履行。③既不存在法定的免责事由，如不可抗力，也不存在约定的免责事由。

2. 违约责任的承担方式

创业者可以根据相对方的具体违约行为，要求违约方以继续履行、采取补救措施、赔偿损失等方式承担违约责任。继续履行适用于大部分违约情况，根据《中华人民共和国民法典》第五百七十九条的规定，金钱债务均可适用继续履行。但《中

---

[1]　隋彭生. 合同法要义［M］. 5 版. 北京：中国人民大学出版社，2018：228.

华人民共和国民法典》第五百八十条中规定的三类情形则不适用继续履行，且存在该类情形致使合同目的不能实现的，当事人有权请求人民法院或仲裁机构判令直接终止合同[1]。前述例外情形包括：债务人在法律上或事实上履行不能、债务不适于强制履行或履行费用过高，以及债权人在合理期限内未请求履行。

采取补救措施适用于债务人非金钱给付义务存在瑕疵履行，履行期满仍未消除瑕疵的情形。根据《中华人民共和国民法典》第五百八十二条的规定，当事人在合同中明确约定违约责任的应当从其约定，未约定或者约定不明的，可由双方协议补充确定，未达成协议的可按照合同相关条款、性质、目的，或者交易习惯确定违约责任，也可根据法律规定确定。

《中华人民共和国民法典》第五百八十三条规定了违约方在采取继续履行、采取补救措施等方式承担违约责任后，受损方仍有权请求违约方承担其他损害赔偿责任，以补偿自己的全部损失。确定损害赔偿的范围，应当遵循以下原则：①完全赔偿原则。根据这一原则，在违约方赔偿后，受损方的利益状态应当与合同完全履行后的状态相一致，故违约方既要赔偿受损方的实际损失，又要赔偿期待利益。②合理预见原则。为平衡违约方利益，法律以此原则将损害赔偿限定在违约方缔约时，已经预见到或者应当预见到的，可能因违约造成的损失范围内。③受损方负有减轻损失义务的原则。即守约方在相对方违约后，负有采取适当措施防止自己损失扩大的义务，而基于此产生的合理费用应当由违约方负担[2]。④过失相抵原则。该原则适用于合同履行过程中，双方当事人均存在违约行为的场景。根据《中华人民共和国民法典》第五百九十二条的规定，双方当事人应当按照各自的过错程度和违约行为发生的原因，各自承担相应的责任，依据受损方对自己损害发生的过错程度，确定违约方损失赔偿额的减少幅度。

3. 违约责任的归责原则

归责原则是指基于一定的事由，判定合同当事人是否应当负担相应违约责任的法律原则，主要包括严格责任原则和过错责任原则[3]。其中，严格责任原则指不存在法定或约定的免责事由的情况下，当事人一旦违约就应当承担责任，不考虑违约方有无过错[4]，这是合同编总则部分确定的违约责任的归责原则，体现了《中华人民共和国民法典》对严守契约精神的贯彻。

（二）免责条款和免责事由

创业者可以在订立合同时，于意思自治范畴内明确约定免责条款，将自己可能承担的违约风险控制在可承受的范围内。此外，法律还规定了部分免责事由，例如，《中华人民共和国民法典》第五百九十条规定的不可抗力就是一项法定免责事由。

---

[1] 通常情况下，终止合同的请求应当由守约方提出，由于现实中存在守约方拒不请求终止合同的情况，为了避免使合同陷入僵局，法律同样赋予违约方终止合同的请求权。参见：杨立新. 中华人民共和国民法典释义与案例评注：合同编［M］. 北京：中国法制出版社，2020：375-377.

[2] 李永军. 合同法［M］. 5版. 北京：中国人民大学出版社，2020：252.

[3] 过错责任是指一方违约时，应以过错作为确定责任的要件和确定责任范围的依据，若当事人没有过错，即使有损害发生，行为人也无须承担责任。参见：王利明. 民法总则［M］. 2版. 北京：中国人民大学出版社，2020：385.

[4] 崔建远. 合同责任研究［M］. 吉林：吉林大学出版社，1992：17.

但违约方责任免除的程度，仍需结合不可抗力对合同履行的实际影响程度确定。不可抗力作为当事人不能履行合同的部分原因的，免除部分责任；不可抗力作为当事人不能履行合同的全部原因的，免除全部责任。

违约方主张不可抗力免责时，需承担通知义务和举证义务。如果不可抗力发生在违约方迟延履行后，则不可免除责任。

（三）违约金责任

违约金意味着，一方当事人违约时，应当向对方支付的一定数额的金钱。创业者既可以在订立合同时协商约定违约金的具体数额，也可以约定具体的违约金计算方式，或者适用法定的违约金责任。

1. 违约金责任的构成要件

根据《中华人民共和国民法典》第五百八十五条的规定，请求违约方支付违约金一般具备以下条件：①合同中明确约定了违约金条款。②发生约定的需支付违约金的违约行为。违约方仅在约定的违约行为发生时承担违约金的给付义务，例如，合同约定甲方迟延履行需向乙方给付违约金的，甲方瑕疵履行则不受该违约金条款的约束。

2. 违约金的调整

违约金兼具赔偿性与惩罚性，但奉行"赔偿为主，惩罚为辅"的原则[1]。虽然违约金的具体数额可以在当事人协商后，以合同条款形式确定，但在订立合同时，受损方的实际损失尚未确定，约定的违约金可能并不合理，当事人认为违约金约定过高或过低的，可以向人民法院或者仲裁机构请求调整。

117

三、案例分析

本案的争议焦点为合同约定的违约金是否过高，以及过高情况下应如何调整。根据《中华人民共和国民法典》第五百八十五条的规定，如果约定违约金过分高于违约行为造成的损失，人民法院或者仲裁机构可以根据当事人的请求予以适当减少，"涛涛店主的店"作为合同当事人，认为合同约定的违约金数额过分高于由其违约行为给A钢笔厂造成的实际损失，有权向人民法院请求适当减少。根据《中华人民共和国民法典》第五百八十四条的规定，违约方承担损失赔偿责任，不得超过订立合同时预见到或者应当预见到的可能因违约造成的损失。本案中，自2021年7月15日起，至10月25日，如果按照双方约定的违约金标准计算，"涛涛店主的店"应当支付的违约金为47 039.74元（46 574×1%×101＝47 039.74），但按照2021年中国人民银行同期贷款年利率4.75%计算，A钢笔厂的利息损失仅为612.16元（46 574×4.75%÷365×101＝612.16），约定违约金高达A钢笔厂实际损失的84倍之多，明显超出"涛涛店主的店"在订立合同时所能预见到的损失，因而应当下调。

至于违约金过高如何调整，可以参见《最高人民法院关于审理买卖合同纠纷案件适用法律问题的解释》第十八条第四款的规定，出卖人以买受人违约为由主张赔

---

[1] 王洪亮. 违约金功能定位的反思 [J]. 法律科学（西北政法大学学报），2014（2）：115.

偿逾期付款损失，违约行为发生在 2019 年 8 月 20 日之后的，损失可以违约行为发生时中国人民银行授权全国银行间同业拆借中心公布的一年期贷款市场报价利率（LPR）标准为基础，加计 30%～50% 计算。由于本案中"涛涛店主的店"违约行为发生在 2021 年 7 月 15 日之后，其应承担的违约金可按照前述标准计算。

四、相关建议

创业者在订立合同之时，就应当对免责和违约责任等条款予以特别关注。在履行过程中面对合同难以为继的困境时，不必过于紧张惶恐，因为法律通过对违约责任的归责原则、损失赔偿原则以及不可抗力等免责事由进行规定，调和、保护了双方当事人的利益，无论是作为违约方还是作为守约方，只要按照法律规定的程序积极承担责任、主张权利，其所需承担的损失就可以被固定在可控的范围内。

创业者在合同中订立违约金条款的，既可以约定具体数额，又可以约定计算方法。当约定违约金较实际损失而言过高或过低时，合同当事人还可以向人民法院或者仲裁机构请求调整，以更好地保护自己的利益。

五、模拟与实战训练

2021 年 6 月 1 日，某物流公司（甲方）与"涛涛店主的店"（乙方）签订了合作协议，约定：甲方向乙方提供物流服务，乙方应于 7 月 11 日将运费一次结清；运输过程中由于甲方原因导致货物损失的，甲方应向乙方支付货物损失价值的 2% 作为惩罚性违约金。2021 年 6 月，物流公司在为"涛涛店主的店"运输货物的过程中产生运费共计 8 415 元，产生货损共计 12 579 元，其中 8 209 元是遭遇台风产生的，另外 4 370 元是由于货物遭受雨淋产生的。虽然物流公司及时通知了"涛涛店主的店"处理淋湿货物，但"涛涛店主的店"并未采取措施，导致淋湿货物浸湿了一批纸质工艺品，造成了 2 000 元的损失。9 月 11 日，物流公司向"涛涛店主的店"主张 6 月份的运费，但"涛涛店主的店"认为 6 月份的货损总额已超过运输费用，遂拒绝支付。后"涛涛店主的店"将物流公司诉至法院，要求物流公司赔偿货损 14 579 元（12 579+2 000＝14 579），并支付惩罚性违约金。

问题：法院应当如何判决？

第八节　买卖合同

一、案例八：产品质量不符合要求，网店是否应承担惩罚性赔偿责任[1]？

爱时尚服装店老板杨某在天猫网上发现了"涛涛店主的店"这家专门针对服装店店主批发销售的网店。杨某网购了"高档真丝连衣裙"10 件，单价 500 元，总价

---

[1] 本案例改编自"姚陈永诉北京甘甘那服装有限公司等网络购物合同纠纷案"（2015）浙温商终字第 3140 号。

5 000 元。该产品标识的商品成分为：桑蚕丝含量达 95% 以上。杨某准备在其服装店销售这批连衣裙。为确保产品质量无误，杨某将连衣裙送至质量技术监督检测院检测，支出检验费 300 元。随后杨某又在该网店订购了 20 件同款连衣裙，共支付 10 000 元。几日后，检测院出具检测报告，认定送检连衣裙桑蚕丝含量仅为 40%，不符合样品明示的成分要求。杨某认为"涛涛店主的店"构成欺诈，起诉至法院，请求依据《中华人民共和国民法典》及《中华人民共和国消费者权益保护法》的规定判令"涛涛店主的店"退还购物款 15 000 元并支付三倍惩罚性赔偿款 45 000 元、检测费 300 元。

问题：法院应否支持杨某的诉讼请求？

二、法律知识点

（一）买卖合同概述

1. 买卖合同的概念

根据《中华人民共和国民法典》第五百九十五条，买卖合同是出卖人转移标的物的所有权于买受人，买受人支付价款的合同。买卖合同是日常生活中最常见、最典型的合同，也被称作有偿合同的原型，法律对其他有偿合同没有规定时，可以参照适用买卖合同的有关规定。

2. 买卖合同的主要特征

买卖合同的基本目的是使所有权在不同人之间发生转移，买卖双方都失去了原来物的所有权，并获得了新的对方之物的所有权。该特征使买卖合同得以与其他合同相区别，如租赁合同、借用合同等合同虽也发生了物的交付，却不转移物之所有权[1]。但是，转移所有权仅是买卖合同追求的目的。若出卖人未取得处分权致使标的物所有权不能转移的，合同效力不受影响，买受人可以解除合同并请求出卖人承担违约责任。

买卖合同是有偿合同，买受人支付价款取得标的物所有权，出卖人让渡标的物所有权并获得价款。

买卖合同是诺成合同，当事人达成买卖合意，买卖合同即成立。标的物是否交付不影响合同的成立及生效。

（二）出卖人及买受人的主要义务

1. 出卖人的主要义务

（1）交付标的物

《中华人民共和国民法典》第五百九十八条规定，出卖人应当履行向买受人交付标的物或者交付提取标的物的单证，并转移标的物所有权的义务。通常情况下转移标的物所有权通过交付来完成，但交付并不等同于转移所有权，如不动产所有权转移，必须通过登记方式方能完成，且即便是在通过登记转移所有权的情况下，出卖人也同样负有交付标的物的义务。因此交付义务是出卖人负有的一项独立的合同义务[2]。

[1]　李永军. 合同法 [M]. 5 版. 北京：中国人民大学出版社，2020：280.
[2]　王利明. 合同法分则研究：上卷 [M]. 北京：中国人民大学出版社，2012：55.

交付的方式包括现实交付、简易交付、占有改定、指示交付四种。现实交付可以简单地理解为一手交钱、一手交货。简易交付是指签订合同前，买受人就已基于借用、租赁等原因占有了标的物，合同生效的时间就视为交付的时间。所谓占有改定也称继续占有，是指在动产物权转让时，如果出卖人希望继续占有该动产，当事人双方可以订立合同，特别约定由出卖人继续占有该动产，而买受人因此取得对标的物的间接占有以代替标的物的实际支付[1]。而指示交付则是指出卖人在转让动产物权时，如该动产由第三人占有，出卖人可以将其对第三人的返还请求权转让给买受人，代替物的实际交付[2]。

出卖人应按约定的时间或期限履行交付义务，否则构成履行迟延，应当承担违约责任。如果没有约定履行时间或期限，可以协议补充；不能达成补充协议的，按合同相关条款或交易习惯确定。依此仍不能明确的，债务人可以随时履行，债权人也可以随时请求履行，但是应当给对方必要的准备时间。

当事人应按合同约定的地点交付标的物，否则也构成违约。由于合同的履行地点与履行利益、费用及风险，甚至履行价格相关，所以，当事人应当在合同中对此进行约定[3]。如果对履行地点没有约定，可以协议补充；不能达成补充协议的，按合同相关条款或交易习惯确定。依此仍不能明确的，标的物需要运输的，出卖人应当将标的物交付给第一承运人以运交给买受人；标的物不需要运输的，出卖人和买受人订立合同时知道标的物在某一地点的，出卖人应当在该地点交付标的物，不知道标的物在某一地点的，应当在出卖人订立合同时的营业地交付标的物。

出卖人应当按照约定的质量要求交付标的物。出卖人提供有关标的物质量说明的，交付的标的物应当符合该说明的质量要求。当事人对标的物的质量要求没有约定或约定不明确的，可以协议补充；不能达成补充协议的，按照合同相关条款或交易习惯确定。依然不能明确的，按照强制性国家标准履行；没有强制性国家标准的，按照推荐性国家标准履行；没有推荐性国家标准的，按照行业标准履行；没有国家标准、行业标准的，按照通常标准或符合合同目的的特定标准履行。

（2）转移标的物所有权

如果出卖人仅交付了标的物，没有转移所有权，那么仍没有完全履行主给付义务。在一般动产交易中，所有权自交付时同时转移，当事人也可以做出所有权保留等约定：买受人未履行支付价款或其他义务的，标的物的所有权属于出卖人。在不动产交易中，所有权自转让登记之日起转移。在车辆、航空器、船舶等特殊动产的交易中，所有权自交付时起转移，但没有依法办理登记的，所有权转移不能对抗善意第三人。

（3）瑕疵担保义务

瑕疵担保义务包括权利的瑕疵担保义务和物的瑕疵担保义务。

权利的瑕疵担保义务是指，出卖人就交付的标的物，负有保证第三人对该标的

———————————
[1] 王利明，尹飞，程啸. 中国物权法教程［M］. 北京：人民法院出版社，2007：131.
[2] 王泽鉴. 民法物权［M］. 北京：北京大学出版社，2009：97.
[3] 李永军. 合同法［M］. 5版. 北京：中国人民大学出版社，2020：284.

物不享有任何权利的义务，法律另有规定的除外。首先，出卖人对标的物享有合法的所有权或处分权，否则构成无权处分，出卖人应当承担违约责任。其次，出卖人应当保证标的物上不存在任何权利负担，如抵押权、租赁权等，但当事人可以对权利负担另作约定。最后，出卖人应保证标的物没有侵犯他人的知识产权，否则买受人可能受到来自享有真正权利的人的诉讼，或行政机关的行政处罚[1]。

物的瑕疵担保义务是指出卖人应当担保其出卖的标的物符合法律和合同规定的质量要求的义务[2]。

2. 买受人的主要义务

买受人的最主要的义务是支付价款。同时买受人还应当及时受领标的物，否则将构成受领迟延。

买受人收到货物之后还应及时检验。当事人约定检验期限的，买受人应在检验期限内将标的物的数量或质量不符合约定的情形通知出卖人。买受人怠于通知的，视为标的物的数量或质量符合约定。

（三）风险负担规则

《中华人民共和国民法典》第六百零四条规定，标的物毁损、灭失的风险，在标的物交付之前由出卖人承担，交付之后由买受人承担，但是法律另有规定或者当事人另有约定的除外。由此可见，标的物的交付是风险转移的时间点，标的物的所有权是否移转与标的物损毁或灭失的风险负担规则无关。如果风险已转移给买受人，即便标的物损毁或灭失，买受人仍要支付价款。以下几种特殊的风险负担规则值得注意：

1. 有承运人情况下的风险转移

《中华人民共和国民法典》第六百零七条规定，出卖人按照约定将标的物运送至买受人指定地点并交付给承运人后，标的物毁损、灭失的风险由买受人承担。当事人没有约定交付地点或者约定不明确，依据本法第六百零三条第二款第一项的规定标的物需要运输的，出卖人将标的物交付给第一承运人后，标的物毁损、灭失的风险由买受人承担。

但该规则不适用于目前流行的网购交易[3]。通常消费者与网上经营者通过电子交易系统订立买卖合同，出卖人委托物流公司送货上门，合同履行地应为买受人住所地，属赴偿之债[4]。出卖人将标的物交给承运人时尚未完成交付，风险不发生转移。

2. 违约对风险负担的影响

出卖方因标的物不符合质量要求而违约，致使不能实现合同目的的，买受人可以拒绝接受标的物或解除合同。买受人拒绝接受标的物或解除合同的，标的物毁损、

[1] 龙卫球. 中华人民共和国民法典合同编释义 [M]. 北京：中国法制出版社，2020：405.
[2] 王利明. 合同法分则研究：上卷 [M]. 北京：中国人民大学出版社，2012：66.
[3] 朱晓喆. 寄送买卖的风险转移与损害赔偿：基于比较法的研究视角 [J]. 比较法研究，2015（2）：29-51.
[4] 北京市第二中级人民法院（2011）二中民终字第12047号民事判决书. 参见：国家法官学院案例开发研究中心. 中国法院2013年度案例买卖合同纠纷 [M]. 北京：中国法制出版社，2013：58.

灭失的风险由出卖人承担。但出卖人仅违反从给付义务，未按照约定交付有关标的物的除所有权凭证以外的其他单证和资料的，不影响标的物毁损、灭失风险的转移。

（四）一方为消费者的买卖合同

消费者为买受人的买卖合同具有一定的特殊性，需要特别说明。

1.《中华人民共和国消费者权益保护法》的适用前提

《中华人民共和国消费者权益保护法》适用的前提是，双方当事人分别为消费者和经营者。

（1）消费者

《中华人民共和国消费者权益保护法》第二条规定，消费者为生活消费需要购买、使用商品或者接受服务，其权益受本法保护。对于什么是消费者，我们应当从以下几个方面进行理解：

①"生活消费"是一个广义的、开放的概念，并会随时代的发展不断获得新的内涵，目前而言主要包括以下几种：吃饭穿衣等生存型消费、个人培训等发展型消费、旅游等休闲型消费、私人飞机等奢侈型消费。

②消费者既包括商品的购买者，也包括商品的使用者、服务的接受者。消费者不限于与经营者达成合同关系的相对方，购买商品一方的家庭成员、受赠人等使用商品的主体都属于消费者。

③农民购买、使用直接用于农业生产的农资产品的，参照适用《中华人民共和国消费者权益保护法》。事实上农民购买、使用农资产品是生产消费，但考虑到《中华人民共和国消费者权益保护法》主要保护交易弱势一方，目前农民的弱势地位较为明显，因此对农民购买、使用农资产品作了参照适用的规定。

（2）经营者

《中华人民共和国消费者权益保护法》第三条规定，经营者为消费者提供其生产、销售的商品或者提供服务，应当遵守本法。经营者是与消费者相对应的一个概念，具有以下几个特征：

①经营者是持续性从事生产、销售商品或提供服务等经营活动的民事主体，偶尔、零星地售出商品或提供服务的，不宜认定为经营者，如某人在网上偶尔出售自己的二手自行车，或偶尔将自家的物品出售给邻居等，都不应被认定为经营者。

②经营者从事的行为是有偿的。从事的行为是否具有有偿性是判断某一主体是否为经营者的主要标准。也正是因为经营者从事的行为具有有偿性，决定了其应当对消费者负有较高的注意义务，承担较重的法律责任。但是，某一商场若为商品促销需要，在向消费者出售商品的同时附赠赠品的，其实质仍是有偿的经营行为，仍应视为经营者[1]。

③从外延上看，《中华人民共和国消费者权益保护法》规定的经营者不以公司等企业法人为限。凡是持续有偿地从事商品生产、销售或向消费者提供服务的法人、其他组织和自然人，均可成为该法的经营者。

---

[1] 全国人大法制工作委员会民法室. 中华人民共和国消费者权益保护法解读 [M]. 北京：中国法制出版社，2013：23.

2. 经营者欺诈行为之认定

为进一步强化对消费者合法权益的保护，打击制假贩假和生产销售劣质产品的经营者，《中华人民共和国消费者权益保护法》第五十五条第一款明确规定了对侵害消费者权益的惩罚性赔偿制度："经营者提供商品或者服务有欺诈行为的，应当按照消费者的要求增加赔偿其受到的损失，增加赔偿的金额为消费者购买商品的价款或者接受服务的费用的三倍；增加赔偿的金额不足五百元的，为五百元。法律另有规定的，依照其规定。"

根据该条款规定，适用惩罚性赔偿须经营者有欺诈行为。所谓欺诈，即故意隐瞒真实情况或故意告知对方虚假情况，欺骗对方，诱使对方做出错误意思表示而与之订立合同。故意隐瞒真实情况是指行为人负有义务向他方如实告知某种真实情况而故意不告知；故意告知虚假情况就是虚假陈述，如将劣质品说成优等品。欺诈行为既可以是积极的行为，也可以是消极的行为。

经营者在向消费者提供商品时，有下列情形之一的，属于欺诈消费者行为：销售掺杂、掺假，以假充真，以次充好的商品的；采取虚假或其他不正当手段使销售的商品分量不足的；销售"处理品""残次品""等外品"等商品而谎称是正品的；以虚假的"清仓价""甩卖价""最低价""优惠价"或其他欺骗性价格表示销售商品的；以虚假的商品说明、商品标准、实物样品等方式销售商品的；不以自己的真实名称和标记销售商品的；采取雇用他人等方式进行欺骗性的销售诱导的；作虚假的现场演示和说明的；利用广播、电视、电影、报刊等大众传播媒介对商品做虚假宣传的；骗取消费者预付款的；利用邮购销售骗取价款而不提供或不按照约定条件提供商品的；以虚假"有奖销售""还本销售"等方式销售商品的；以其他虚假或不正当手段欺诈消费者的行为。

3. 增加赔偿金额的计算

在考虑如何计算增加赔偿金额之前，需要说明的是，惩罚性赔偿是在消费者所受损失之外增加的赔偿，不影响其根据该法有关规定向经营者主张请求权。

根据《中华人民共和国消费者权益保护法》第五十五条第一款的规定，增加赔偿的金额原则上是购买商品的价款或者接受服务的费用的三倍。考虑到有的商品价款或服务费用较低，要求经营者额外支付两倍或三倍金额惩罚性不足，消费者也可能因金额太小而放弃索赔，故另外设定了最低赔偿金额，即商品价款或服务费用的三倍低于五百元的，最低赔偿金额为五百元。

在第一款最后还增加了"法律另有规定的，依照其规定"。主要是为了与其他法律相衔接，如《中华人民共和国食品安全法》第一百四十八条第二款规定：生产不符合食品安全标准的食品或者经营明知是不符合食品安全标准的食品，消费者除要求赔偿损失外，还可以向生产者或者经营者要求支付价款十倍或者损失三倍的赔偿金；增加赔偿的金额不足一千元的，为一千元。但是，食品的标签、说明书存在不影响食品安全且不会对消费者造成误导的瑕疵的除外。

4."知假买假"行为是否受《中华人民共和国消费者权益保护法》保护

根据《最高人民法院关于审理食品药品纠纷案件适用法律若干问题的规定》，

食品药品纠纷中即便消费者"知假买假"仍可以要求经营者承担惩罚性赔偿责任；消费者与化妆品、保健食品等产品的生产者、销售者、广告经营者、广告发布者、推荐者、检验机构等主体之间的纠纷，参照适用。除食品药品以外，法律并不支持消费者"知假买假"获得惩罚性赔偿。

三、案例分析

本案例中爱时尚服装店杨某通过天猫网向"涛涛店主的店"购买连衣裙，支付货款，双方形成网购合同关系。现杨某购买的连衣裙经质检，其材质成分与产品说明不完全相符，杨某据此要求退货并要求网店支付检测费用，合法有据。

但杨某购买连衣裙的目的并非个人生活消费，而是为了在时装店销售，不符合消费者的身份，不受《中华人民共和国消费者权益保护法》保护。原告杨某不能要求"涛涛店主的店"承担三倍赔偿责任。

四、相关建议

"涛涛店主的店"几位创业者都是首次创业，缺乏销售及鉴别产品质量的经验。虽然在承担违约责任之后仍可以向上游销售、生产厂商进行追偿，但必然会耗费大量时间、精力、财力。建议销售行业创业者务必对产品质量进行严格把关，以减少法律纠纷。

五、模拟与实战训练

"爱鞋之家"与绿星清洁用品公司签订买卖合同，约定后者向前者提供美国生产的原装进口国际品牌皮鞋清洗剂 1 000 支。清洗剂交付后，"爱鞋之家"发现该清洁剂虽为全英文标识，但清洗剂瓶左下角处用十分小的英文写着"Made in Vietnam"（越南制造），且清洗效果不理想，遂以欺诈为由主张撤销合同，返还货款及利息。

问题：法院应否支持"爱鞋之家"的诉讼请求？

第九节 借款合同

一、案例九：网贷平台借钱创业，无力偿还怎么办？

游鑫、张睿、郭卫三人在某市高新区成立蓉林数码科技公司（以下简称"蓉林公司"），他们的目标就是做该市最大的网游公司。公司成立之初，缺乏资金，为使公司快速发展，三人四处筹措资金。

张睿通过网贷平台认识了沈某，沈某承诺提供 50 万元贷款，月利息 3 分（每年36%），但要先从 50 万元本金里扣除一年的利息。张睿将该情况向游鑫、郭卫说明后，他们一致认为公司目前急需资金拓展业务，网络贷款手续简单，同意向沈某借款。2020 年 2 月 19 日，张睿以公司名义与沈某签订借款合同，借款期限一年。资金于 2 月 20 日打到公司账户，实际到账金额 32 万元[1]。

公司资金仍有缺口，郭卫打算以个人名义向其好友李某借款 20 万元，欠条内容如下：郭卫今向李某借钱 20 万元，时间 2020 年 4 月 25 日，借款人郭卫，身份证号码×××。双方口头约定李某三个月后向郭卫账户汇款 20 万元[2]。

沈某资金到账后，公司各项经营有序展开。2020 年 7 月蓉林公司召开会议，协商一致后决定终止郭卫向李某的借款，由郭卫向李某打电话说明。7 月 20 日，郭卫通过电话告知李某，其已筹到资金，不再需要李某的钱，并要求李某撕毁借条，李某答应。

2020 年年末，公司盲目上线了几个新游戏，市场反响较差，导致资金紧张，无法按时偿还沈某借款。2021 年 2 月 25 日，沈某向法院起诉，要求蓉林公司偿还借款 50 万元。郭卫也收到法院传票，李某要求其偿还 20 万元欠款。

问题一：蓉林公司应否返还沈某 50 万元？

问题二：郭卫应否返还李某 20 万元？

二、法律知识点

（一）借款合同概述

《中华人民共和国民法典》第六百六十七条规定，借款合同是指借款人向贷款人借款，到期返还借款并支付利息的合同。提供借款的一方为贷款人，接收借款的一方为借款人。借款合同中，贷款人将货币交付给借款人，货币所有权发生转移，借款人还款以及支付利息仅仅是返还相应数额的金钱，贷款人将承受较大的风险。因此，签订合同时，贷款人十分注重借款人的信用，有的贷款人会要求借款人提供担保，以此增强其还款能力。

我国的借款合同分为自然人之间的借款合同和非自然人之间的借款合同。两种类型的合同在诸多方面存在着差别：

第一，非自然人之间的借款合同应采取书面形式，自然人之间可以约定排除书面形式。但在非自然人之间的借款合同中，只要贷款人向借款人交付借款，且借款人受领所交付的借款，即便借贷双方没有签订书面合同，仍可认定借款合同成立。

第二，非自然人之间的借款合同为诺成合同，双方意思表示一致并签订书面合同，合同即成立。自然人之间的借款合同为实践合同，自贷款人提供借款时成立。即若自然人之间仅就借款达成协议，并未实际交付借款，借款合同未成立。这是因为在自然人之间的借款合同中，借款人多未支付利息，若仅仅因当事人之间达成借款合意便认定借款合同成立并生效，借款人可请求贷款人向其履行交付借款的义务，将会使得贷款人承担过重的义务[3]。

第三，在当事人就利息支付约定不明且不能达成补充协议时，非自然人之间的

[1] 本案例改编自"夏宇、孙海民间借贷纠纷二审民事判决书"（2019）辽 10 民终 747 号；"苏淑英、杨旺松、焦夏裕离婚纠纷一审民事判决书"（2019）新 0103 民初 10287 号。
[2] 本案例改编自"上诉人焦忠茹与被上诉人卢顺荣共有纠纷二审民事判决书"（2018）辽 01 民终 1214 号。
[3] 龙卫球. 中华人民共和国民法典合同编释义［M］. 北京：中国法制出版社，2020：509.

借款，按照当地或当事人的交易方式、交易习惯、市场利率等因素确定利息；自然人之间借款的，视为没有利息。这是因为自然人之间的借款合同一般为无偿合同，以不支付利息为原则；而非自然人之间的借款合同多为商事合同，具有营利性，一般情况应支付利息。

（二）贷款人及借款人的主要义务

1. 贷款人的主要义务

（1）提供借款

《中华人民共和国民法典》第六百七十一条规定了贷款人负有依照约定提供借款的义务："贷款人未按照约定的日期、数额提供借款，造成借款人损失的，应当赔偿损失。"

值得注意的是，应当区别对待自然人之间以及非自然人之间的借款合同。如前所述，自然人之间的借款合同为实践合同，以贷款人交付借款为合同成立要件。借款尚未交付前，借款合同并未成立，借款人也不得请求贷款人按照约定日期及数额提供借款。非自然人之间的借款合为诺成合同，合同成立生效后，提供借款是贷款人的主要义务，若其未能按约定日期及数额提供借款应承担损害赔偿责任。

（2）按照法律规定收取利息

①借款利率上限

《中华人民共和国民法典》第六百八十条第一款明确规定禁止高利放贷。

高利放贷是暴利行为，有悖于公平原则，在签订借款合同时，贷款人居于优势地位，高利贷往往是借款人处于经济上的危难境地时为获得贷款而不得不接受的合同条款。借款人的意思自由也会受到不当干预，因而立法者严格限制高利放贷。借款的利率不得违反国家有关规定，即《最高人民法院关于审理民间借贷案件适用法律若干问题的规定》（以下简称《规定》）对借款利率上限所做的规定。《规定》第二十五条以中国人民银行授权全国银行间同业拆借中心自 2019 年 8 月 20 日起每月发布的一年期贷款市场报价利率（LPR）的 4 倍为标准，确定民间借贷利率的司法保护上限，取代了原来"以 24% 和 36% 为基准的两线三区"的规定。

此外，借款合同中的罚息与逾期利息并无差异，罚息同样不得超过法律所规定的利息限额。在认定高利贷时，不能仅审查借款合同中对利息的明确约定。实践中当事人可能通过约定服务费、咨询费、管理费等形式规避禁止高利放贷的规定。对此，应根据个案情形具体判断当事人之间是否存在实质性的服务合同关系。若当事人之间存在真实的服务合同关系，如委托贷款合同关系，则可认定借款人应当支付相关费用，否则应认定当事人之间的约定违反了禁止高利放贷的规定。贷款人虽可请求借款人同时支付违约金和利息，但二者之和亦不得超过法定利息限额。若当事人约定将前期借款利息计入后期借款本金的，如前期借款利息超过法定利息限额，超过部分不应认定为后期借款本金。借款人在借款期间届满后应当支付的本息之和不得超过以最初借款本金与以最初借款本金为基数、以合同成立时一年期贷款市场报价利率四倍计算的整个借款期间的利息之和。

②借款利息不得预先扣除

《中华人民共和国民法典》第六百七十条规定，利息预先在本金中扣除的，应当按照实际借款数额返还借款并计算利息。如果借款的利息预先在本金中扣除，借款人实际获得的贷款就低于合同约定的数额。通常利息只在本金交付之后才能产生，预先扣除利息，显然加重了借款人的负担[1]。

实践中有部分贷款人要求借款人在受领借款后的次日立即支付利息。通常认为此行为构成对该条的规避，损害了借款人的合法权益，应以扣除利息后的借款金额作为借款本金[2]。借款合同约定预先在本金中扣除利息的部分约定无效，并不导致借款合同整体无效，借款本金应当按照借款人实际受领的借款数额计算，并以此为基准计算利息。

2. 借款人的主要义务

（1）按约定收取借款

自然人之间的借款合同是实践合同，借款未交付，合同未成立，借款人自然不负收取借款的义务，因此，按合同约定收取借款的义务仅适用于非自然人之间的借款合同。之所以确立该义务，是因为贷款人已准备好借款，如借款人不按约定收取，就会对贷款人的资金利用和资金使用的效率产生影响[3]。借款人未按照约定的日期、数额收取借款的，造成贷款人损害的，应承担损害赔偿责任，责任的承担方式一般为按照原来约定的日期、数额支付利息。

（2）按约定还本付息

借款人应按约定的期限返还借款、支付利息。若没有约定或约定不明确，可以协议补充；不能达成补充协议的，按合同相关条款或交易习惯确定。对还款期限仍不能确定的，借款人可以随时返还；贷款人可以催告借款人在合理期限内返还。而对支付利息的期限仍不能确定的，若借款期间不满一年，应在返还借款时一并支付；若借款期间一年以上的，应在每届满一年时支付，剩余期间不满一年的，应在返还借款时一并支付。

如果借款人到期未按约定的期限返还借款的，应按约定或国家有关规定支付逾期利息。如果借款人提前返还借款，除当事人另有约定外，应按实际借款的期间计算利息，即借款人只需支付受领借款到返还借款期间的利息。但是当事人也可以做出其他约定，比如当事人可以约定在提前偿还借款时，借款人仍须支付合同约定的借款合同期间的全部利息，也可以约定借款人提前偿还借款时，适当降低利率[4]。

（3）按约定用途使用借款

根据《中华人民共和国民法典》第六百七十三条的规定，借款人不仅负有在借款合同到期后还款付息的义务，还负有按照合同约定的借款用途使用借款的义务。借款合同以信用为基础，借款的用途与能否返还的风险相关联，直接决定了贷款人会否出借此笔款项，所以借款合同中往往会对借款用途加以约定，借款人违反约定应承担违约责任。

---

[1] 王利明. 合同法分则研究：上卷［M］. 北京：中国人民大学出版社，2012：227.
[2] 李咏. 出借前预支的利息应从本金中扣除［N］. 人民法院报，2017-08-10（7）.
[3] 王利明. 合同法分则研究：上卷［M］. 北京：中国人民大学出版社，2012：230.
[4] 江平. 中华人民共和国合同法精解［M］. 北京：中国政法大学出版社，1999：164.

如果借款合同是分期合同，贷款人一旦发现借款人违反用途使用借款，可以停止发放借款。此外，贷款人可主张提前收回借款，使借款合同提前到期，借款人丧失相应的期限利益。借款人违反约定用途本质上提高了借款合同的风险，属于根本违约行为，所以贷款人还可以主张借款人解除合同。

（4）接受贷款人检查、监督

为确保借款资金的使用安全，《中华人民共和国民法典》第六百七十二条规定，贷款人按照约定可以检查、监督借款的使用情况。借款人应当按照约定向贷款人定期提供有关财务会计报表或者其他资料。即便双方在借款合同中没有对贷款人的检查、监督权做出约定，贷款人仍享有该权利以维护自身利益，也有利于督促借款人按约定用途使用借款[1]。但贷款人行使权利不应超出约定的范围，不得对借款人的正常生产、生活造成阻碍。

三、案例分析

问题一：蓉林公司应否返还沈某 50 万元？

本问题应分情况讨论，沈某的身份认定在一定程度上决定了案件的处理结果。

情况一：沈某不是职业放贷人

本案例中沈某名义上虽借给蓉林公司 50 万元，但实际只支付了 32 万元，余下 18 万元作为"砍头息"从本金中扣除。故借款到期后，蓉林公司应以 32 万元为本金还本付息。

《最高人民法院关于审理民间借贷案件适用法律若干问题的规定》明确民间借贷利率司法保护上限为 LPR 的四倍。该规定同时明确了成立于 2020 年 8 月 20 日之前的借贷合同，当事人请求适用当时的司法解释计算自合同成立到 2020 年 8 月 19 日的利息部分的，人民法院应予支持。

本案例中，沈某以每月 3 分利息（每年 36%）向蓉林公司贷款，涉嫌放高利贷。自合同成立之日起到 2020 年 8 月 19 日适用原规定的"两线三区"基准，即 24% 的年利率将被法律认可。自 2020 年 8 月 20 日到借款返还之日的利息部分则以一年期贷款市场报价利率 3.85% 的 4 倍计算保护上限，即 15.4%。因此，本案的利息金为 6.304 万元。

本案例中沈某要求蓉林公司返还 50 万元本金的诉讼请求不能获得支持。蓉林公司应返还沈某 32 万元本金及 6.304 万元利息共计 38.304 万元。

情况二：沈某是职业放贷人

《全国法院民商事审判工作会议纪要》第五十三条规定：未依法取得放贷资格的以民间借贷为业的法人，以及以民间借贷为业的非法人组织或者自然人从事的民间借贷行为，应当依法认定无效。同一出借人在一定期间内多次反复从事有偿民间借贷行为的，一般可以认定为是职业放贷人。司法实践中，贷款人被认定为职业放贷人时，法院普遍认定借款人应返还借款本金，并按照中国人民银行同期同类贷款

[1] 王利明. 合同法分则研究：上卷 [M]. 北京：中国人民大学出版社，2012：234.

基准利率给付资金占用使用费用。若有证据证明本案中的沈某是职业放贷人，则其和蓉林公司的借款合同无效，蓉林公司应返还本金 32 万元，并按照中国人民银行同期同类贷款基准利率支付资金占用使用费。

问题二：郭卫应否返还李某 20 万元？

本案例中合同的当事人是郭卫和李某，二人签订的借款合同属于自然人之间的借款合同。签订合同之后，李某并未实际交付借款，借款合同不成立，郭卫不负有还款义务。

四、相关建议

大学生开办企业创业十有八九会和借款合同打交道。一种情况是创业者或初创公司资金短缺向他人借款，另一种情况是资金充裕向他人提供借款。

第一种情况：创业者或初创公司是借款人

首先，应注意贷款人是否具有贷款资格，谨防落入高利贷、套路贷圈套。在我国仅具有金融牌照的公司企业可以开展借贷业务，主要为：银行、小贷公司、消费金融公司、典当行、信托公司等。其他未取得金融牌照的个人和公司开展借贷业务均为违法。自然人和其他非金融机构可以相互之间进行资金融通，但不能以此为业。非金融机构的法人、其他组织相互之间仅可以为生产、经营的目的订立民间借贷合同，且不能违反其他法律或行政法规的强制性规定。

其次，应注意合同中有关借款金额和利息的规定。民间借贷中常常会出现"砍头息"的约定，即贷款人在发放借款时将利息全部或部分扣除，借款人实际收到的借款金额为约定的借款金额减去利息。但法律并不保护这种"砍头息"。此外，对超过法律规定范围的高额利息，借款人可以拒绝支付。

第二种情况：创业者或初创公司是贷款人

首先，作为贷款人应要求借款人告知其财产情况，掌握借款人的财产线索，并要求债务人提供相应担保。

其次，应注意交付借款时尽量避免现金交易，建议采用银行转账方式。现金借贷举证难度较大，银行转账是保留证据的有效途径。同时借款时也要保留借据、收据、欠条等债权凭证及其他能够证明借贷法律关系存在的证据。如果不能证明借款已实际交付，自然人之间的借款合同将被认定为不成立，贷款人难以追回借款及利息。

再次，签署书面凭据，载明借款金额、期限、利息标准等，以免日后产生争议。特别指出在借款合同中应对利息做出规定，否则视为没有利息。自然人之间的借款合同，不但要对利息做出约定，还应非常明确，否则将被视为无息借款。

最后，要核实借款人的用途是否合法，如果贷款人明知或应当知道借款人借款用途违法或违背社会公序良俗仍然出借，符合合同无效的法定情形，借贷合同无效。

五、模拟与实战训练

"爱鞋之家"有限公司开业后生意火爆，盈利颇丰。股东孙某的好友开设的 e

名堂电子商务公司（以下简称"e 名堂公司"）流动资金不足，2019 年 4 月 10 日与"爱鞋之家"签订借款合同，金额 20 万元，借款利率月息 2%，借款期限一年。次日"爱鞋之家"将 20 万元汇入 e 名堂公司账户。一年后 e 名堂公司无法偿还"爱鞋之家"的本金及利息。"爱鞋之家"向法院起诉，要求 e 名堂公司还本付息，e 名堂公司辩称，"爱鞋之家"不具有金融牌照，发放贷款的行为涉嫌违法，借款合同无效。

问题：法院应否支持"爱鞋之家"的诉讼请求？

第十节　保证合同

一、案例十：含糊不清的"承诺书"到底是不是保证合同？

"状元美术班"经过几位创业者的努力经营收入迅速增加，股东陈立风获得了可观收益。2020 年 1 月 1 日，陈立风的朋友郑某向其借款 30 万元并出具了借条，约定月息为 1%，借款期限一年。7 月 1 日，郑某和其远亲赵某向陈立风出具承诺书，郑某书写，郑某及赵某签字。承诺书内容：郑某欠陈立风现金人民币不管多少我都愿意承担一切责任，并且一直陪郑某全部还清为止。2021 年 1 月 15 日，郑某经催告仍未返还陈立风借款及利息。陈立风向法院起诉，要求郑某返还本息 33.6 万元，赵某作为保证人承担连带清偿责任[1]。

问题一：本案中的"承诺书"是不是保证合同？
问题二：赵某应否承担连带清偿责任？

二、法律知识点

（一）保证合同的特征

保证合同属于人的担保范畴，是为保障债权的实现，保证人和债权人约定，当债务人不履行到期债务或发生当事人约定的情形时，保证人履行债务或承担责任的合同[2]。保证人必须是主合同以外的第三人，债务人不得为自己的债务作保证。保证合同的债权人既是主合同的债权人，又是保证合同的债权人。

保证合同具有以下特征：

①保证合同是单务合同、无偿合同。保证人对债权人承担保证责任，债权人对此不提供相应的对价。

②保证合同是诺成合同。保证人和债权人协商一致，保证合同成立。

③保证合同是从合同。主债权债务合同有效，保证合同才有效。主合同无效，则保证合同无效，但保证合同无效并不必然导致主合同无效。

（二）保证合同的种类

保证的方式包括一般保证和连带责任保证。

---

[1] 侯仙婷. 不表示代为偿款的承诺书不是担保 [EB/OL].（2017-09-20）. https://www.chinacourt.org/article/detail/2017/09/id/3009344.shtml.

[2] 李永军. 合同法 [M]. 5 版. 北京：中国人民大学出版社，2020：316.

《中华人民共和国民法典》第六百八十八条规定，当事人在保证合同中约定保证人和债务人对债务承担连带责任的，为连带责任保证。连带责任保证的债务人不履行到期债务或者发生当事人约定的情形时，债权人可以请求债务人履行债务，也可以请求保证人在其保证范围内承担保证责任。

根据《中华人民共和国民法典》第六百八十七条的规定，当事人在保证合同中约定，债务人不能履行债务时，由保证人承担保证责任的，为一般保证。一般保证的保证人就债务人的财产，依法强制执行仍不能履行债务前，有权拒绝承担保证责任，即一般保证的保证人具有先诉抗辩权，但是有下列情形之一的除外：债务人下落不明，且无财产可供执行；人民法院已经受理债务人破产案件；债权人有证据证明债务人的财产不足以履行全部债务或者丧失履行债务能力；保证人书面表示放弃先诉抗辩权的。可见一般保证具有补充性，只有在债务人不能履行主债务时，保证人才履行保证责任。

连带责任是一种加重责任，对承担连带保证责任的保证人较为严厉，对于这种加重责任，原则上应由当事人约定或基于极为特殊的考虑，否则动辄让保证人承担连带保证责任是不公平的[1]。因此，为避免存有异议时，让保证人承担更加沉重的责任，《中华人民共和国民法典》第六百八十六条第二款规定当事人在保证合同中对保证方式没有约定或者约定不明确的，按照一般保证承担保证责任。

（三）保证合同的特殊问题

1. 保证人资格的限制

《中华人民共和国民法典》第六百八十三条第一款规定，机关法人不得为保证人，但是经国务院批准为使用外国政府或者国际经济组织贷款进行转贷的除外。机关法人，即国家机关的主要职责是依法行使其职权进行日常的公务活动，其财产和经费来自财政划拨，其目的是维持国家机关的日常开支，保障其正常地履行职责。如果允许国家机关为他人债务作保证，当债务人不履行债务时，国家机关就要承担保证责任，用行政经费清偿债权人的债务，势必会影响机关法人的运作[2]。在例外情况下，机关法人可以提供担保，但应符合以下两个条件：①接受的贷款应是由外国政府或国际经济组织提供的，对于商业银行对地方政府的贷款，包括外国银行的商业性贷款，国家机关不得作为保证人；②只有经过国务院批准后，国家机关才可以在转贷过程中做保证人[3]。

《中华人民共和国民法典》第六百八十三条第二款规定，以公益为目的的非营利法人、非法人组织不得为保证人。学校、幼儿园、医院等以公益为目的的非营利法人设立目的为公益服务，其经费和设施均以实现服务公众为必要，不宜违背设立目的而进行经济活动[4]。

如果当事人不具有保证人资格仍签订保证合同，该保证合同无效。

[1]　黄薇. 中华人民共和国民法典合同编解读［M］. 北京：中国法制出版社，2020：751.
[2]　龙卫球. 中华人民共和国民法典合同编释义［M］. 北京：中国法制出版社，2020：544.
[3]　黄薇. 中华人民共和国民法典合同编解读［M］. 北京：中国法制出版社，2020：744.
[4]　龙卫球. 中华人民共和国民法典合同编释义［M］. 北京：中国法制出版社，2020：545.

2. 保证期间

保证期间是指债权人可以请求保证人履行保证义务的有效期间。如果债权人没有在该期间内依法请求保证人承担保证义务，保证责任消灭[1]。保证期间不发生中止、中断和延长。债权人与保证人可以约定保证期间，但是约定的保证期间早于主债务履行期限或与主债务履行期限同时届满的，视为无约定；没有约定或约定不明确的，保证期间为主债务履行期限届满之日起六个月。债权人与债务人对主债务履行期限没有约定或约定不明确的，保证期间自债权人请求债务人履行债务的宽限期届满之日起计算。在保证期间，一般保证的债权人未对债务人提起诉讼或申请仲裁的，连带责任保证的债权人未请求保证人承担保证责任的，保证人不再承担保证责任。

在保证期间届满前，一般保证的债权人对债务人提起诉讼或申请仲裁的，保证债务的诉讼时效自保证人拒绝承担保证责任的权利消灭之日起算；连带责任保证的债权人请求保证人承担保证责任的，保证债务的诉讼时效自债权人请求保证人承担保证责任之日起算。

三、案例分析

问题一：本案中的"承诺书"是不是保证合同？

保证合同的核心是保证人具有代为清偿债务的意思表示。保证合同的内容一般包括被保证的主债权的种类、数额，债务人履行债务的期限，保证的方式、范围和期间等条款。

本案例中郑某与赵某签订的承诺书，从名称来看不是保证合同，应按承诺书的内容判断是否构成保证合同。从内容来看，"承担一切责任""并且一直陪郑某全部还清为止"并非明确的承担保证责任或代为还款的意思表示，该承诺书也没有保证合同的一般条款，包括保证的数额、还款期限等，并不构成保证合同。

问题二：赵某应否承担连带清偿责任？

根据《中华人民共和国民法典》第六百八十六条的规定，只有当事人在保证合同中明确约定保证方式为连带责任保证时，保证人才承担连带责任保证。可见承担连带责任保证的前提是保证合同成立有效，且有"连带责任保证"的明确约定。

本案例中的"承诺书"不构成保证合同，亦没有关于保证方式的具体约定，故赵某对郑某欠陈立风的债务不承担连带清偿责任。

四、相关建议

如果创业者或初创公司是债权人，在签订保证合同时应当注意以下几点，以确保自己的债权获得有效的担保：

首先，应注意保证人是否具有保证资格。机关法人不得为保证人，但是经国务院批准为使用外国政府或者国际经济组织贷款进行转贷的除外。以公益为目的的非

---

[1] 李永军. 合同法 [M]. 5 版. 北京：中国人民大学出版社，2020：319.

营利法人、非法人组织不得为保证人。

其次，从债权人的角度看，连带责任保证对债权人更有利。所以债权人应当要求在保证合同中明确约定："保证人按照连带责任保证承担责任"，如果当事人在保证合同中对保证方式没有约定或者约定不明确的，那么只能按照一般保证承担保证责任。

最后，如果保证人是公司时，债权人应当审查公司的法定代表人对外担保是否违反公司法、公司章程关于公司对外保证决议程序的规定。尽量避免法定代表人越权担保影响保证合同效力的情况发生。

如果创业者或初创公司是保证人，在签订保证合同时应当注意以下几点：

首先，实践中有些债权人基于保障自身权益的目的，在保证合同中约定保证合同的效力独立于主合同，或者约定保证人对主合同无效的法律后果承担保证责任。这类所谓的"保证合同独立性约定"因违反了保证合同的从属性原则而无效。但金融机构开具的独立保函，不适用这个规则。

其次，如果保证责任范围超出债务人责任范围，那么超出范围的部分对保证人不具有约束力。比如主合同中没有约定债务人应为债权人承担律师费，如果保证合同中约定了保证人需要承担债权人的律师费，那么该关于律师费承担的约定对保证人不具有约束力。

五、模拟与实战训练

"状元美术班"（以下简称"美术班"）见"爱舞蹈班"（以下简称"舞蹈班"）经营有方，收购了其55%的股份，成为第一大股东。后因新冠疫情影响，舞蹈班陷入了资金短缺困境，美术班的大股东兼总经理陈立风打算拉它一把。2020年4月20日舞蹈班和银行签订借款合同，借款金额50万，借款期限6个月。陈立风以美术班名义为其提供连带责任保证。10月20日债务到期，舞蹈班无力偿还，银行遂将美术班诉至法院，要求其承担连带清偿责任。美术班以其出具的保证仅盖有公章及法定代表人陈立风签名，未附股东大会相关决议，违反《中华人民共和国公司法》第十六条的规定，主张保证合同无效。

问题：本案中保证合同是否因缺少股东大会决议而无效？

第十一节　租赁合同

一、案例十一：政府禁止将民用房屋用于经营，租客能否解除合同？

2019年7月1日，艺善坊文化创意公司（以下简称"艺善坊"）与曹某签订房屋租赁合同，约定曹某将A房屋出租给艺善坊经营使用，租赁期限为2019年7月1日至2021年6月30日，共2年，承租人需一次性交付一年租金30 000元及押金5 000元。2020年7月2日，艺善坊依约将2020年7月1日至2021年6月30日的租金及押金共35 000元网上转账给曹某。8月初，房屋所在地政府下达"禁止民用房再做经营使用"的通知,艺善坊及时通知了曹某。8月4日艺善坊门头被拆除,门面被社区强封,无法继续经营,合同目的不能实现。艺善坊当日通知曹某合同解除,并多次与曹某协商退还剩余租金及押金事宜,曹某拒不退款。故艺善坊诉至法院,提出诉讼请求:①依法判决确认租赁合同已于8月4日解除;②依法判决曹某退还合同解除后的剩余租金28 750元和押金5 000元;③本案诉讼费由曹某承担。曹某辩称:①租赁合同合法有效,对于房屋不能用于经营曹某无过错,无违约则无须退款;②该房屋虽不能用于经营,但仍可作为住宅使用;③租期未至,艺善坊退租解约应承担违约责任。

问题一:艺善坊是否有权解除租赁合同?

问题二:艺善坊退租解约应否承担违约责任?

二、法律知识点

(一) 租赁合同的特征

租赁合同是出租人将租赁物交付承租人使用、收益,承租人支付租金的合同。提供物的一方为出租人,使用出租物并支付租金的一方为承租人。租赁合同有几大显著特征:不同于转移财产所有权的买卖合同,租赁合同是转移财产使用权的合同;其客体必须是有体物、特定物和非消耗物,否则无法实现租期届满返还原物;在一定程度上可以突破合同的相对性对抗第三人;最长期限为二十年,超过二十年的部分无效,租赁期限届满,当事人可以续订租赁合同,但约定的租赁期限自续订之日起不得超过二十年。

(二) 租赁合同的法律效力

1. 出租人的主要权利、义务

(1) 交付租赁物

《中华人民共和国民法典》第七百零八条规定,出租人应当按照约定将租赁物交付承租人,并在租赁期限内保持租赁物符合约定的用途。出租人须交付符合约定使用目的的租赁物,移转占有租赁标的物于承租人[1]。出租人对租赁物负有物的效用的瑕疵担保责任,司法实践中通常将物的公法限制认定为物的瑕疵,比如租赁房屋为办公之用,但其后得知该房屋只能用于居住,无法获得营业执照,即认为标的物存在瑕疵[2]。

(2) 修缮租赁物

租赁期内租赁物本身出现了问题,承租人可以要求出租人维修,出租人如不能及时维修,承租人可以自行维修,并要求出租人负担维修费用。

(3) 收取租金

(4) 特殊情况下解除合同

①承租人无正当理由未支付或迟延支付租金的,出租人可以请求承租人在合理期限内支付;逾期不支付的,出租人可以解除合同。

创新创业与法律

[1] 龙卫球. 中华人民共和国民法典合同编释义 [M]. 北京:中国法制出版社,2020:595.
[2] 黄薇. 中华人民共和国民法典合同编解读 [M]. 北京:中国法制出版社,2020:804.

②当事人对租赁期限没有约定或约定不明确的，可以协议补充；不能达成补充协议的，按合同相关条款或交易习惯仍不能确定的，视为不定期租赁；出租人和承租人均可随时解除合同，但应在合理期限之前通知对方。

③承租人未经出租人同意转租的，出租人可以解除合同。

④承租人未按约定的方法或未根据租赁物的性质使用租赁物，致使租赁物受损的，出租人可以解除合同并请求赔偿损失。

2. 承租人的主要权利、义务

（1）支付租金

一般情况下，出租人和承租人会对支付租金的期限进行约定，无约定的可以事后协商，协商不成可以按交易习惯确定缴纳租金的期限。还不能确定的，租赁期限不满一年的，应在租赁期限届满时支付；租赁期限一年以上的，应在每届满一年时支付，剩余期限不满一年的，应在租赁期限届满时支付。承租人无正当理由拒绝支付租金，出租人即获得解除合同的权利。

（2）依约使用租赁物

承租人应按约定的方法使用租赁物，对租赁物的使用方法没有约定或约定不明确应首先协商，协商不成的按交易习惯确定租赁物的使用方法。还不能确定的，应根据租赁物的性质使用。承租人按约定的方法或根据租赁物的性质使用租赁物，致其损耗的，不承担赔偿责任。因为租赁合同允许承租人对标的物予以使用和收益，正常使用标的物不可避免地会造成一定损耗，若要求对此承担赔偿责任，未免过苛[1]。但承租人未按约定的方法或未根据租赁物的性质使用租赁物致损的，具有可责难性，出租人可以解除合同并请求赔偿损失。

（3）租赁期限届满返还租赁物

租赁期限届满，承租人应返还租赁物，且应符合按约定或根据租赁物的性质使用后的状态。

（4）对租赁物使用收益

承租人订立租赁合同最主要的目的是以较少的租金成本实现对他人之物的占有、使用和收益，以实现特定的消费或生产目的。如为从事生产经营租赁商铺或机械设备、为生活所需租赁房屋等。如无特殊约定，租赁期内因占有、使用租赁物获得的收益归承租人所有。

（5）对抗新的所有权人

《中华人民共和国民法典》第七百二十五条明确了买卖不破租赁规则，即在租赁期限内，租赁物的所有权人因法律的规定或合同的约定而变更时，承租人享有依据租赁合同的约定继续占有、使用租赁物的权利，同时向新的所有权人支付租金等，直至租赁合同约定的租赁期限届满或租赁合同因法律规定的、合同约定的条件成就而解除。但买卖不破租赁原则也有例外，根据《最高人民法院关于审理城镇房屋租赁合同纠纷案件具体应用法律若干问题的解释》第十四条的规定，如果租赁房屋在

---

[1]　龙卫球. 中华人民共和国民法典合同编释义［M］. 北京：中国法制出版社，2020：596.

出租前已设立抵押权，因抵押权人实现抵押权发生所有权变动的；或者房屋在出租前已被人民法院依法查封的，租赁房屋在租赁期间发生所有权变动，承租人请求房屋受让人继续履行原租赁合同的，人民法院不予支持。

（6）请求减少租金

承租人在特殊情况下可以请求较少租金：因不可归责于承租人的事由，租赁物损毁、灭失的；因第三人主张权利，致使承租人不能对出租物使用、收益的；出租人提供的租赁物不符合约定或妨碍承租人使用收益的；因维修出租物而影响承租人使用、收益的，但承租人自身原因引起的使用、收益受限制不能请求减少租金[1]。

（7）解除合同

承租人在特殊情况下可以解除合同：租赁物被司法机关或行政机关依法查封、扣押，权属有争议，具有违反法律、行政法规关于使用条件的强制性规定情形，且上述情况不是承租人造成的；未约定租赁期限的；租赁物危及承租人的安全或健康的，即使承租人订立合同时明知该租赁物质量不合格；因不可归责于承租人的事由，导致租赁物部分或全部毁损、灭失或无法使用，致使不能实现合同目的的。

三、案例分析

问题一：艺善坊是否有权解除租赁合同？

《中华人民共和国民法典》第五百六十三条第一款规定因不可抗力致使不能实现合同目的，当事人可以解除合同。第七百零八条规定出租人应当按照约定将租赁物交付承租人，并在租赁期限内保持租赁物符合约定的用途。

本案例中政府突然出台民用房屋不可用于营业的规定属于不可归责于当事人的，在签订合同时不能预见、不能避免且不能克服的客观情况。艺善坊与曹某签订房屋租赁合同中明确约定曹某将 A 房屋出租给艺善坊经营使用，则曹某应在租赁期间内保持租赁物符合约定用途，但政府政策的出台使得房屋无法用于经营，即合同的目的根本不能实现。

不考虑曹某对不可抗力情况出现是否有过错，艺善坊均有权以不可抗力致使不能实现合同目的为由解除合同。

问题二：艺善坊退租解约应否承担违约责任？

《中华人民共和国民法典》第五百九十条第一款规定，当事人一方因不可抗力不能履行合同的，根据不可抗力的影响，部分或者全部免除责任，但是法律另有规定的除外。因不可抗力不能履行合同的，应当及时通知对方，以减轻可能给对方造成的损失，并应当在合理期限内提供证明。

本案例中，虽租期未至，艺善坊退租解约，但解约的原因在于政策改变这种不可抗力，应根据不可抗力的影响，部分或全部免除艺善坊的责任。

---

[1] 李永军. 合同法［M］. 5 版. 北京：中国人民大学出版社，2020：328.

四、相关建议

房屋租赁合同是大学生创业不可回避的一种合同类型，应注意以下几点：

（1）慎重选择出租人。承租人在选择租赁企业或经纪机构租赁住房时，应查看其营业执照、相关资质并通过网络平台了解投诉纠纷情况。

（2）查验房屋相关凭证。为避免租赁到不具备不动产权证或其他合法权属证明的房屋，承租人应仔细查看建设工程规划许可证、房屋不动产权证及其他权属凭证信息，通过各地住建局官网进行房源核验。

（3）选择较短支付周期。支付房租时，避免一次性支付较大额度房租，尽量选择季付或月付，不选择半年付、一年付或一次性付清。

（4）向约定账户转账、保留支付凭证等证据。承租人应向合同约定的企业账户或个人账户支付房租。支付房租和押金时，切勿向约定账户以外的账户支付房租。转账时备注"缴纳某年某月房租"，保留转账凭证。现金支付应要求收款方出具收据。

五、模拟与实战训练

2020年8月20日，"爱鞋之家"与世纪大学城商厦签订《商铺租赁合同》，约定：2020年9月1日起"爱鞋之家"承租世纪大学城5号商铺，建筑面积60平方米，租期三年，租金10 000元/月。双方依约履行了合同义务。2020年10月1日，隔壁商铺发生火灾事故，消防大队采取了强制措施，物业公司据此封闭了受灾商铺附近的十个店面，导致"爱鞋之家"自10月1日起无法按合同约定使用其租赁的商铺。"爱鞋之家"认为火灾事故为不可抗力，且该事故导致承租商铺无法使用，致使无法实现合同目的，故请求自2020年10月1日起解除租赁合同，并请求世纪大学城商厦退还已支付的租金和押金、赔偿房屋装修费。商厦则认为商铺关闭中自身非过错方，且合同尚未到期，不同意解除合同。

问题："爱鞋之家"能否解除租赁合同？

第四章
企业运营阶段法律问题（二）

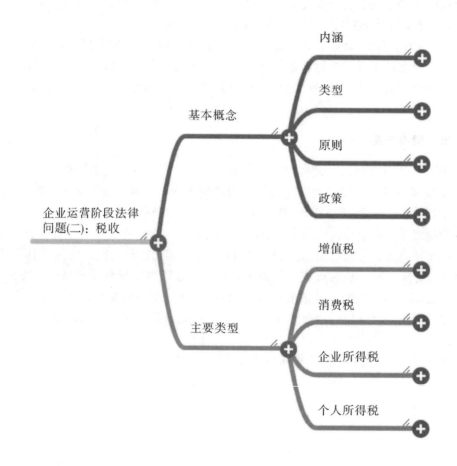

第一节 创新创业企业的税收问题

一、案例一：创业初环节，节税有方法

葛强、冯君、王丽丽三人组团参加了某市"青春创想"大学生创业大赛并获得了第一名。三人决定将参赛项目付诸实践，成立"艺善坊文化创意公司"（以下简称"艺善坊公司"），公司将为本省当地非遗项目、支柱性农产品等提供持续性品牌策略、形象设计和营销推广支持。葛强决定将自己名下的房产作为办公场所作价 45 万元投入，冯君投入设备作价 5 万元，王丽丽投入其他作价 18 万元，共计 68 万元。公司成立于 2020 年 1 月，根据公司章程规定，三位股东首次出资合计 10 万元，其余部分在公司成立之日起一年内缴清。公司预计 2020 年度可实现会计利润（假设等于应纳税所得额）100 万元。

问题一：艺善坊公司在创业环节的纳税筹划方式有哪些？

问题二：艺善坊公司三位股东应如何出资才能实现股东税负最低？若一年后，三位股东仍未能履行足额缴纳的出资义务，对税务处理有何影响？

二、法律知识点

（一）创新创业时期的税收制度概述

1. 创新创业时期税收与税法的内涵

正如现代管理学之父彼得·德鲁克（Peter F. Drucker）所言："真正重大的创新，每成功 1 个，就有 99 个失败，还有 99 个闻所未闻。"创新是创业的基础和前提，创业是创新成果的载体和呈现。创新创业企业在创新基础上进行创业活动，在创业活动过程中不断对现有资源进行优化配置，以实现创新的更新与升级，面临着比传统创业更高的风险。创新创业新时代对国家机关依据税法的税收征纳活动与税收执法能力提出了更高的要求，税收与税法也因此在创新创业时代具备了更为丰富的内涵。

税收是国家为行使其职能、满足社会公共需要，凭借公共权力，按照法律所规定的标准和程序，参与国民收入分配，强制、无偿且固定地取得财政收入的一种方式。税法是指有权的国家机关制定的有关调整税收分配过程中形成的权利义务关系的法律规范的总和。税法是税收机关征税和纳税人据以纳税的法律依据。税法包括税收法令、条例、税则、施行细则、征收办法及其他有关税收的规定，由国家立法机关制定颁布，或由国家立法机关授权国家机关制定公布。一般说来，主要的税收法规，由全国人民代表大会审议通过，公布施行；各税条例（草案）和征收办法，由国务会议审议通过，公布施行；税法实施细则，由财政部根据税收基本法规做出解释和详细规定；有关地方各税的征免和各税具体稽征管理制度，一般由省级人大常委会或省级人民政府规定。税法由纳税人、征税对象、税目、税率、纳税环节、纳税期限、减免税和违章处理八个要素构成。

从特征上看，税收具有强制性、无偿性与固定性。为满足社会成员获得公共产品的需要，国家凭借公共权力进行征税，对双方权利（权力）义务进行制约。征收的税款纳入国家财政预算，由财政统一分配，为社会全体成员包括具体纳税人提供社会需要的公共产品和公共服务，但不直接向个体纳税人返还或支付报酬。税收的固定性表现为国家征税预先规定了统一的征税标准，例如纳税人、征税对象、税率、纳税期限、纳税地点等标准一经确定，在一定时间内相对稳定。

从调整对象上看，税收调整经济学范畴中的税收分配关系，税法调整在税收分配过程中形成的权利义务关系。税法从法律上设定国家与纳税人可以、应当与不可为的行为，是实现税收分配关系的手段。

创新创业时期，国家对基于税法基本原则制定的法律、行政法规、政策性文件的合法合规性提出了更高的要求。国家税务总局在其发布的《2019年法治政府建设情况报告》中明确指出，以习近平新时代中国特色社会主义思想为指导，全面贯彻落实党的十九大和十九届二中、三中、四中全会精神，深入学习贯彻习近平总书记全面依法治国新理念新思想新战略和习近平总书记关于税收工作的重要论述，按照党中央、国务院决策部署，加快落实《法治政府建设实施纲要（2015—2020年）》，全面推进依法治税，为推进税收治理体系和治理能力现代化提供坚实的法治保障。国家税务总局按照党中央、国务院关于进一步加大减税降费力度的决策部署全面落实税收优惠，于2018年落实个人所得税第一步改革、降低增值税税率、对国家重点鼓励的部分行业实施一次性留抵退税、放宽享受减半征收企业所得税优惠的小型微利企业标准、提高出口退税率等一系列减税政策[1]，为双创的实施落地培育优质土壤。2019年，国家税务总局开展了更大规模的减税降费，通过修订税务部门规章、提升规范性文件质量、健全税务监管体系、改善税收营商环境等各项措施[2]，不断优化创新创业实施的外部环境，进一步推动创新创业企业的发展。

2. 税法的基本原则

除了适用法律普遍遵从的法律优位、法不溯及既往、新法优于旧法、特别法优于普通法、程序法优于实体法的基本原则外，税法还有其独有的基本原则。税法的基本原则是贯穿税收立法、执法、司法等全过程的具有普遍指导意义的法律准则，是一定社会经济关系在税收法制中的体现，是国家税收法治的理论基础。通常认为，税法的基本原则有税收法定原则、税收公平原则、税收合作信赖原则与实质课税原则。

（1）税收法定原则

税收法定原则是指税法主体的权利义务必须由法律加以规定；税法的各个构成要素必须且只能由法律予以明确规定；征纳主体的权力（利）义务只以法律规定为依据，没有法律依据，任何主体不得征税或减免税收。税收法定原则要求课税依据法律的授权进行，超越法律规定的课征违法且无效，纳税人须依法纳税。税收法定原则可概括为课税要素法定、课税要素明确和依法稽征三个具体原则。

（2）税收公平原则

税收公平原则是指税收负担必须根据纳税人的负担能力分配。负担能力相等，税负相同；负担能力不等，税负不同。若纳税人的负担能力相等，则以其获得收入的能力确定负担能力的基本标准，当收入指标不完备时，财产或消费水平可作为补充指标；当纳税人的负担能力不等时，应当根据其从政府活动中期望得到的利益大小缴税或使社会牺牲最小[3]。

---

[1] 参见：国家税务总局《2018年法治政府建设情况报告》。

[2] 参见：国家税务总局《2019年法治政府建设情况报告》。

[3] 税收公平既包括法律上的税收公平与经济上的税收公平，也包括实体上的税收公平与程序上的税收公平。例如《中华人民共和国个人所得税法》中规定，对劳务报酬所得畸高的，实行加成征收的规定，对所得高的提高税负，量能课征，体现了税法基本原则中的税收公平原则。

（3）税收合作信赖原则

税收合作信赖原则也称公众信任原则，是指税收法律关系主体间一种相互合作、相互信赖的关系，而非对抗性的关系。纳税人应按照税务机关的决定及时缴纳税款，税务机关有责任向纳税人提供完整的税收信息资料，征纳双方应建立起密切的税收信息联系和沟通渠道。没有充足的依据，税务机关不能对纳税人是否依法纳税有所怀疑，纳税人也应信赖税务机关的决定是公正和准确的。税务机关做出的行政解释和事先裁定，可以作为纳税人缴税的根据，当这种解释或裁定存在错误时，纳税人并不承担法律责任，纳税人因此而少缴的税款也不必缴纳滞纳金。税收合作信赖原则与税收法定原则存在一定的冲突，因此，许多国家的税法在适用这一原则时都做了一定的限制。

（4）实质课税原则

实质课税原则是指应当依据纳税人真实负担能力决定其税负，不能仅考核其表面是否符合课税要件。纳税人是否满足课税要件，其外在形式与内在真实之间往往会因一些客观因素或纳税人的刻意伪装而产生差异，实质课税原则有利于防止纳税人避税与偷税，增强税法适用的公正性。

3. 创新创业时期的税收类型

改革开放 40 多年来，经过几次较大的改革，我国税收制度日趋完善。改革开放初期的税制改革是以适应对外开放需要，建立涉外税收制度为突破口的。1983 年、1984 年又先后分两步实施国有企业"利改税"改革，把国家与企业的分配关系以税收的形式固定下来。1994 年，国家实施了新中国成立以来规模最大、范围最广、成效最显著、影响最深远的一次税制改革。这次改革围绕建立社会主义市场经济体制的目标，积极构建适应社会主义市场经济体制要求的税制体系。2003 年以来，按照科学发展观的要求，围绕完善社会主义市场经济体制和全面建设小康社会的目标，分步实施了改革农村税费，完善货物和劳务税制、所得税制、财产税制等一系列税制改革和出口退税机制改革。

几经变革，目前我国正在实施的税共有五大类 18 种税。第一类所得税有企业所得税、个人所得税。第二类流转税有增值税、消费税、关税。第三类财产税有房产税、契税、车船税。第四类行为目的税有船舶吨税、印花税、城市维护建设税、车辆购置税、耕地占用税、土地增值税、环境保护税。第五类资源税有资源税、城镇土地使用税、烟叶税。其中，关税，船舶吨税以及进口货物的增值税、消费税由海关部门代征。

（1）企业所得税

在中国境内的一切企业和其他取得收入的组织（不包括个人独资企业、合伙企业）为企业所得税纳税人。企业所得税以企业每一纳税年度的收入总额，减除不征税收入、免税收入、各项扣除以及允许弥补的以前年度亏损后的余额，为应纳税所得额。企业所得税按纳税年度计算，纳税年度自公历 1 月 1 日起至 12 月 31 日止。企业所得税实行按月或按季预缴、年终汇算清缴、多退少补的征收办法，即企业应当自月份或者季度终了之日起 15 日内，向税务机关报送预缴企业所得税纳税申报表，预缴税款。企业应当自年度终了之日起 5 个月内，向税务机关报送年度企业所得税纳税申报表，并汇算清缴，结清应缴应退税款。

（2）个人所得税

个人所得税以个人取得的各项应税所得（包括个人取得的工资、薪金所得，个体工商户的生产、经营所得等 11 个应税项目）为对象征收。除工资、薪金所得适用 3%~45% 的 7 级超额累进税率，个体工商户（个人独资企业和合伙企业投资者比照执行）的生产、经营所得和对企事业单位的承包经营、承租经营所得适用 5%~35% 的 5 级超额累进税率外，其余各项所得均适用 20% 的比例税率。自 2018 年 10 月 1 日起，工资、薪金所得基本减除费用标准从 3 500 元提高到每月 5 000 元，取消了外籍个人等特定人员 1 300 元的附加减除费用标准，并按新的税率表计算纳税。2019 年 1 月 1 日起劳务报酬、稿酬、特许权使用费三项所得与工资、薪金合并起来计算纳税，并实行专项附加扣除。扣缴义务人每月所扣和自行申报纳税人每月应纳的税款，在次月 15 日内缴入国库；个体工商户生产、经营所得应纳的税款，按年计算，分月预缴，年度终了后 3 个月内汇算清缴，多退少补；对企事业单位承包经营、承租经营所得应纳的税款，按年计算，年度终了后 30 日内缴入国库；从中国境外取得所得的，在年度终了后 30 日内，将应纳的税款缴入国库。

（3）增值税

对在我国境内销售货物或者提供加工、修理修配劳务和进口货物的单位和个人，以及在我国境内提供应税劳务、转让无形资产和销售不动产的单位和个人征收。应税劳务包括交通运输业、建筑业、金融保险业等 7 个税目。增值税纳税人分为一般纳税人和小规模纳税人。对一般纳税人，就其销售（或进口）货物或者提供加工、修理修配劳务的增加值征收。应税劳务或应税行为按照营业额或转让额、销售额依法定的税率计算缴纳。对小规模纳税人，实行简易办法计算应纳税额。增值税的纳税期限一般为 1 个月。另外，根据纳税人应纳增值税额的大小，还有 1 日、3 日、5 日、10 日、15 日、1 个季度六种应纳税期限，其中 1 个季度的规定仅适用于小规模纳税人。纳税人应在次月的 1 日至 15 日的征期内申报纳税，不能按照固定期限纳税的，可以按次纳税。

（4）消费税

对在我国境内生产、委托加工和进口应税消费品的单位和个人征收。现行消费税法的征税范围包括烟、酒和酒精、化妆品、贵重首饰和珠宝玉石等 15 个税目。消费税根据税法确定的税目，按照应税消费品的销售额、销售数量分别实行从价定率或从量定额的办法计算应纳税额。消费税的纳税期限与增值税的纳税期限相同。

（5）资源税

对在我国境内开采各种应税自然资源的单位和个人征收。征税范围包括能源矿产、金属矿产、水气矿产、盐四大类。资源税采用从价定率和从量定额的方法征收。资源税其他税目因资源的种类、区位不同，税额标准也不同。

（6）城镇土地使用税

以在城市、县城、建制镇和工矿区范围内的土地为征税对象，以实际占用的土地面积为计税依据，按规定税额对使用土地的单位和个人征收。其税额标准依大城市、中等城市、小城市和县城、建制镇、工矿区分别确定，在每平方米 0.6~30 元。城镇土地使用税按年计算、分期缴纳，具体纳税期限由各省、自治区、直辖市人民政府根据当地的实际情况确定。

（7）房产税

以城市、县城、建制镇和工矿区范围内的房屋为征税对象，按房产余值或租金收入为计税依据，纳税人包括产权所有人、房屋的经营管理单位（房屋产权为全民所有）、承典人、代管人、使用人。其税率分为从价计征和从租计征两种。按照房产余值计算应纳税额的，适用税率为 1.2%；按照房产租金收入计算应纳税额的，适用税率为 12%，但个人按市场价格出租的居民住房，部分用途减按 4% 的征收率征收。房产税按年征收、分期缴纳。自 2009 年 1 月 1 日起，外商投资企业、外国企业和组织以及外籍个人（包括港澳台资企业和组织以及华侨、港澳台同胞）依照《中华人民共和国房产税暂行条例》缴纳房产税。

（8）城市维护建设税

对缴纳增值税、消费税、营业税的单位和个人征收。它以纳税人实际缴纳的增值税、消费税、营业税为计税依据，区别纳税人所在地的不同，分别按 7%（在市区）、5%（在县城、镇）和 1%（不在市区、县城或镇）三档税率计算缴纳。城市维护建设税分别与增值税、消费税、营业税同时缴纳。

（9）耕地占用税

耕地占用税是对占用耕地建房或从事其他非农业建设的单位和个人征收的税种。耕地占用税施行地区差别定额税率。对占用耕地建房或者从事其他非农业建设的单位和个人，依其占用耕地的面积征收，其税额标准在每平方米 5~50 元。纳税人必须在经土地管理部门批准占用耕地之日起 30 日内缴纳耕地占用税。

（10）土地增值税

土地增值税是对转让土地使用权、地上的建筑物及其附着物并取得收入的单位和个人征收的税种。土地增值税以纳税人转让国有土地使用权、地上建筑物及其附着物所取得的增值额为征税对象，依照规定的税率征收。它实行 4 级超率累进税率，税率分别为 30%、40%、50%、60%。纳税人应当自转让房地产合同签订之日起 7 日内向房地产所在地主管税务机关办理纳税申报，并在税务机关核定的期限内缴纳土地增值税。由于涉及成本确定或其他原因，而无法据以计算土地增值税的，可以预征土地增值税，待项目全部竣工，办理结算后再进行清算，多退少补。

（11）车辆购置税

车辆购置税，是对购置汽车、有轨电车、汽车和挂车、排气量超过 150 毫升的摩托车征收的税种。车辆购置税实行从价定率的方法计算应纳税额，税率为 10%。计税价格为纳税人购置应税车辆而支付给销售者的全部价款和价外费用（不包括增值税）；国家税务总局参照应税车辆市场平均交易价格，规定不同类型应税车辆的最低计税价格。纳税人购置应税车辆的，应当自购置之日起 60 日内申报纳税并一次缴清税款。

143

（12）车船税

车船税是指对在中国境内管理部门办理登记的车辆、船舶征收的一种财产税。车船税以在我国境内依法应当到车船管理部门登记的车辆、船舶为征税对象，向车辆、船舶的所有人或管理人征收。分为乘用车、商用客车、商用货车等六大税目。各税目的年税额标准在每辆 36~5 400 元不等，或自重（净吨位）每吨 3~60 元，游艇为艇身长度每米 600~2 000 元。车船税按年申报缴纳。

（13）印花税

对在经济活动和经济交往中书立、使用、领受税法规定的应税凭证的单位和个人征收。印花税根据应税凭证的性质，分别按合同金额依比例税率或者按件定额计算应纳税额。比例税率有 1‰、0.5‰、0.3‰ 和 0.05‰ 四档，比如购销合同按购销金额的 0.3‰ 贴花，加工承揽合同按加工或承揽收入的 0.5‰ 贴花，财产租赁合同按租赁金额的 1‰ 贴花，借款合同按借款金额的 0.05‰ 贴花等；权利、许可证等按件贴花 5 元。印花税实行由纳税人根据规定自行计算应纳税额，购买并一次贴足印花税票的办法缴纳。股权转让书据按其书立时证券市场当日实际成交价格计算的金额，由立据双方当事人分别按 3‰ 的税率缴纳印花税（证券交易印花税）。

（14）契税

契税是对土地、房屋权属转移时向承受者征收的税种。以出让、转让、买卖、赠与、交换发生权属转移的土地、房屋为征税对象，承受的单位和个人为纳税人。出让、转让、买卖土地、房屋的税基为成交价格，赠与土地、房屋的税基由征收机关核定，交换土地、房屋的税基为交换价格的差额。税率为 3% 至 5%。纳税人应当自纳税义务发生之日起 10 日内办理纳税申报，并在契税征收机关核定的期限内缴纳税款。

（15）烟叶税

烟叶税是对我国境内收购晾晒烟叶、烤烟叶的单位征收的税种。按照收购烟叶的金额适用比例税率 20%。纳税人应当自纳税义务发生之日起 30 日内申报纳税。具体纳税期限由主管税务机关核定。

（16）环境保护税

环境保护税是对在中国领域内和中国管辖的其他海域排放应税污染物征收的税种。环境保护税法的征税范围为应税污染物，包括大气污染物、水污染物、固体废物和噪声四种税目。环境保护税法的纳税人是在我国领域和我国辖区的其他海域，直接向环境排放应税污染物的企事业单位和其他生产经营者。

（17）关税

关税是对进出口关境的货物与物品征收的一种税。我国进口关税的法定税率包括最惠国税率、协定税率、特惠税率和普通税率。不同种类物品适用的关税税率不同，可在中国海关官网等网站进行查询。

（18）船舶吨税

船舶吨税简称吨税，是海关对自境外港口进入境内港口的船舶所征收的一种税。吨税按照船舶净吨位和吨税执照期限征收。船舶吨税分 1 年期缴纳、90 天期缴纳与

30 天期缴纳三种，由应税船舶负责人或其代理人自行选择。需要说明的是，尽管中国税法规定有上述税种（含关税和船舶吨税），但并不是每个纳税人都要缴纳所有的税种。纳税人只有发生了税法规定的应税行为，才需要缴纳相应的税收，如果没有发生这些应税行为，就不需要缴纳相应的税收。

4. 创新创业时期的税收优惠政策

为落实《法治政府建设实施纲要（2015—2020 年）》，全面推进依法治税，税务部门陆续推出了系列税收优惠政策与指引。

2016 年，促进创新的优惠政策新增减税约 800 亿元；全年高新技术企业新增 2.5 万家，累计达 10.4 万家[1]。

2017 年，《"大众创业 万众创新"税收优惠政策指引》针对创业创新的主要环节和关键领域推出 77 项税收优惠政策，为"双创"企业降低办税成本，为其更好地享受税收政策红利提供助力。

2019 年，财政部、税务总局发布了《关于实施小微企业普惠性税收减免政策的通知》（财税〔2019〕13 号），国家税务总局发布了《关于实施小型微利企业普惠性所得税减免政策有关问题的公告》（2019 年第 2 号）、《关于修订〈中华人民共和国企业所得税月（季）度预缴纳税申报表（A 类，2018 年版）〉等部分表单样式及填报说明的公告》（2019 年第 3 号）、《关于小规模纳税人免征增值税政策有关征管问题的公告》（2019 年第 4 号）、《关于增值税小规模纳税人地方税种和相关附加减征政策有关征管问题的公告》（2019 年第 5 号）等有关配套文件，明确了若干征管事项。

2021 年，国家税务总局印发《研发费用税前加计扣除新政指引》，按照现行研发费用加计扣除新政策规定，除房地产、烟草、住宿餐饮、批发零售、娱乐业等行业外，其他企业发生的研发费用，在据实扣除的基础上，都可以按 75% 的比例在税前加计扣除。从 2021 年 1 月 1 日起，制造业企业研发费用加计扣除比例由 75% 提高到 100%，引导制造业企业更多地投入研发活动，进一步提升企业创新的积极性[2]。

（二）增值税

增值税是以商品（含应税劳务）在流转过程中产生的增值额作为计税依据而征收的一种流转税。从计税原理上说，增值税是对商品生产、流通、劳务服务中多个环节的新增价值或商品的附加值征收的一种流转税。增值税实行价外税，也就是由消费者负担，有增值才征税，没增值不征税。

1. 增值税征收范围

增值税的征收范围包括销售进口有形动产货物（包括电力热力气体）、劳务加工和修理修配劳务（对象为有形动产）服务、交通运输服务、邮政服务、电信服务、建筑服务、金融服务、现代服务、生活服务、销售无形资产（包括转让无形资产所

---

[1] 国家税务总局. 小微企业两年减税额超过二千亿元［EB/OL］. (2017-04-13)［2021-05-01］. http://www.chinanews.com/cj/2017/04-13/8198517.shtml.

[2] 国家税务总局. 新华财经：研发费用加计扣除比例提升 撬动企业创新积极性［EB/OL］. (2021-05-28)［20021-05-20］. http://www.chinatax.gov.cn/chinatax/n810219/n810780/c5164716/content.html.

有权或使用权）等。

属于征税范围的特殊项目有：①货物期货（包括商品期货和贵金属期货）应当缴纳增值税，在期货的实物交割环节纳税。②银行销售金银的业务应当缴纳增值税。③典当业的死当物品销售业务和寄售业代委托人销售寄售物品的业务均应缴纳增值税。④电力公司向发电企业收取的过网费应当缴纳增值税。

属于征税范围的特殊行为有：

（1）视同销售货物的行为

单位或个体经营者的下列行为，视同销售货物，缴纳增值税。

①将货物交付其他单位或个人代销。

②销售代销货物。

③设有两个以上机构并实行统一核算的纳税人，将货物从一个机构移送到其他机构用于销售，但相关机构设在同一县（市）的除外。

④将自产或委托加工的货物用于非增值税应税项目。

⑤将自产或委托加工的货物用于集体福利或个人消费。

⑥将自产、委托加工或购买的货物作为投资，提供给其他单位或个体工商户。

⑦将自产、委托加工或购买的货物分配给股东或投资者。

⑧将自产、委托加工或购买的货物无偿赠送给其他单位或个人。

（2）视同销售服务、无形资产或者不动产的情形

①单位或者个体工商户向其他单位或者个人无偿提供服务，但用于公益事业或者以社会公众为对象的除外。

②单位或者个人向其他单位或者个人无偿转让无形资产或者不动产，但用于公益事业或者以社会公众为对象的除外。

③财政部和国家税务总局规定的其他情形。

（3）混合销售行为

（4）兼营行为

不征收增值税项目有：

（1）根据国家指令无偿提供的铁路运输服务、航空运输服务，属于《营业税改征增值税试点实施办法》第十四条规定的用于公益事业的服务。

（2）存款利息。

（3）被保险人获得的保险赔付。

（4）房地产主管部门或其指定机构、公积金管理中心、开发企业以及物业管理单位。

2. 纳税人

增值税纳税人分为小规模纳税人和一般纳税人两类。

（1）小规模纳税人是指年销售额在规定标准以下，并且会计核算不健全，不能按规定报送有关税务资料的增值税纳税人。会计核算不健全是指不能够按照国家统一会计制度的规定设置账簿，也不能够根据合法、有效凭证核算增值税的销项税额、进项税额和应纳税额。小规模纳税人标准：

①自 2018 年 5 月 1 日起，增值税小规模纳税人标准统一为年应征增值税销售额 500 万元及以下。

②年应税销售额超过小规模纳税人标准的其他个人（指自然人）按小规模纳税人纳税（不属于一般纳税人）。

③对于原增值税纳税人，超过小规模纳税人标准的非企业性单位、不经常发生应税行为的企业，可选择按小规模纳税人纳税；对于营改增试点纳税人，年应税销售额超过小规模纳税人标准但不经常发生应税行为的单位和个体工商户，可选择按照小规模纳税人纳税。纳税人年应税销售额超过财政部、国家税务总局规定标准，且符合有关政策规定，选择按小规模纳税人纳税的，应当向主管税务机关提交书面说明。

小规模纳税人实行简易计税方法，不能自行领购和使用增值税专用发票，也不得抵扣进项税额。但对那些能认真履行纳税义务的小规模企业，经县（市）税务局批准，其销售货物、加工修理修配劳务、服务、无形资产或不动产可以由税务机关代开增值税专用发票（代开的增值税专用发票的税率一般情况下为 3%，特殊情况下为 5% 等）。2019 年 3 月 1 日起，小规模纳税人自行开具增值税专用发票试点范围由住宿业，鉴证咨询业，建筑业，工业，信息传输、软件和信息技术服务业，扩大至租赁和商务服务业，科学研究和技术服务业，居民服务、修理和其他服务业，以上 8 个行业小规模纳税人发生增值税应税行为，需要开具增值税专用发票的，可以自愿使用增值税发票管理系统自行开具。

符合增值税一般纳税人条件的纳税人应当向主管税务机关办理资格登记，以取得法定资格；未办理一般纳税人登记手续的，应按销售额依照增值税税率计算应纳税额，不得抵扣进项税，也不得使用增值税专用发票。经税务机关审核登记的一般纳税人，可按规定领购和使用增值税专用发票，按《中华人民共和国增值税暂行条例》规定计算缴纳增值税。

（2）一般纳税人的标准

自 2018 年 5 月 1 日起，增值税纳税人（简称"纳税人"）年应税销售额（销售货物、劳务、服务、无形资产、不动产年应征增值税销售额之和）超过财政部、国家税务总局规定的小规模纳税人标准（自 2018 年 5 月 1 日起，小规模纳税人标准为 500 万元及以下）的，除税法另有规定外，应当向其机构所在地主管税务机关办理一般纳税人登记。其中年应税销售额是指纳税人在连续不超过 12 个月或 4 个季度的经营期内累计应征增值税销售额。

3. 增值税税率与征收率

增值税税率表、按照简易办法征税的征收率以及购进农产品进项税额扣除率见表 4-1、表 4-2、表 4-3。

147

表 4-1　增值税税率

	增值税应税项目	税率/%
基本税率	销售或者进口货物（使用9%低税率的除外）、提供加工修理修配劳务、销售有形动产租赁服务	13
低税率	销售或者进口：粮食等农产品、食用植物油、食用盐；自来水、暖气、冷气、热水、煤气、石油液化气、天然气、二甲醚、沼气、居民用煤炭制品；图书、报纸、杂志、像制品、电子出版物；饲料、化肥、农药、农机、农膜；国务院规定的其他货物	9
	交通运输服务、邮政服务、基础电信服务、建筑服务、不动产租赁服务，销售不动产、转让土地使用权	9
	增值电信服务、金融服务、研发技术服务、信息技术服务、文化创意服务、物流辅助服务、签证咨询服务、广播影视服务、商务辅助服务、其他现代服务、文化体育服务、教育医疗服务、旅游娱乐服务、餐饮住宿服务、居民日常服务、其他生活服务；转让技术、商标、著作权、商誉、自然资源和其他权益性无形资产使用权或所有权	6
零税率	（1）出口货物或劳务 （2）销售下列服务或无形资产（跨境应税行为）：国际运输服务、航天运输服务；向境外单位提供的完全在境外消费的研发服务、合同能源管理服务、设计服务、广播影视节目（作品）的制作与发行服务；软件服务；电路设计及测试服务；信息系统服务；业务流程管理服务；离岸服务外包业务、转让技术；财政部和国家税务总局规定的其他服务	0

表 4-2　按照简易办法征税的征收率

	简易计税	征税率
小规模纳税人以及允许适用简易计税方式计税的一般纳税人	小规模纳税人销售货物或者加工、修理修配劳务，销售应税服务、无形资产：一般纳税人发生按规定适用或者可以选择适用简易计税方法计税的特定应税行为，但适用5%征收率的除外	3%
	销售不动产：符合条件的经营租赁不动产（土地使用权）；转让营改增前取得的土地使用权；房地产开发企业销售、出租自行开发的房地产老项目；符合条件的不动产融资租赁；选择差额纳税的劳务派遣、安全保护服务；一般纳税人提供人力资源外包服务	5%
	个人出租住房，按照5%的征收率减按1.5%计算应纳税额	5%减按1.5%
	纳税人销售旧货：小规模纳税人（不含其他个人）以及符合规定情形的一般纳税人销售自己使用过的固定资产，可依3%征收率减按2%征收增值税	3%减按2%

表 4-3　购进农产品进项税额扣除率

	购进农产品进项税额扣除率	扣除率/%
一般纳税人	对增值税一般纳税人购进农产品，原适用 10% 扣除率的，扣除率调整为 9%	9
	对增值税一般纳税人购进用于生产或者委托加工 13% 税率货物的农产品，按照 10% 扣除率计算进项税额	10

（三）消费税

消费税是对特定的消费品及消费行为征收的一种税。在我国，消费税是对我国境内从事生产、委托加工和进口应税消费品（属于应当征收消费税的消费品，以下简称"应税消费品"）的单位和个人，就其销售额或销售数量，在特定环节征收的一种税。

凡中华人民共和国境内生产、委托加工和进口《中华人民共和国消费税暂行条例》规定的应税消费品的单位和个人，以及国务院确定的销售（批发或零售）《中华人民共和国消费税暂行条例》规定的某些应税消费品的单位和个人，均为消费税纳税义务人。其中境内是指生产、委托加工和进口应税消费品的起运地或所在地在境内；单位是指企业、行政单位、事业单位、军事单位、社会团体及其他单位；个人是指个体工商户以及其他个人。消费税税目税率（税额）表、消费税的纳税环节见表 4-4、表 4-5。

表 4-4　消费税税目税率（税额）

税目	税率
一、烟 1. 卷烟 （1）甲类卷烟（生产环节） （2）乙类卷烟（生产环节） （3）甲类卷烟和乙类卷烟（批发环节） 2. 雪茄烟（生产环节） 3. 烟丝（生产环节）	 56% 加 0.003 元/支（生产环节） 36% 加 0.003 元/支（生产环节） 11% 加 0.005 元/支（批发环节） 36%（生产环节） 30%（生产环节）
二、酒 1. 白酒（含粮食白酒和薯类白酒） 2. 黄酒 3. 啤酒 （1）甲类啤酒 （2）乙类啤酒 4. 其他酒	 20% 加 0.5 元/500 克（或 500 毫升） 240 元/吨 250 元/吨 220 元/吨 10%
三、高档化妆品	15%
四、贵重首饰及珠宝玉石 1. 金银首饰、铂金首饰和钻石及钻石饰品（零售环节） 2. 其他贵重首饰和珠宝玉石	 5%（零售环节） 10%

表4-4（续）

税目	税率
五、鞭炮、烟火	15%
六、成品油	
1. 汽油	1.52 元/升
2. 柴油	1.2 元/升
3. 航空煤油（暂缓征收）	1.2 元/升
4. 石脑油	1.52 元/升
5. 溶剂油	1.52 元/升
6. 润滑油	1.52 元/升
7. 燃料油	1.2 元/升
七、摩托车	
1. 汽缸容量（排气量，下同）为 250 毫升的	3%
2. 汽缸容量为 250 毫升以上的	10%
八、小汽车	
1. 乘用车	
（1）汽缸容量（排气量，下同）在 1.0 升（含）以下的	1%
（2）汽缸容量在 1.0 升至 1.5 升（含）的	3%
（3）汽缸容量在 1.5 升至 2.0 升（含）的	5%
（4）汽缸容量在 2.0 升至 2.5 升（含）的	9%
（5）汽缸容量在 2.5 升至 3.0 升（含）的	12%
（6）汽缸容量在 3.0 升至 4.0 升（含）的	25%
（7）汽缸容量在 4.0 升以上的	40%
2. 中轻型商用客车	5%
3. 超豪华小汽车（零售环节）	10%（零售环节），生产环节同乘用车和中轻型商用客车
九、高尔夫球及球具	10%
十、高档手表	20%
十一、游艇	10%
十二、木制一次性筷子	5%
十三、实木地板	5%
十四、电池	4%
十五、涂料	4%

表 4-5　消费税的纳税环节

项目	生产（出厂销售情形）、委托加工、进口	批发	零售
一般应税消费品	缴纳	不缴纳	不缴纳
金银首饰、钻石及钻石饰品、铂金首饰	不缴纳	不缴纳	缴纳

表4-5（续）

项目	生产（出厂销售情形）、委托加工、进口	批发	零售
超豪华小汽车	缴纳	不缴纳	缴纳
卷烟	缴纳（复合计征）	缴纳（复合计征）	不缴纳
增值税	缴纳	缴纳	缴纳

消费税的纳税环节主要有生产环节、委托加工环节、进口环节、批发环节（仅适用于卷烟）、零售环节（仅适用于超豪华小汽车、金银首饰等）。

（四）企业所得税

企业所得税是对我国境内的企业和其他取得收入的组织的生产经营所得和其他所得征收的一种直接税。其纳税义务人为在我国境内的企业和其他取得收入的组织，企业所得税是一种法人所得税制，仅对具有法人资格的公司制企业征收，企业在所得形成时缴纳企业所得税。个人独资企业和合伙企业不是企业所得税的纳税人。

企业分为居民企业与非居民企业。居民企业就其来源于中国境内、境外的所得纳税。所得包括销售货物所得、提供劳务所得、转让财产所得、股息红利等权益性投资所得、利息所得、租金所得、特许权使用费所得、接受捐赠所得和其他所得。非居民企业就其来源于中国境内的所得以及发生在中国境外但与其在中国境内所设机构、场所有实际联系的所得，缴纳企业所得税。实际联系是指非居民企业在中国境内设立的机构、场所拥有据以取得的股权、债券，以及拥有、管理、控制据以取得所得的财产。中国境内、外所得确定的原则见表4-6。

表4-6 中国境内、外所得确定的原则

中国境内、外所得的类别	确定原则
销售货物所得	交易活动发生地
提供劳务所得	劳务发生地
转让财产所得	不动产转让按照不动产所在地；动产转让按照转让动产的企业或机构、场所所在地；权益性投资按照被投资企业所在地确定
股息、红利等权益性投资所得	按照分配所得的企业所在地确定
利息所得、租金所得、特许权使用费所得	按照负担、支付所得的企业或机构、场所所在地确定，或按照负担、支付所得的个人住所地确定
其他所得	由国务院财政、税务主管部门确定

企业所得税税率是体现国家与企业分配关系的核心要素。我国企业所得税实施比例税率。居民及非居民企业适用税率表见表4-7、表4-8。

表 4-7　居民企业适用税率[1]

种类	税率/%	适用范围
基本税率	25	（1）居民企业 （2）在中国境内设有机构、场所且取得的所得与机构、场所有联系的非居民企业
低税率	20	在中国境内未设立机构、场所，或者虽设立机构、场所但取得的所得与其所设机构、场所没有实际联系的非居民企业（实际征税时使用10%的税率）
低税率	15	国家重点扶持的高新技术企业、经认定的技术先进型服务企业（服务贸易类）（2018 年 1 月 1 日起）、西部地区鼓励类产业企业（2011 年 1 月 1 日—2020 年 12 月 31 日）
预提所得税税率	20 （实际：10）	适用于在中国境内未设立机构、场所的，或者虽设立机构、场所但取得的所得与其所设机构、场所没有实际联系的非居民企业

表 4-8　非居民企业适用税率

情形		税率/%
在中国境内未设立机构、场所		10（预提所得税）
在中国境内设立机构、场所	所得与所设机构、场所有联系	25
在中国境内设立机构、场所	所得与所设机构、场所无实际联系	10（预提所得税）

企业所得税应纳税所得额的计算分为直接法和间接法，实践中，间接法的计算方法更符合实务操作规律。

（直接法）企业所得税应纳税所得额＝收入总额[2]－不征税收入－免税收入－各项扣除－允许弥补的以前年度亏损

（间接法）应纳税所得额＝会计利润＋纳税调整增加额－纳税调整减少额

企业所得税税前扣除的项目要求真实、合法，税前扣除项目的原则有权责发生制原则、配比原则、相关性原则、确定性原则、合理性原则。税前扣除项目的范围共五项，分别是成本（包括销售商品、提供劳务、转让固定资产、无形资产的成本）、费用（包括销售费用、管理费用、财务费用）、税金、损失（包括企业在生产经营活动中发生的固定资产和存货的盘亏、毁损、报废损失，转让财产损失，呆账损失，坏账损失，自然灾害等不可抗力因素造成的损失以及其他损失）以及其他支出。有关"税金"的税前扣除规定见表 4-9。

---

[1] 15%低税率的规定见《关于将服务贸易创新发展试点地区技术先进型服务企业所得税政策推广至全国实施的通知》（财税〔2018〕44 号）：自 2018 年 1 月 1 日起，对经认定的技术先进型服务企业（服务贸易类），减按 15%的税率征收企业所得税；财政部、海关总署、税务总局印发《关于深入实施西部大开发战略有关税收政策问题的通知》（财税〔2011〕58 号）：自 2011 年 1 月 1 日至 2020 年 12 月 31 日，对设在西部地区的鼓励类产业企业减按 15%的税率征收企业所得税。

[2] 企业的收入总额包括以货币形式和非货币形式从各种来源取得的收入。纳税人以非货币形式取得的收入，应当按照公允价值确定收入额。

表 4-9　有关"税金"的税前扣除规定

是否扣除	扣除方式	税金类型
允许扣除	作为税金扣除	消费税、城建税、教育费附加、资源税、土地增值税、房产税、车船税、土地使用税、印花税、出口关税
	计入相关资产成本	契税、车辆购置税、进口关税、耕地占用税
不得扣除		增值税（价外税）
		企业所得税、企业为职工负担的个人所得税

　　根据企业所得税法的规定，企业向股东或其他与企业有关联关系的自然人借款的利息支出，符合规定条件的，准予扣除。企业向股东或其他与企业有关联关系的自然人以外的内部职工或其他人员借款的利息支出，其借款情况同时符合企业与个人之间签订了借款合同，企业与个人之间的借贷真实、合法、有效，不具有非法集资目的或其他违反法律、法规的行为两个条件的，其利息支出不超过按照金融企业同期同类贷款利率计算的数额的部分，准予扣除。利息支出在扣除时分为据实扣除和限额扣除两种类型。非金融企业向金融企业借款的利息支出、金融企业的各项存款利息支出和同业拆借利息支出、企业经批准发行债券的利息支出准予据实扣除。非金融企业向非金融企业借款的利息支出不超过按照金融企业同期同类贷款利率计算的数额的部分可据实扣除，超过部分不允许扣除。企业在按照合同要求首次支付利息并进行税前扣除时，应提供金融企业的同期同类贷款利率情况说明。

　　借款中有关资产交付使用后发生的借款利息，可在发生当期扣除。企业在生产经营活动中发生的合理的不需要资本化的借款费用，准予扣除。需要资本化的借款是指企业为购置或建造固定资产、无形资产和经过 12 个月以上的建造才能达到预定可销售状态的存货发生的借款，这类在有关资产购置、建造期间发生的合理的借款费用，应予以资本化，作为资本性支出计入有关资产的成本。

　　企业的资产在进行税务处理时均以历史成本为计税基础，企业持有各项资产期间资产增值或减值，除按规定可以确认损益外，不得调整该资产的计税基础。无形资产可以进行摊销，但自行开发的支出已在计算应纳税所得额时扣除、自创商誉、与经营活动无关及其他不得计算摊销费用扣除的无形资产不得进行摊销。

　　（五）个人所得税

　　个人所得税是对个人取得的各项应税所得征收的一种所得税。对于个人独资企业和合伙企业，不缴纳企业所得税，只对投资者个人取得的生产、经营所得征收个人所得税。

　　1. 纳税人

　　依据"住所"和"居住时间"两个标准，个人所得税的纳税人分为居民个人和非居民个人两大类，包括中国公民，个体工商户，外籍个人，中国香港、澳门、台湾同胞等。

153

在中国境内有住所[1]，或者无住所而一个纳税年度内在中国境内居住累计满183天的个人，为居民个人。居民个人从中国境内和境外取得的所得[2]缴纳个人所得税。在中国境内无住所又不居住，或者无住所而一个纳税年度内在中国境内居住累计不满183天的个人，为非居民个人。非居民个人从中国境内取得的所得缴纳个人所得税。

我国实行个人所得税代扣代缴和个人自行申报纳税相结合的征收管理制度。个人所得税采取代扣代缴办法，以支付所得的单位或者个人为扣缴义务人。扣缴义务人在向纳税人支付各项应纳税所得时，必须履行代扣代缴税款的义务。扣缴义务人对纳税人的应扣未扣税款应由纳税人予以补缴。

2. 征税对象

个人所得税的征税对象是个人取得的应税所得。个人所得的形式，包括现金、实物、有价证券和其他形式的经济利益。所得为实物的，应当按照取得的凭证上所注明的价格计算应纳税所得额；无凭证的实物或者凭证上所注明的价格明显偏低的，参照市场价格核定应纳税所得额。所得为有价证券的，根据票面价格和市场价格核定应纳税所得额。所得为其他形式的经济利益的，参照市场价格核定应纳税所得额。

个人所得税的征税对象有工资薪金所得，劳务报酬所得，稿酬所得，特许权使用费所得，经营所得，财产租赁所得，财产转让所得，利息、股息、红利所得与偶然所得九类。

利息、股息、红利所得和偶然所得的个人所得税按次征收。利息、股息、红利所得以支付利息、股息、红利时取得的收入为一次；偶然所得，以每次取得该项收入为一次。利息、股息、红利所得和偶然所得的应纳税所得额即为每次收入额。

3. 适用税率

个人所得税的税率包括超额累进税率和比例税率两种形式。纳税方式上根据税目的不同分为预扣预缴与非预扣预缴两种形式，适用税率也不相同。

①居民个人工资、薪金所得预扣预缴个人所得税的预扣率见表4-10。

表4-10　居民个人工资、薪金所得预扣预缴个人所得税的预扣率

级数	累计预扣预缴应纳税所得额	预扣率/%	速算扣除数/元
1	不超过36 000元的部分	3	0
2	超过36 000元至144 000元的部分	10	2 520
3	超过144 000元至300 000元的部分	20	16 920
4	超过300 000元至420 000元的部分	25	31 920
5	超过420 000元至660 000元的部分	30	52 920
6	超过660 000元至960 000元的部分	35	85 920
7	超过960 000元的部分	45	181 920

[1] 在中国境内有住所，是指因户籍、家庭、经济利益关系而在中国境内习惯性居住。
[2] 从中国境内和境外取得的所得，分别是指来源于中国境内的所得和来源于中国境外的所得。

居民个人稿酬所得、特许权使用费所得预扣预缴个人所得税适用 20% 的比例预扣率。居民个人劳务报酬所得预扣预缴个人所得税的预扣率见表 4-11。

表 4-11　居民个人劳务报酬所得预扣预缴个人所得税的预扣率

级数	预扣预缴应纳税所得额	预扣率/%	速算扣除数/元
1	不超过 20 000 元的部分	20	0
2	超过 20 000 元至 50 000 元的部分	30	2 000
3	超过 50 000 元的部分	40	7 000

②工资、薪金所得，劳务报酬所得，稿酬所得，特许权使用费统称为综合所得。居民个人综合所得个人所得税的适用税率（非预扣预缴）见表 4-12。

非居民个人综合所得个人所得税适用税率适用 3%~45% 的七级超额累进税率（见表 4-13）。

表 4-12　居民个人综合所得个人所得税适用税率（按年汇算清缴）

级数	全年应纳税所得额	税率/%	速算扣除数/元
1	不超过 36 000 元的部分	3	0
2	超过 36 000 元至 144 000 元的部分	10	2 520
3	超过 144 000 元至 300 000 元的部分	20	16 920
4	超过 300 000 元至 420 000 元的部分	25	31 920
5	超过 420 000 元至 660 000 元的部分	30	52 920
6	超过 660 000 元至 960 000 元的部分	35	85 920

表 4-13　非居民个人综合所得个人所得税适用税率

级数	应纳税所得额	税率/%	速算扣除数/元
1	不超过 3 000 元的部分	3	0
2	超过 3 000 元至 12 000 元的部分	10	210
3	超过 12 000 元至 25 000 元的部分	20	1 410
4	超过 25 000 元至 35 000 元的部分	25	2 660
5	超过 35 000 元至 55 000 元的部分	30	4 410
6	超过 55 000 元至 80 000 元的部分	35	7 160
7	超过 80 000 元的部分	45	15 160

③经营所得的适用税率见表 4-14。

表 4-14　经营所得适用税率

级数	全年应纳税所得额	税率/%	速算扣除数/元
1	不超过 30 000 元的部分	5	0
2	超过 30 000 元至 90 000 元的部分	10	1 500
3	超过 90 000 元至 300 000 元的部分	20	10 500
4	超过 300 000 元至 500 000 元的部分	30	40 500
5	超过 500 000 元的部分	35	65 500

④财产租赁所得，财产转让所得，利息、股息、红利所得和偶然所得，适用比例税率，税率 20%。

为了配合国家住房制度改革，支持住房租赁市场的健康发展，从 2008 年 3 月 1 日起，对个人出租住房取得的所得暂减按 10% 的税率征收个人所得税。

4. 居民个人综合所得预扣预缴个人所得税应纳税额的计算

2019 年 1 月 1 日起，扣缴义务人向居民个人支付工资、薪金所得，应当按照累积预扣法计算预扣税款，按月办理全员全额扣缴申报

本期应预扣预缴税额＝（累计预扣预缴应纳税所得额×预扣率-速算扣除数）-累计减免税额-累计已预扣预缴税额

累计已预扣预缴税额＝累积收入-累积免税收入-累积减除费用[1]-累积专项扣除-累积专项附加扣除-累积依法确定的其他扣除

2019 年 1 月 1 日起，扣缴义务人向居民个人支付劳务报酬所得、稿酬所得、特许权使用费所得预扣预缴个人所得税，按次或按月预扣预缴。

劳务报酬所得、稿酬所得、特许权使用费所得以收入减除费用后的余额为收入额，以每次收入额为预扣预缴应纳税所得额。其中，稿酬所得的收入额减按 70% 计算。劳务报酬所得、稿酬所得、特许权使用费所得每次收入不超过 4 000 元的，减除费用按 800 元计算；每次收入 4 000 元以上的，减除费用按 20% 计算。

劳务报酬适用 20%~40% 的超额累进预扣率（见表 4-11）。稿酬所得、特许权使用费所得适用 20% 的比例税率。劳务报酬所得、稿酬所得、特许权使用费所得，属于一次性收入的，以取得该项收入为一次；属于同一项目连续性收入的，以一个月内取得的收入为一次。

5. 居民个人综合所得汇算清缴个人所得税的计算

自 2019 年 1 月 1 日起，居民个人的综合所得[2]，以每一纳税年度的收入额减

---

[1] 累计减除费用按照 5 000 元/月乘以纳税人当年截至本月在本单位的任职受雇月份数计算；专项扣除，包括居民个人按照国家规定的范围和标准缴纳的基本养老保险、基本医疗保险、失业保险等社会保险费和住房公积金等；专项附加扣除，包括子女教育、继续教育、大病医疗、住房贷款利息或者住房租金、赡养老人等支出，具体范围、标准和实施步骤由国务院确定，并报全国人民代表大会常务委员会备案。居民个人工资、薪金所得预扣预缴税款的预扣率、速算扣除数，依照表 4-10 执行。

[2] 综合所得的收入依据为每一纳税年度的工资薪金所得、劳务报酬所得、稿酬所得、特许权使用费所得四项收入加总而得。其中，劳务报酬所得、稿酬所得、特许权使用费所得以收入减除 20% 的费用后的余额为收入额。稿酬所得的收入额再减按 70% 计算。

创/新/创/业/与/法/律

除费用 60 000 元以及专项扣除[1]、专项附加扣除[2]和依法确定的其他扣除后的余额[3]，为应纳税所得额。居民个人的综合所得适用七级累进税率。居民个人综合所得适用税率表依照表 4-12 执行。

居民个人综合所得汇算清缴应纳税额 = ∑（每一级数的全年应纳税所得额×对应级数的适用税率）= ∑［每一级数（全年收入额-60 000 元-专项扣除-享受的专项附加扣除-享受的其他扣除）×对应级数的适用税率］

居民个人综合所得应纳税额 = 全年应纳税所得额×适用税率-速算扣除数

= （全年收入额-60 000 元-社保、住房公积金费用-享受的专项附加扣除-享受的其他扣除）×适用税率-速算扣除数[4]

三、案例分析

问题一：艺善坊在创业环节的纳税筹划方式有哪些？

企业在初创阶段可以通过综合考虑设立纳税主体的类型、选择纳税主体的地点等方面来进行纳税筹划。纳税主体类型方面，在企业设立前要选择产业或行业的类型、个人或企业的身份、特定经营主体形式、特定纳税主体形式。

行业类型的选择上，高新技术产业、文化创意产业、残疾人用品生产行业、农林牧渔业、环境保护和节能节水、国家重点扶持的公共基础设施项目投资经营等产业和项目均享受相关的税收优惠政策。艺善坊以文化创意产业为主营业务可以享受税收优惠。

个人或企业身份选择上，作为营利性经济组织，企业生存和发展的目的就是通过经营活动追求经济收益。企业类型的选择对税款缴纳有直接影响，不同类型的企业缴纳的税种不同，相应税款缴纳的金额也不相同。因此，税款缴纳也可能影响创业者对企业类型的选择。艺善坊可以选择的类型有合伙企业、有限责任公司两种主要类型。由于增值税属于价外税，税款转嫁给负税人，所以，真正影响投资者收益的是所得税。所得税以经营所得为税基，税款直接从企业所得中计算并扣除。艺善坊若选择合伙企业制则对其经营所得缴纳个人所得税，纳税后的余额即投资者的净收益；若其选择公司制则需要对其经营所得缴纳企业所得税，投资者在对税后财产进行净利分红时，还需要对分红所得缴纳 20% 的个人所得税，对于投资者个人来说，税收负担相对较重。

---

[1] 专项扣除包括居民个人按照国家规定的范围和标准缴纳的基本养老保险、基本医疗保险、失业保险等社会保险费和住房公积金等。

[2] 专项附加扣除包括子女教育、继续教育、大病医疗、住房贷款利息或者住房租金、赡养老人等支出。

[3] 专项扣除、专项附加扣除和依法确定的其他扣除，以居民个人一个纳税年度的应纳税所得额为限额，一个纳税年度扣除不完的，不结转以后年度扣除。

[4] 例如，居民个人纳税人某甲 2019 年扣除"三险一金"后共取得含税工资收入 12 万元，除住房贷款专项附加扣除外，该纳税人不享受其余专项附加扣除和税法规定的其他扣除，则其当年应纳税所得额为 120 000-60 000-12 000=48 000 元，应纳税额为 48 000×10%-2 520=2 280 元。再如，居民个人纳税人某乙为独生子女，2019 年交完社保和住房公积金后共取得税前工资收入 20 万元，劳务报酬 1 万元，稿酬 1 万元。该纳税人有两个小孩且均由其扣除子女教育专项附加，纳税人的父母健在且均已年满 60 岁。则其当年应纳税所得额为 200 000+10 000×（1-20%）+10 000×（1-20%）×70%-60 000-12 000-2-24 000=105 600 元，其应纳税额为 105 600×10%-2 520=8 040 元。

特定经营主体形式选择上，大学生属于享有税收优惠的特殊主体，三股东可依证件在注册登记时享受国家对该类主体的优待政策。

特定纳税主体形式选择上，小规模纳税人享受较低的征收率待遇。艺善坊公司预计2020年度可实现会计利润（假设等于应纳税所得额）100万元，属于增值税小规模纳税人，享受较低的征收率。

若艺善坊一旦满足一般纳税人身份，则必须严格按照税法要求进行纳税人申报。此时企业虽不能自由选择身份，但还可通过运用捐赠控制利润总额、将企业的销售部门或者特定项目分立成独立的公司等方式保持小规模纳税人的身份。例如假设艺善坊营业额介于500万~1 000万元，依照规定应当申请认定为一般纳税人，适用现代服务业6%的税率。由于文化创意企业可抵扣的进项较少，为降低税负，艺善坊可以考虑"一分为二"，变成两个小规模纳税人以适用3%的征收率达到有效减轻企业的税收负担的目的，或是分拆为一个小规模和一个一般纳税人，这样除了降低税负之外，还可以向客户开具专用发票，增强自身营业能力。

纳税主体的地点方面，各地为了发展区域经济通过设立产业园区提供更加优惠的税收政策和更加稳定成熟的财政扶持。服务业没有固定场地要求，艺善坊可以通过入驻园区获取更高税收政策，实现节税目的。

问题二：艺善坊三位股东应如何出资才能实现股东税负最低？

这个问题可以从艺善坊文化创意公司能否通过出资形式的变更实现股东税负最低的角度来考虑。在不考虑企业各项扣除、不征税收入、免税收入等情况下，根据企业所得税法，公司净利润=年度利润总额-应纳企业所得税税额=年度利润总额×（1-企业所得税税率）

股东应缴纳的个人所得税税额=净利润×个人所得税税率=年度利润总额×（1-企业所得税税率）×个人所得税税率

股东税后分红=公司净利润-股东应纳个人所得税税额=年度利润总额×（1-企业所得税税率）×（1-个人所得税税率）

若三名股东以68万元作为注册资本，则：

公司企业所得税应纳税额=年度利润总额×企业所得税税率=1.25万元

净利润=年度利润总额-应纳企业所得税税额=年度利润总额×（1-企业所得税税率）=3.75万元

股东应纳个人所得税税额=净利润×个人所得税税率=3.75×20%=0.75万元

股东税后分红=公司净利润-股东应纳个人所得税税额=3万

若公司以其他投入18万元作为注册资本，注册资本以外的投入为50万元，以企业借款列支，则：

由于公司向股东借款，单位给股东开借款收据，财务报表列示：

借：银行存款 68
　　贷：实收资本 18
　　　　其他应付款——××股东 50

根据2020年1月中国人民银行贷款基准利率表（见表4-15），一年以内（含一年）年利率 4.35%。公司向个人支付利息需代扣代缴 3% 的增值税及附加与 20% 的个人所得税。据此：

a. 注册资本出资部分

年利息 = 50×4.35% = 2.175 万元

公司实际年度利润总额 = 5-2.175 = 2.825 万元

公司应纳企业所得税税额 = 2.825×25% ≈ 0.706 万元

公司净利润 = 2.825-0.706 = 2.119 万元

股东应纳税额 = 实际年度利润总额×（1-企业所得税税率）×劳务所得税率 = 2.825×（1-70%）×20% = 0.169 5 万元

股东税后红利 = 2.119-0.169 5 = 1.949 5 万元

b. 利息部分

支付利息增值税 = 2.175/（1+3%）×3% ≈ 0.063 万元

附加税 = 0.063×12% = 0.007 6 万元

个人所得税 = 2.175/（1+3%）×20% ≈ 0.422 万元

利息收入合计应纳税额 = 0.063+0.007 6+0.422 = 0.492 6 万元

税后利息收入 = 2.175-0.492 6 = 1.682 4 万元

公司应纳企业所得税税额 ≈ 0.706 万元

股东应纳税额合计 = 0.169 5+0.492 6 = 0.662 1 万元

股东收入合计 = 1.949 5+1.682 4 = 3.631 9 万元

综上，若以全部资本 68 万元作为注册资本，则

公司应纳企业所得税税额为 1.25 万元，比将部分出资作为企业借款的出资方式多缴纳税款 1.25-0.706 = 0.544 万元；

股东应纳税额 0.75 万元，比将部分出资作为企业借款的出资方式多缴纳税款 0.75-0.662 1 = 0.087 9 万元；

股东税后所得 3 万元，比将部分出资作为企业借款的出资方式的所得减少 3.631 9-3 = 0.631 9 万元。

表 4-15　2020 年中国人民银行贷款基准利率

项目	年利率/%
一、短期贷款	
一年以内（含一年）	4.35
二、中长期贷款	
一至五年（含五年）	4.75
五年以上	4.9
三、个人住房公积金贷款	
五年以下（含五年）	2.75
五年以上	3.25

159

若一年后三位股东仍未能履行足额缴纳的出资义务，对税务处理有何影响呢？根据我国税法规定，公司未按期缴纳注册资本的，公司对外借款发生的利息，由投资者自行负担，不得在计算企业应纳税所得额时扣除。对于出资人，未归还的借款视为企业对个人投资者的分红，按照"利息、鼓励、红利所得"项目计征20%的个人所得税，期间企业向银行的借款，发生的利息由未足额缴纳借款的出资人负担。

葛强以投资入股方式将房产投资到公司名下，是以不动产为对等价换取了被投资企业的股权，属于有偿转让房地产的行为，应按照"财产转让所得"项目征收个人所得税。在发生转让时，应按评估后的公允价值确认房产转让收入。房产转让收入减除该房产原值及合理税费后的余额为应纳税所得额，按财产转让所得缴纳个人所得税。但若葛强转让的是自用5年以上的家庭唯一生活用房则免征个人所得税。

葛强以不动产投资，是以不动产为对等价换取被投资企业的股权，取得了"其他经济利益"，还应当缴纳增值税。但是，如果投资入股的房产为"住房"，按下列情况特殊处理：①如果投资入股的房产为个人购买不足2年的住房，按照5%的征收率全额缴纳增值税。②如果投资入股的房产为个人购买2年以上（含2年）的，免征增值税。上述①、②点政策适用于北京市、上海市、广州市和深圳市之外的地区。③如果投资入股的房产为购买不足2年的住房对外销售的，按照5%的征收率全额缴纳增值税。④如果投资入股的房产为购买2年以上（含2年）的非普通住房对外销售的，以销售收入减去购买住房价款后的差额按照5%的征收率缴纳增值税。

通过上述分析可以发现，注册公司时，注册资金在会计账目上列示的栏目种类往往与企业缴纳的税金直接相关。出资人若采用将部分资金列为"企业借款"，企业应纳企业所得税税额降低，股东收入总额增加。企业年度利润总额越高，列为借款的资本越多，表现出来的利润实现的金额则越大，企业所要缴纳的所得税越低，出资人个人收益越高。由此可见，在法律许可的范围内一定程度减少出资，将一部分出资以企业借款的方式合法呈现，能更大程度地帮助企业以及出资人实现对利益的价值追求。

四、相关建议

1. 重视掌握税法法规，依法纳税、依法进行纳税筹划

中国税种繁杂众多，从实际情况来看，大多数企业缴纳的税种在6~8个，一些规模较大、经营范围较广的企业涉及的税种则在10个左右。当企业的日常经营活动涉及国家税法中规定的各种税种时，企业须处理好各项税务问题。现实社会中，由于缺乏对纳税知识的理解与掌握，企业利润压缩、受到行政处理甚至刑事处罚的案例比比皆是。对于初创企业而言，掌握税法制度的规定，依法纳税、依法进行纳税筹划至关重要。

2. 主动关注创新创业时期各地的优惠政策

创新创业时期，各地政府为扶持小微企业、个体工商户等，在减税降费、金融支持、优化营商环境等方面做出各项政策规定，不断优化纳税程序，企业应主动关注相关政策。例如在产品研发方面，为支持研发活动，鼓励创新，政策在符合现有

条件的研发活动的基础上规定为获得创新性、创意性、突破性的产品进行创意设计活动可以申请研发费用加计扣除。企业进行创意设计活动而发生的相关费用，也可进行税前加计扣除。

3. 关注政府为加强监管、防控风险做出的政策修改

企业要关注政府为加强监管、防控风险做出的政策修改，调整企业规章制度，降低不合规风险。注重及时保存档案，进行文件备份，以满足税务机关对企业合规性管理的要求。

4. 掌握必要的会计、财税知识，及时了解法律法规最新动态

实践中，企业纳税筹划的制定需建立在熟练把握财税制度、会计规则的基础上，企业进行纳税筹划、制定规章制度、签订贸易合同也离不开对《中华人民共和国民法典》《中华人民共和国公司法》等基本法律法规的理解与运用。

例如，为了固定证据、避免纠纷，企业需要与借款人签订书面的借款合同。借款合同应按照《中华人民共和国民法典》的规定规范书写，具备合同的必备条款，写明借款的年利率，借款利率要符合法律法规的规定，以便在合同到期按照协议约定的借款利率计算利息。2020 年 8 月 20 日，最高人民法院发布了《关于修改〈关于审理民间借贷案件适用法律若干问题的规定〉的决定》，其中对 2015 年施行的《最高人民法院关于审理民间借贷案件适用法律若干问题的规定》中关于利率的规定，将民间借贷利率的司法保护上限从 24% 降至四倍 LPR（一年期），取消有关年利率 24%~36% 的自然债务区的规定。企业要及时了解法律法规动态，避免因约定无效导致利益受损。

五、模拟与实战训练

游鑫、张睿、郭卫分别是金融、管理以及计算机专业的在校大学生，三人都喜欢网游，也有创业的想法，于是一拍即合，准备在某市高新区成立蓉林数码科技公司，他们的目标就是做该市最大的网游公司。

问题一：新创时代，蓉林数码科技公司可以享受哪些税收优惠政策？

问题二：科技公司需要缴纳哪些税？游鑫、张睿、郭卫的收入需要交纳哪些税？试着与合作伙伴分享。

问题三：销售网游周边产品的销售收入应该征收什么税？试着选择蓉林数码科技公司的一项收入，请谈谈你的看法。

第二节　创新创业企业的知识产权问题

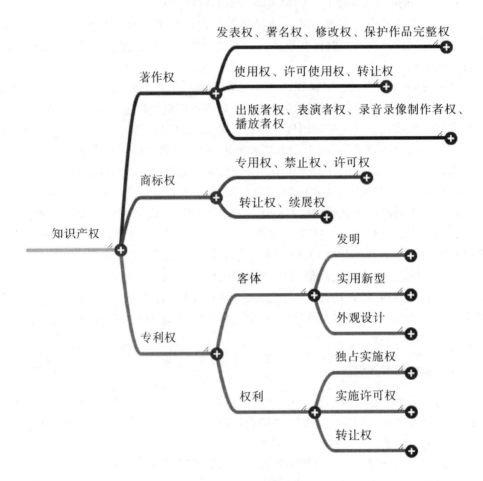

著作权
　发表权、署名权、修改权、保护作品完整权
　使用权、许可使用权、转让权
　出版者权、表演者权、录音录像制作者权、播放者权

知识产权

商标权
　专用权、禁止权、许可权
　转让权、续展权

专利权
　客体
　　发明
　　实用新型
　　外观设计
　权利
　　独占实施权
　　实施许可权
　　转让权

一、案例二：一步错，步步错，不注册，没结果

　　葛强、冯君、王丽丽三人组团参加了某市"青春创想"大学生创业大赛并获得了第一名。三人决定将参赛项目付诸实践，成立"艺善坊文化创意公司"，为本省当地非遗项目、支柱性农产品等提供持续性品牌策略、形象设计和营销推广支持。为打响知名度，三人跟随潮流，为当地特色产品水蜜桃拍摄了一部名为《无处可"桃"》的宣传短片。因短片制作精美，生动诱人，宣传效果远超预期，当地甲工厂便开始制造并销售"无处可'桃'"牌果汁，并产生了一定影响。后经销商乙发现，甲工厂尚未注册"无处可'桃'"商标，就于2018年在果汁和碳酸饮料两类商品上同时注册了"无处可'桃'"商标，但未实际使用。2019年乙与丙饮料厂签订商标转让协议，将果汁类"无处可'桃'"商标转让给了丙饮料厂。

　　问题：甲工厂是否能随时请求宣告乙注册的果汁类"无处可'桃'"商标无

效？甲是否还能在原有范围内继续使用"无处可'桃'"商标？

二、法律知识点

（一）知识产权

在不同的阶段，知识产权出现了多种称谓，并且关于知识产权的概念也有多种表达方式，本书采用其中一种定义：知识产权是人们就其智力创造的成果依法享有的专有权利[1]。知识产权是一种无形财产或者一种没有形体的精神财富，是创造性的智力劳动所创造的劳动成果。它的范围包括专利、商标、著作权及相关权、集成电路布图设计、地理标志、植物新品种、商业秘密、传统知识、遗传资源以及民间文艺等。本书从创新创业者的角度出发，着重介绍著作权、专利权和商标权三种知识产权。

知识产权具有专有性、时间性和地域性。专有性是指他人未经许可不能随意使用该项权利。地域性是指除了国际公约或者双边互惠协定以外，知识产权只在所确认和保护的地域内有效，如我国知识产权相关的法律所保护的权利也只在我国境内发生法律效力。时间性是指对知识产权只在规定的期限内予以保护，而各国法律对知识产权保护期限的规定不完全一致。

对知识产权的保护已经在世界范围内形成了广泛共识，不仅在国内立法对知识产权进行保护，我国还加入了《建立世界知识产权组织公约》《与贸易有关的知识产权协议》《保护文学和艺术作品伯尔尼公约》和《商标国际注册马德里协定》等国际公约。

（二）著作权

1. 著作权与《中华人民共和国著作权法》概述

著作权是指基于文学艺术和科学作品依法产生的权利。在我国，著作权也常被学者称为"版权"。著作权通常有狭义和广义之分，狭义的著作权是指各类作品的作者依法享有的权利，其内容包括人身方面和财产方面；广义的著作权除了狭义著作权以外，还包括表演者、录音录像制品制作者和广播组织依法享有的权利。后者在法律上通常被称为"著作邻接权"或者"与著作权有关的权利"[2]。

《中华人民共和国著作权法》顾名思义是调整因著作权而发生的社会关系的法律规范的总称。《中华人民共和国著作权法》保护的对象是作品，特指在文学艺术和科学领域具有独创性并能以一定形式表现的智力成果，如文字作品；音乐、戏剧、曲艺、舞蹈、杂技艺术作品；美术、建筑作品等。《中华人民共和国著作权法》保护的作品是思想、情感的表现形式而不是思想、情感本身，独创性是其最主要的特性。另外仍有一些对象不属于著作权法保护的范围：一是不具备作品的实质条件，主要有历法、通用数表、通用表格和公式等；二是为国家或社会公众利益的需要，不适宜以《中华人民共和国著作权法》保护的，如法律、法规、国家机关的决议、决定、命令和其他具有立法、行政、司法性质的文件，及其官方正式译文和单纯事实

---

[1] 郑成思. 知识产权法教程 [M]. 北京：法律出版社，1993：1.
[2] 刘春田. 知识产权法 [M]. 5版. 北京：中国人民大学出版社，2015：43-44.

消息（如时事新闻）。

2. 著作权的内容

著作权的内容包括著作人身权和著作财产权。

（1）著作人身权

著作人身权是指作者基于作品依法享有的以人身利益为内容的权利[1]。著作人身权与作者本身密切相关，是基于作者这一角色对作品享有的他人无法替代的权利，该权利由作者终身享有，整体不可转让、不可剥夺和限制，作者死后，个别权利可以继承（如发表权）。

根据《中华人民共和国著作权法》第十条的规定，著作人身权主要包括：①发表权，即决定作品是否公布于众的权利；②署名权，即表明作者身份，在作品上署名的权利；③修改权，即修改或者授权他人修改作品的权利；④保护作品完整权，即保护作品不受歪曲、篡改的权利。其中发表权是一次性的权利，并且需要借助一定的形式才能实现。

（2）著作财产权

著作财产权是著作权人基于对作品的利用而取得的财产收益权[2]。著作财产权的内容比较琐碎，不成体系，也规定在《中华人民共和国著作权法》第十条中，这些著作财产权可以由著作权人分别行使或者转让。

著作财产权的内容具体包括：①复制权，即以印刷、复印、拓印、录音、录像、翻录、翻拍、数字化等方式将作品制作一份或者多份的权利；②发行权，即以出售或者赠与的方式向公众提供作品的原件或者复制件的权利；③出租权，即有偿许可他人临时使用视听作品、计算机软件的原件或者复制件的权利，计算机软件不是出租的主要标的的除外；④展览权，即公开陈列美术作品、摄影作品的原件或者复制件的权利；⑤表演权，即公开表演作品，以及用各种手段公开播送作品的表演的权利；⑥放映权，即通过放映机、幻灯机等技术设备公开再现美术、摄影、视听作品等的权利；⑦信息网络传播权，即以有线或者无线方式向公众提供作品，使公众可以在其选定的时间和地点获得作品的权利；⑧广播权，即以有线或者无线方式公开传播或者转播作品，以及通过扩音器或者其他传送符号、声音、图像的类似工具向公众传播广播的作品的权利，但不包括信息网络传播权所包含的内容；⑨摄制权，即以摄制视听作品的方法将作品固定在载体上的权利；⑩改编权，即改变作品，创作出具有独创性的新作品的权利；⑪翻译权，即将作品从一种语言文字转换成另一种语言文字的权利；⑫汇编权，即将作品或者作品的片段通过选择或者编排，汇集成新作品的权利；⑬应当由著作权人享有的其他权利。当著作权人死亡，著作财产权可依继承法转移至他人。

3. 著作权的主体

按照一般原则，著作权的主体是作者，这里的作者既包括自然人，也包括法人和其他组织，作品一旦创作完成，著作权自动产生，作者自然就成了著作权人。此

---

[1] 刘春田. 知识产权法 [M]. 5 版. 北京：中国人民大学出版社，2015：69.
[2] 刘春田. 知识产权法 [M]. 5 版. 北京：中国人民大学出版社，2015：75.

外，其他人可以通过赠与、继承、遗赠等继受方式取得著作权。但是需要注意的是，作者和著作权人是两个不同的概念，作者天然是著作权人，但是在某些情况下，对于不同的作品，如合作作品、汇编作品、职务作品和委托作品等，其他自然人、法人或者非法人组织也可以依法成为著作权人。

（1）合作作品

合作作品顾名思义是指两人以上合作创作的作品，合作作品著作权由合作作者共同享有，没有参加创作的人，不能成为合作作者。合作作品可以分割使用的，作者对各自创作的部分可以单独享有著作权，但行使著作权时不得侵犯合作作品整体的著作权。合作作品不可以分割使用的，著作权由合作作者通过协商一致行使；不能协商一致，又无正当理由的，任何一方不得阻止他方行使除转让、许可他人专有使用、出质以外的其他权利，但是所得收益应当合理分配给所有合作作者。

（2）汇编作品

汇编若干作品、作品的片段或者不构成作品的数据或者其他材料，对其内容的选择或者编排体现独创性的作品，为汇编作品，其著作权由汇编人独立享有，但行使著作权时，不得侵犯原作品的著作权。汇编人汇编有著作权的作品时应当经过原作品著作权人的授权，并支付报酬，第三人使用汇编作品必须获得汇编者和原作者的双重许可，并双付费。

（3）职务作品

自然人为完成法人或者非法人组织工作任务所创作的作品是职务作品。对于未主要利用单位物质技术条件创作的一般职务作品，著作权由作者享有，但法人或者非法人组织有权在其业务范围内优先使用，作品完成两年内，未经单位同意，作者不得许可第三人以与单位使用的相同方式使用该作品。而对于特殊职务作品，作者享有署名权，著作权的其他权利由法人或者非法人组织享有，法人或者非法人组织可以给予作者奖励，这类作品有主要是利用法人或者非法人组织的物质技术条件创作，并由法人或者非法人组织承担责任的工程设计图、产品设计图、地图、示意图、计算机软件等职务作品；报社、期刊社、通讯社、广播电台、电视台的工作人员创作的职务作品；以及法律、行政法规规定或者合同约定著作权由法人或者非法人组织享有的职务作品。

4. 著作权的限制

法律保护著作权人的相关权利，但是在一定程度上，法律依然对著作权人行使权力的范围有些许限制，这种限制包括"合理使用"和"法定许可"。

（1）合理使用

合理使用是指可以不经著作权人许可，不向其支付报酬，但应当指明作者姓名或者名称、作品名称，并且不得影响该作品的正常使用。当然合理使用也不得不合理地损害著作权人的合法权益。《中华人民共和国著作权法》第二十四条对合理使用的范围和方式做出了规定，一共有 13 种，例如为个人学习、研究或者欣赏，使用他人已经发表的作品；为介绍、评论某一作品或者说明某一问题，在作品中适当引用他人已经发表的作品；为报道新闻，在报纸、期刊、广播电台、电视台等媒体中不可避免地再现或者引用已经发表的作品；报纸、期刊、广播电台、电视台等媒体刊登或者播放在公众集会上发表的讲话，但作者声明不许刊登、播放的除外；免费表演已经发表的作品，该表演未向公众收取费用，也未向表演者支付报酬，且不以营利为目的；为学校课堂教学或者科学研究，翻译、改编、汇编、播放或者少量复制已经发表的作品，供教学或者科研人员使用，但不得出版发行；对设置或者陈列在公共场所的艺术作品进行临摹、绘画、摄影、录像等。不难看出，这些对著作权的限制是为了协调社会公众利益与著作权人利益，缓和两者之间的矛盾。

（2）法定许可

法定许可在各国的著作权保护中都很常见，根据法律的规定，以某些方式使用他人已发表的作品，可以不经著作权人的许可，但是应当支付相关的费用，同时尊重著作权人的其他权利。这些规定具体表现在《中华人民共和国著作权法》的具体条文之中，如第三十五条第二款规定，著作权人向报社、期刊社投稿的，作品刊登后，除著作权人声明不得转载、摘编的外，其他报刊可以转载或者作为文摘、资料刊登，但应当按照规定向著作权人支付报酬；又比如第四十六条第二款规定，广播电台、电视台播放他人已发表的作品，可以不经著作权人许可，但应当按照规定支付报酬；以及第二十五条，为实施义务教育和国家教育规划而编写出版教科书，可以不经著作权人许可，在教科书中汇编已经发表的作品片段或者短小的文字作品、音乐作品或者单幅的美术作品、摄影作品、图形作品，但应当按照规定向著作权人支付报酬，指明作者姓名或者名称、作品名称，并且不得侵犯著作权人依照本法享有的其他权利。

5. 著作邻接权

著作邻接权是指作品传播者对在传播作品过程中产生的劳动成果依法享有的专有权利，又称为作品传播者权或与著作权有关的权益。广义的著作权包括著作邻接权。没有实际的作品，就谈不上传播，因而邻接权是以著作权为基础；对于著作权合理使用的限制，同样适用于对著作邻接权的限制。著作邻接权与著作权的主要区别，一是邻接权的主体多为法人或其他组织，著作权的主体多为自然人；二是邻接权的客体是传播作品过程中产生的成果，而著作权的客体是作品本身；三是邻接权中除表演者权外一般不涉及人身权，而著作权包括著作人身权和著作财产权两方面的内容。对著作邻接权的规定，多数规定在《中华人民共和国著作权法》第 4 章中，包括出版者权、表演者权、录音录像制作者的权利和广播者的权利。

以表演者权为例，表演者权的主体是表演者，客体是指表演活动，表演者对其表演享有下列权利：表明表演者身份；保护表演形象不受歪曲；许可他人现场直播和公开传送其现场表演，并获得报酬；许可他人录音录像，并获得报酬；许可他人复制、发行录有其表演的录音录像制品，并获得报酬；许可他人通过信息网络向公众传播其表演，并获得报酬。表演者使用他人的作品演出，应当征得著作权人许可，并支付报酬；被许可人以规定的方式使用作品，还应当取得著作权人许可，并支付报酬；使用改编、翻译、注释、整理已有作品而产生的作品演出，应当征得演绎作品著作权人和原作品著作权人许可，并支付报酬。

6. 著作权的利用与转移

著作权的转让，是指著作权人将其作品财产权部分或全部转移给他人所有的法律行为。著作权转让的对象是财产权，其转让导致著作权主体的变更，并且著作权的转让与作品载体所有权无关。

著作权许可使用，是指著作权人将其作品许可使用人以一定的方式，在一定的地域和期限内使用的法律行为。著作权的许可使用不改变著作权的归属，被许可人取得的是使用权，不能成为著作权主体。被许可人只能自己按照约定方式、地域范围和期限使用作品，不能将所获权利转让给第三人，著作权人同意的除外。著作权许可使用中，非专有使用权的许可人不能因权利被侵害而以自己的名义起诉。未经著作权人同意擅自使用其著作权，或者只使用其著作权而不署明著作人的，构成侵权。

著作权的转让和许可都需要双方订立合同，约定双方的权利义务，确定转让和许可的内容、种类以及价款支付等事项。

7. 著作权的保护

（1）著作权侵权

未经著作权人同意，又无法律上的依据，使用他人作品或行使著作权人专有权的行为是侵犯著作权的行为。

著作权侵权行为呈现极为复杂的形态。从侵权行为是否借助第三者而发生的情况可分为直接侵权和间接侵权。直接侵权行为，是一种直接非法使用著作权或邻接权的权利，或者妨碍他们行使这一权利的行为。侵权人的行为直接涉及作品，例如：在有著作权的作品上改变作者署名，对内容进行修改，未经作者允许擅自发表他人作品，都是对作者著作权精神权利的直接侵犯。就直接侵权的归责应是，未经著作权人授权行使著作权人专有权利的行为就是直接侵权，应当承担严格的侵权责任。间接侵权行为，是指侵权行为并未直接涉及受著作权直接保护的作品或受邻接权直接保护的表演、唱片及广播节目，而是因该行为为侵权行为提供了便利条件，行为人不自觉地参与了侵权行为，从而对著作权人和邻接权人的合法权益造成了侵害。

（2）著作权的保护

除著作人身权中署名权、修改权、保护作品完整权的保护期不受限制外，发表权和著作财产权的保护都是有期限的。作品作者是公民的，发表权和著作财产权的保护期限截止于作者死亡之后第 50 年的 12 月 31 日；如果是合作作品，发表权和著作财产权的保护期限截止于最后死亡的作者死亡后第 50 年的 12 月 31 日。作品的作者是法人、其他组织的，发表权的保护期限到作者创作完成后第 50 年的 12 月 31 日，著作财产权的保护期限截止于作品首次发表后第 50 年的 12 月 31 日，但作品自创作完成后五十年内未发表的，《中华人民共和国著作权法》不再予以保护。

著作邻接权中，出版者权的保护期为 10 年，截止于使用版式设计的图书、期刊首次出版后第 10 年的 12 月 31 日。表演者享有的表明表演者身份、保护表演形象不受歪曲的权利保护期不受限制，其他的财产权利保护期为 50 年，截止于表演发生后第 50 年的 12 月 31 日。录音录像制作者的权利保护期为 50 年，截止于该制品首次制作完成后第 50 年的 12 月 31 日。广播电台、电视台享有的权利保护期为 50 年，截止于广播、电视首次播放后第 50 年的 12 月 31 日。

根据法律规定，著作权纠纷可以调解，也可以根据当事人达成的书面仲裁协议或者著作权合同中的仲裁条款，向仲裁机构申请仲裁。当事人没有书面协议，也没有在著作权合同中订立仲裁条款的，可以直接向人民法院起诉。当侵权人侵害他人的著作财产权或著作人身权，造成著作权人财产或非财产的损失，都应当承担责任，根据具体的侵权情况，侵权人承担停止侵害、消除影响、赔礼道歉、赔偿损失等民事责任。

（三）专利权

1. 专利权概述

专利权，简称"专利"，是权利人对特定的发明创造在一定期限内依法享有的独占实施权，是知识产权的一种。在创新创业的大背景下，国家鼓励发明创造，为了推动发明创造的应用，提高创新能力，促进科学技术进步和经济社会的发展，专利权人的合法权益就应依法保护。《中华人民共和国专利法》是保护科学技术等专利最为重要的法律，因此作为创业者，了解并合理利用《中华人民共和国专利法》确有必要。

（1）专利权的客体

专利权的客体也是《中华人民共和国专利法》保护的对象，是依法授予专利权的特定的发明创造。根据《中华人民共和国专利法》第二条的规定，受保护的发明创造包括发明、实用新型和外观设计三种。

发明，是指对产品、方法或者其改进所提出的新的技术方案。实用新型，是指对产品的形状、构造或者其结合所提出的适用于实际应用的新的技术方案。外观设计，是指对产品的整体、局部的形状、图案或者其结合以及色彩与形状、图案的结合所做出的富有美感并适于工业应用的新设计。

而以下这些情况，即使属于有创造性的发明创造，也不会被授予专利权：①科学发现；②智力活动的规则和方法；③疾病的诊断和治疗方法；④动物和植物品种（但是动物和植物品种的生产方法，可以授予专利权）；⑤原子核变换方法以及用原子核变换方法获得的物质；⑥对平面印刷品的图案、色彩或者二者的结合做出的主要起标识作用的设计；⑦违反法律、社会公德或者妨害公共利益的发明创造，如带有色情元素的外观设计、用于赌博的工具等；⑧违反法律、行政法规的规定获取或者利用遗传资源，并依赖该遗传资源完成的发明创造。

（2）专利权的主体

专利权的主体即专利权人，是依法享有专利权并承担相应义务的人。专利权主体包括以下几种：

一是发明人或设计人。非职务发明创造，发明人或者设计人拥有申请专利的权利，申请被批准后，该发明人或者设计人即成为专利权人。发明创造不是一蹴而就，往往需要通力合作，在完成发明创造过程中，负责组织工作或者从事其他辅助工作的人，不能被称为发明人或设计人。如果一项非职务发明创造是由两个或两个以上的个人共同完成，则完成发明创造的人被称为共同发明人或共同设计人。共同发明创造的专利申请权和取得的专利权归全体共有人共同所有。发明人或设计人，只能是自然人，不能是单位、集体或课题组。

二是单位。对于职务发明创造来说，申请专利的权利属于单位，专利申请被批准后，该单位为专利权人，拥有申请专利的权利，并且可以依法处置其职务发明创造的专利权，促进相关发明创造的实施和运用。职务发明创造，是执行单位的任务或者主要是利用单位的物质技术条件所完成的发明创造。但是，利用单位的物质技术条件所完成的发明创造，若是单位与发明人或者设计人签订有合同，对申请专利的权利和专利权的归属做出约定的，从其约定。

三是受让人。受让人是指通过合同或继承而依法取得专利权的单位或个人。专利申请权和专利权均可以通过这些方式取得，取得专利申请权之后，如果获得了专利，那么受让人就成为了专利权的主体；取得专利权后，受让人成为专利权的新主体。

四是两个以上单位或者个人合作完成的发明创造、一个单位或者个人接受其他单位或者个人委托所完成的发明创造，除另有协议的以外，申请专利的权利属于完成或者共同完成的单位或者个人，专利申请被批准后，申请的单位或者个人即为专利权人。

（3）专利权的内容

作为权利人，专利权人享有专利申请权，以及对已申请的专利享有独占实施权、实施许可权和转让权。

独占实施权顾名思义是专利权人独自占有并实施专利的权利。对不同种类的发明创造，独占实施权的表现方式不同。发明和实用新型专利权被授予后，除法律另有规定的以外，任何单位或者个人未经专利权人许可，都不得实施其专利，即不得为生产经营目的制造、使用、许诺销售、销售、进口其专利产品，或者使用其专利方法以及使用、许诺销售、销售、进口依照该专利方法直接获得的产品。外观设计专利权被授予后，任何单位或者个人未经专利权人许可，都不得实施其专利，即不得为生产经营目的制造、许诺销售、销售、进口其外观设计专利产品。

实施许可权是指任何单位或者个人均可以许可他人实施专利，但被许可人应当与专利权人签订实施许可合同，并向专利权人支付专利使用费。被许可人无权允许合同规定以外的任何单位或者个人实施该项专利。

转让权是指专利申请权和专利权可以转让。转让专利申请权或者专利权的，当事人应当签订书面合同，并向国务院专利行政部门登记，由国务院专利行政部门予以公告，专利申请权或者专利权的转让自登记之日起生效。但中国单位或者个人向外国人、外国企业或者外国其他组织转让专利申请权或者专利权的，应当依照有关法律、行政法规的规定办理手续。

2. 专利的申请与取得

与作品不同，作品一旦产生，就自动产生著作权，而发明创造要取得专利权，除了发明创造本身满足一定的要求外，还需要通过特定的程序申请，才能被认定为专利，获得专利权。

（1）专利的申请

专利申请的受理和审查由国务院专利行政部门负责，国务院专利行政部门管理全国的专利工作，并依法授予专利权，在专利申请公布或者公告前，国务院专利行政部门的工作人员及有关人员对其内容负有保密责任。省、自治区、直辖市人民政府管理专利工作的部门则负责其行政区域内的专利管理工作。

申请不同的专利，所需要提交的文书不同。申请发明或者实用新型专利的，需要提交请求书、说明书及其摘要和权利要求书等文件。请求书写明发明或者实用新型的名称，发明人的姓名，申请人姓名或者名称、地址，以及其他事项。说明书应对发明或者实用新型做出清楚、完整的说明，以所属技术领域的技术人员能够实现为准；必要的时候，要有附图。摘要需要简要说明发明或者实用新型的技术要点。权利要求书应当以说明书为依据，清楚、简要地限定要求专利保护的范围。依赖遗传资源完成的发明创造，申请人应当在专利申请文件中说明该遗传资源的直接来源和原始来源；申请人无法说明原始来源的，应当陈述理由。

申请外观设计专利的，应当提交请求书、该外观设计的图片或者照片以及对该外观设计的简要说明等文件。申请人提交的有关图片或者照片要清楚地显示要求专利保护的产品的外观设计。

申请人可以对专利的申请文件进行修改，但是，对发明和实用新型专利申请文件的修改不得超出原说明书和权利要求书记载的范围，对外观设计专利申请文件的修改不得超出原图片或者照片表示的范围。

国务院专利行政部门收到专利申请文件之日为申请日。如果申请文件是邮寄的，以寄出的邮戳日为申请日。当两个以上的申请人分别就同样的发明创造申请专利的，专利权授予最先申请的人。因此对创业者而言，专利申请宜早不宜迟。如果申请人有其他顾虑或者考量，可以在被授予专利权之前随时撤回其专利申请。

任何单位或者个人将在中国完成的发明或者实用新型向外国申请专利的，应当事先报备国务院专利行政部门进行保密审查。保密审查的程序、期限等按照国务院的规定执行。对于不主动报备进行保密审查并向外国申请专利的发明或者实用新型，在中国申请专利的，不授予专利权。

（2）授予专利权的条件

专利权的授予要经历严格的审查，提交规范的申请文件只是第一步，最重要的是申请专利的发明创造必须满足一定的实质条件后才会被授予专利。

能够被授予专利权的发明和实用新型，应当具备新颖性、创造性和实用性。

新颖性，是指发明或者实用新型不属于现有技术（指申请日以前在国内外为公众所知的技术），也没有任何单位或者个人就同样的发明或者实用新型在申请日以前向国务院专利行政部门提出过申请，并记载在申请日以后公布的专利申请文件或者公告的专利文件中。但在以下特殊情况下，申请专利的发明创造在申请日以前六个月内，不丧失新颖性：①在国家出现紧急状态或者非常情况时，为公共利益目的首次公开的；②在中国政府主办或者承认的国际展览会上首次展出的；③在规定的学术会议或者技术会议上首次发表的；④他人未经申请人同意而泄露其内容的。

创造性，是指与现有技术相比，发明具有突出的实质性特点和显著的进步，实用新型具有实质性特点和进步。

实用性，是指发明或者实用新型能够制造或者使用，并且能够产生积极效果。

能够被授予专利权的外观设计，首先应当不属于现有设计（指申请日以前在国内外为公众所知的设计），也没有任何单位或者个人就同样的外观设计在申请日以前向国务院专利行政部门提出过申请，并记载在申请日以后公告的专利文件中。其次与现有设计或者现有设计特征的组合相比，能够被授予专利权的外观设计应当具有明显区别。

（3）专利的审查与批准

在国务院专利行政部门收到发明专利申请后，经初步审查认为符合专利申请的形式要求的，自申请日起满十八个月，即行公布，国务院专利行政部门可以根据申请人的请求早日公布其申请。

实用新型和外观设计专利申请经初步审查没有发现驳回理由的，国务院专利行政部门即做出授予实用新型专利权或者外观设计专利权的决定，发给相应的专利证书，同时予以登记和公告。实用新型专利权和外观设计专利权自公告之日起生效。

相比实用新型和外观设计而言，发明的审查标准更严格，发明专利需要在当事人申请后进行实质审查。发明专利申请自申请日起三年内，国务院专利行政部门可以根据申请人随时提出的请求，对其申请进行实质审查，发明专利的申请人请求实质审查的时候，需要提交在申请日前与其发明有关的参考资料；申请人无正当理由逾期不请求实质审查的，申请即被视为撤回。国务院专利行政部门认为必要的时候，可以自行对发明专利申请进行实质审查。

发明专利申请经实质审查没有发现驳回理由的，由国务院专利行政部门做出授予发明专利权的决定，发给发明专利证书，同时予以登记和公告，发明专利权自公告之日起生效。国务院专利行政部门对发明专利申请进行实质审查后，认为不符合法律规定的，通知申请人，要求其在指定的期限内陈述意见，或者对其申请进行修改；无正当理由逾期不答复的，申请即被视为撤回。发明专利申请经申请人陈述意见或者进行修改后，国务院专利行政部门仍然认为不符合法律规定的，申请会被驳回。

专利申请人对国务院专利行政部门驳回申请的决定不服的，可以自收到通知之日起三个月内向国务院专利行政部门请求复审。国务院专利行政部门复审后，做出决定，并通知专利申请人。专利申请人对国务院专利行政部门的复审决定不服的，可以自收到通知之日起三个月内向人民法院起诉。

3. 专利的实施与限制

（1）专利的实施与限制

专利申请权或者专利权的共有人对权利的行使有约定的，从其约定；没有约定的，共有人可以单独实施或者以普通许可方式许可他人实施该专利，许可他人实施该专利的，收取的使用费应当在共有人之间分配。除此之外，行使共有的专利申请权或者专利权应当取得全体共有人的同意。

一般情况下，国家保护专利权，但在某些特殊情况下，专利权的实施依然有些许限制。一是依据法律规定不经专利权人的同意，直接许可具备实施条件的申请者实施发明或实用新型专利，这种行为被称为强制许可。取得实施强制许可的单位或者个人应当付给专利权人合理的使用费，付给使用费的，其数额由双方协商；双方不能达成协议的，由国务院专利行政部门裁决。取得实施强制许可的单位或者个人不享有独占的实施权，并且无权允许他人实施。二是某些状况法律规定为不视为侵犯专利权的情形。

强制许可有多种表现形式：①在国家出现紧急状态或者非常情况时，或者为了公共利益的目的，国务院专利行政部门可以给予实施发明专利或者实用新型专利的强制许可；②为了公共健康目的，对取得专利权的药品，国务院专利行政部门可以给予制造并将其出口到符合中华人民共和国参加的有关国际条约规定的国家或者地区的强制许可；③一项取得专利权的发明或者实用新型比之前已经取得专利权的发明或者实用新型具有显著经济意义的重大技术进步，其实施又有赖于前一发明或者实用新型的实施的，国务院专利行政部门根据后一专利权人的申请，可以给予实施前一发明或者实用新型的强制许可；④专利权人自专利权被授予之日起满三年，且自提出专利申请之日起满四年，无正当理由未实施或者未充分实施其专利的，或者专利权人行使专利权的行为被依法认定为垄断行为，为消除或者减少该行为对竞争产生的不利影响的，国务院专利行政部门根据具备实施条件的单位或者个人的申请，可以给予实施发明专利或者实用新型专利的强制许可。

国务院专利行政部门做出的给予实施强制许可的决定，及时通知专利权人，并予以登记和公告。给予实施强制许可的决定，应当根据强制许可的理由规定实施的范围和时间。强制许可的理由消除并不再发生时，国务院专利行政部门根据专利权人的请求，经审查后做出终止实施强制许可的决定。

以下情形不视为侵犯专利权：①专利产品或者依照专利方法直接获得的产品，由专利权人或者经其许可的单位、个人售出后，使用、许诺销售、销售、进口该产品的；②在专利申请日前已经制造相同产品、使用相同方法或者已经作好制造、使用的必要准备，并且仅在原有范围内继续制造、使用的；③临时通过中国领陆、领水、领空的外国运输工具，依照其所属国同中国签订的协议或者共同参加的国际条约，或者依照互惠原则，为运输工具自身需要而在其装置和设备中使用有关专利的；④专为科学研究和实验而使用有关专利的；⑤为提供行政审批所需的信息，制造、使用、进口专利药品或者专利医疗器械的，以及专门为其制造、进口专利药品或者专利医疗器械的。

（2）专利的期限与终止

专利的保护都有期限，发明专利权的期限为二十年，实用新型专利权的期限为十年，外观设计专利权的期限为十五年，均自申请日起计算。专利权人应当自被授予专利权的当年开始缴纳年费。

专利权的保护期限是固定的，但也有特殊情况。自发明专利申请日起满四年，且自实质审查请求之日起满三年后授予发明专利权的，国务院专利行政部门应专利权人的请求，就发明专利在授权过程中的不合理延迟，给予专利权期限补偿，但由申请人引起的不合理延迟除外。为补偿新药上市审评审批占用的时间，对在中国获得上市许可的新药相关发明专利，国务院专利行政部门应专利权人的请求给予专利权期限补偿。补偿期限不超过五年，新药批准上市后总有效专利权期限不超过十四年。

专利权期限届满则自动终止，但倘若专利权人没有按照规定缴纳年费，或专利权人以书面声明放弃其专利权的，专利权在期限届满前终止。专利权在期限届满前终止的，需由国务院专利行政部门登记和公告。

若任何单位或者个人认为某项专利权的授予不符合法律有关规定的，自国务院专利行政部门公告授予专利权之日起，可以请求国务院专利行政部门宣告该专利权无效。国务院专利行政部门对宣告专利权无效的请求进行及时审查并做出决定，后通知请求人和专利权人，宣告专利权无效的决定，由国务院专利行政部门登记和公告，宣告无效的专利权视为从开始就不存在。当事人若对国务院专利行政部门宣告专利权无效或者维持专利权的决定不服的，可以自收到通知之日起三个月内向人民法院起诉。

4. 专利的保护

（1）保护范围

发明或者实用新型专利权的保护范围以其权利要求的内容为准，说明书及附图可以用于解释权利要求的内容。外观设计专利权的保护范围以表示在图片或者照片中的该产品的外观设计为准，简要说明可以用于解释图片或者照片所表示的该产品的外观设计。

（2）专利侵权与保护

侵犯专利权的诉讼时效为三年，自专利权人或者利害关系人知道或者应当知道侵权行为以及侵权人之日起计算。发明专利申请公布后至专利权授予前使用该发明未支付适当使用费的，专利权人要求支付使用费的诉讼时效为三年，自专利权人知道或者应当知道他人使用其发明之日起计算，但是，专利权人于专利权授予之日前即已知道或者应当知道的，自专利权授予之日起计算。

专利侵权有多种表现形式，如未经专利权人许可实施其专利，假冒专利等。专利侵权引起的纠纷，可以先由当事人协商解决；不愿协商或者协商不成的，专利权人或者利害关系人可以向法院起诉，也可以请求管理专利工作的部门处理。管理专利工作的部门处理时，认定侵权行为成立的，可以责令侵权人立即停止侵权行为，当事人不服的，可以自收到处理通知之日起十五日内依照《中华人民共和国行政诉讼法》向人民法院起诉；侵权人期满不起诉又不停止侵权行为的，管理专利工作的部门可以申请人民法院强制执行。进行处理的管理专利工作的部门应当事人的请求，可以就侵犯专利权的赔偿数额进行调解；调解不成的，当事人可以依照《中华人民共和国民事诉讼法》向人民法院起诉。

侵犯专利权的行为人根据侵权情节及后果，不仅需要承担停止侵权、赔偿损失、消除影响等民事责任，以及罚款等行政责任，有时甚至还需承担刑事责任。例如假冒专利的，除依法承担民事责任外，由负责专利执法的部门责令改正并予公告，没收违法所得，可以处违法所得五倍以下的罚款；没有违法所得或者违法所得在五万元以下的，可以处二十五万元以下的罚款；构成犯罪的，依法追究刑事责任。

诚然，也有当事人无意间侵犯他人专利权的情况，如为生产经营目的使用、许诺销售或者销售不知道是未经专利权人许可而制造并售出的专利侵权产品，这种情况下当事人并没有侵权的恶意，只要其能证明该产品的合法来源，不需要承担赔偿责任。

对专利权人而言，不仅要依靠《中华人民共和国专利法》保障自己的合法权利，在申请和实施专利权时也一定要遵守相关法律规定。若是违反法律规定向外国申请专利，泄露国家秘密，则由所在单位或者上级主管机关给予行政处分；如果构成犯罪，则依法追究刑事责任。专利权人滥用专利权损害公共利益或者他人合法权益的，一旦发现有滥用专利权，排除或者限制竞争，构成垄断行为的，依然要承担法律责任。

（四）商标权

1. 商标与商标权

（1）商标与商标权概述

商标是指任何能够将自然人、法人或者其他组织的商品与他人的商品区别开的标志，包括文字、图形、字母、数字、三维标志、颜色组合和声音等，以及上述要素的组合。商标权，是指商标所有人对其商标所享有的权利。

（2）商标的分类

经商标局核准注册的商标为注册商标，包括商品商标、服务商标、集体商标和证明商标。集体商标，是指以团体、协会或者其他组织名义注册，供该组织成员在商事活动中使用，以表明使用者在该组织中的成员资格的标志。证明商标，是指由对某种商品或者服务具有监督能力的组织所控制，而由该组织以外的单位或者个人使用于其商品或者服务，用以证明该商品或者服务的原产地、原料、制造方法、质量或者其他特定品质的标志。集体商标和证明商标比较特殊，其注册和管理的相关事项，由国务院工商行政管理部门另行规定，本节不予阐述。本节所说商标指的是商品商标和服务商标。

有些商品必须使用注册商标，如烟草制品，商品商标未经核准注册的，不得在市场销售，因此这类商品必须申请商标注册。但是，商标注册也有限制因素，下列标志不能作为商标注册：①仅有本商品的通用名称、图形、型号的；②仅直接表示商品的质量、主要原料、功能、用途、重量、数量及其他特点的；③其他缺乏显著特征的。这三类标志原则上不能作为商标注册，但如果这些标志已经经过使用且取得显著特征，并便于识别的，可以作为商标注册。

但是下列标志是绝对禁止被用作注册商标的：①同中华人民共和国的国家名称、国旗、国徽、国歌、军旗、军徽、军歌、勋章等相同或者近似的，以及同中央国家机关的名称、标志、所在地特定地点的名称或者标志性建筑物的名称、图形相同的；

②同外国的国家名称、国旗、国徽、军旗等相同或者近似的，但经该国政府同意的除外；③同政府间国际组织的名称、旗帜、徽记等相同或者近似的，但经该组织同意或者不易误导公众的除外；④与表明实施控制、予以保证的官方标志、检验印记相同或者近似的，但经授权的除外；⑤同"红十字""红新月"的名称、标志相同或者近似的；⑥带有民族歧视性的；⑦带有欺骗性，容易使公众对商品的质量等特点或者产地产生误认的；⑧有害于社会主义道德风尚或者有其他不良影响的。县级以上行政区划的地名或者公众知晓的外国地名，不得作为商标。但是，地名具有其他含义或者作为集体商标、证明商标组成部分的除外；有些商标注册时间较早，因此已经注册的使用地名的商标继续有效。

商标是用来表明自己区别于他人的标志，因此，创业者势必要在商标上下一番功夫，商标的启用要慎重。

（3）商标权的内容

商标注册人享有商标权，其内容包括专用权、禁止权、许可权、转让权和续展权。

一是专用权。专用权是商标权最重要的内容，是商标权中最基本的核心权利。注册商标的专用权，是以核准注册的商标和核定使用的商品为限，商标权人可在核定的商品上独占性地使用核准的商标，注册商标只能在注册时所核定的商品或者服务项目上使用，而不能覆盖类似的商品或者服务项目；商标权人也不得擅自改变构成注册商标的标志，不能使用与注册商标近似的商标。

二是禁止权。禁止权是指注册商标所有人有权禁止他人未经其许可，在同一种或者类似商品上使用与其注册商标相同或相似的商标。

三是许可权。商标注册人可以通过签订商标使用许可合同，许可他人使用其注册商标。经许可使用他人注册商标的，必须在使用该注册商标的商品上标明被许可人的名称和商品产地。许可他人使用其注册商标的，许可人应当将其商标使用许可报商标局备案，由商标局公告。许可人应当监督被许可人使用其注册商标的商品质量，被许可人应当保证使用该注册商标的商品质量。

四是转让权。转让注册商标，转让人和受让人应当签订转让合同，并共同向商标局提出申请，经商标局核准公告后方为有效。商标权转让后，受让人取得注册商标所有权，原来的商标权人丧失商标权。对容易导致混淆或者有其他不良影响的转让，商标局不予核准，需书面通知申请人并说明理由。

五是续展权。注册商标有效期满，需要继续使用的，商标注册人应当在期满前十二个月内按照规定办理续展手续；在此期间未能办理的，可以给予六个月的宽展期。每次续展注册的有效期为十年，自该商标上一届有效期满次日起计算。期满未办理续展手续的，注销其注册商标。商标局应当对续展注册的商标予以公告。

2. 商标的取得与终止

（1）商标权的取得

现阶段我国商标的取得方式主要是注册取得。国务院工商行政管理部门商标局主管全国商标注册和管理的工作，国务院工商行政管理部门设立商标评审委员会，

175

负责处理商标争议事宜。自然人、法人或者其他组织在生产经营活动中，对其商品或者服务需要取得商标的，应当向商标局申请商标注册。申请注册和使用商标，应当遵循诚实信用原则，不以使用为目的的恶意商标注册申请，应当予以驳回，为申请商标注册所申报的事项和所提供的材料应当真实、准确、完整。对申请注册的商标，商标局应当自收到商标注册申请文件之日起九个月内审查完毕，符合法律相关规定的，予以初步审定公告。

申请注册的商标，应当有显著特征，便于识别，并不得与他人在先取得的合法权利相冲突。商标注册申请人应当按规定的商品分类表填报使用商标的商品类别和商品名称，提出注册申请。商标注册申请人可以通过一份申请就多个类别的商品申请注册同一商标；注册商标需要在核定使用范围之外的商品上取得商标专用权的，应当另行提出注册申请。商标注册申请等有关文件，可以以书面方式或者数据电文方式提出。

在审查过程中，商标局认为商标注册申请内容需要说明或者修正的，可以要求申请人做出说明或者修正。申请人未做出说明或者修正的，不影响商标局做出审查决定。申请注册的商标，凡不符合法律相关规定或者同他人在同一种商品或者类似商品上已经注册的或者初步审定的商标相同或者近似的，由商标局驳回申请，不予公告。

（2）商标权的使用与终止

注册商标的有效期为十年，自核准注册之日起计算。

商标注册人在使用注册商标的过程中，自行改变注册商标、注册人名义、地址或者其他注册事项的，由地方工商行政管理部门责令限期改正；期满不改正的，由商标局撤销其注册商标。

注册商标成为其核定使用的商品的通用名称或者没有正当理由连续三年不使用的，任何单位或者个人可以向商标局申请撤销该注册商标。商标局应当自收到申请之日起九个月内做出决定。有特殊情况需要延长的，经国务院工商行政管理部门批准，可以延长三个月。已经注册的商标，违反法律关于注册商标具体内容的规定的，或者是以欺骗手段或者其他不正当手段取得注册的，由商标局宣告该注册商标无效；其他单位或者个人可以请求商标评审委员会宣告该注册商标无效。

商标注册人申请商标注册前，他人已经在同一种商品或者类似商品上先于商标注册人使用与注册商标相同或者近似并有一定影响的商标的，注册商标专用权人无权禁止该使用人在原使用范围内继续使用该商标，但可以要求其附加适当区别标识。

3. 商标权的保护

（1）商标权侵权

有下列行为之一的，均属侵犯注册商标专用权：①未经商标注册人的许可，在同一种商品上使用与其注册商标相同的商标的；②未经商标注册人的许可，在同一种商品上使用与其注册商标近似的商标，或者在类似商品上使用与其注册商标相同或者近似的商标，容易导致混淆的；③销售侵犯注册商标专用权的商品的；④伪造、擅自制造他人注册商标标识或者销售伪造、擅自制造的注册商标标识的；⑤未经商标注册人同意，更换其注册商标并将该更换商标的商品又投入市场的；⑥故意为侵犯他人商标专用权行为提供便利条件，帮助他人实施侵犯商标专用权行为的；⑦给他人的注册商标专用权造成其他损害的。

而将他人注册商标、未注册的驰名商标作为企业名称中的字号使用，误导公众，构成不正当竞争行为，也侵害了商标注册人的商标权。

（2）商标权保护

商标权侵权引起的纠纷，由当事人协商解决。当事人不愿协商或者协商不成的，商标注册人或者利害关系人可以向人民法院起诉，要求侵权人承担停止侵害、排除妨害、消除危险、赔偿损失和消除影响的民事责任，也可以请求工商行政管理部门处理。对侵犯注册商标专用权的行为，工商行政管理部门有权依法查处，涉嫌犯罪的，应当及时移送司法机关依法处理。

工商行政管理部门处理时，认定侵权行为成立的，需责令侵权者立即停止侵权行为，没收、销毁侵权商品和主要用于制造侵权商品、伪造注册商标标识的工具，违法经营额五万元以上的，可以处违法经营额五倍以下的罚款，没有违法经营额或者违法经营额不足五万元的，可以处二十五万元以下的罚款。对五年内实施两次以上商标侵权行为或者有其他严重情节的，从重处罚。销售不知道是侵犯注册商标专用权的商品，能证明该商品是自己合法取得并说明提供者的，由工商行政管理部门责令停止销售。

对侵犯商标专用权的赔偿数额的争议，当事人可以请求进行处理的工商行政管理部门调解，也可以依照《中华人民共和国民事诉讼法》向人民法院起诉。经工商行政管理部门调解，当事人未达成协议或者调解书生效后不履行的，当事人可以依照《中华人民共和国民事诉讼法》向人民法院起诉。侵犯商标专用权的赔偿数额，按照权利人因被侵权所受到的实际损失确定；实际损失难以确定的，可以按照侵权人因侵权所获得的利益确定；权利人的损失或者侵权人获得的利益难以确定的，参照该商标许可使用费的倍数合理确定。对恶意侵犯商标专用权，情节严重的，可以在按照上述方法确定数额的一倍以上五倍以下确定赔偿数额，赔偿数额应当包括权利人为制止侵权行为所支付的合理开支。

三、案例分析

根据《中华人民共和国商标法》第三十二条规定：申请商标注册不得损害他人现有的在先权利，也不得以不正当手段抢先注册他人已经使用并有一定影响的商标。同时根据《中华人民共和国商标法》第四十五条第一款的规定："已经注册的商标，违反本法第十三条第二款和第三款、第十五条、第十六条第一款、第三十条、第三十一条、第三十二条规定的，自商标注册之日起五年内，在先权利人或者利害关系人可以请求商标评审委员会宣告该注册商标无效。对恶意注册的，驰名商标所有人不受五年的时间限制。"因此乙虽然抢先注册了甲工厂已经使用并且有一定影响的商标，但是作为利害关系人的甲工厂若想申请宣告乙注册的"无处可'桃'"商标无效，依然要受到5年的时间限制，甲应该自商标注册之日起5年内提出申请。虽然甲工厂可以申请乙注册的商标无效，可是因为举证难等原因，甲工厂并不一定能够达到预期目的。即使最后乙注册的商标被判定无效，那么在乙、丙使用商标的这段时间内，并不能保证乙为商标带来的都是积极评价，后续甲工厂使用商标时，会一并承担乙或者丙带来的不利影响，对创业者有很大的风险。

根据《中华人民共和国商标法》第五十九条第三款规定：商标注册人申请商标注册前，他人已经在同一种商品或者类似商品上先于商标注册人使用与注册商标相同或者近似并有一定影响的商标的，注册商标专用权人无权禁止该使用人在原使用范围内继续使用该商标，但可以要求其附加适当区别标识。因此，甲工厂还能在原有范围内继续使用"无处可'桃'"商标，但是必须在果汁产品上附加区别标识。需要创业者注意的是，产品一旦附加了区别标识，就很容易被消费者认定为另一种产品，那么甲工厂之前积累的品牌声誉等都会大打折扣，很有可能为他人做嫁衣裳，并且甲工厂即使能够使用"无处可'桃'"商标，也只能在原有的使用范围即果汁产品上使用，这对品牌的长久发展也非常不利。

四、相关建议

（1）知识产权的内容纷繁复杂，一旦发生纠纷，即使是对于已经执业的律师来说，由于缺乏一定的理工科等专业知识背景，侵权行为的认定仍是一大难点，更别说在法庭上有理有据进行辩论了。

（2）知识产权的案件尤其是专利案件的难度比一般的民事诉讼案件要大，因此，在发生知识产权纠纷，尤其是专利纠纷时，建议找寻专利律师代理案件（专利律师是指取得了专利代理师资格证的律师）。

（3）但是由于成为专利律师的难度非常高，因此目前市面上专利律师的数量比较稀缺，其收费标准也相对较高。故而如果创业者想提前规避各种知识产权纠纷或者委托代理知识产权专利案件，但又资金不足时，也可以选择执业年限较长、经验水平较为丰富的专利代理人。

五、模拟与实战训练

葛强、冯君、王丽丽三人组团参加了某市"青春创想"大学生创业大赛获得了第一名。三人决定将参赛项目付诸实践，成立"艺善坊文化创意公司"，为本省当地非遗项目、支柱性农产品等提供持续性品牌策略、形象设计和营销推广支持。为打响知名度，三人跟随潮流，为当地特色产品水蜜桃拍摄了一部名为《无处可"桃"》的宣传短片，后将此短片的信息网络传播权转让给乙网站，随后乙网站采取了技术措施防范未经许可免费播放或下载该短片。丙网站开发出专门规避乙网站技术的软件，供网民在丙网站免费下载使用，学生丁利用该软件免费下载了此短片，供个人观看。

问题一："艺善坊文化创意公司"是否丧失了著作权人的主体资格？

问题二：若丙、丁有侵权行为，乙网站可否经三人同意以自己的名义起诉侵权行为人？

第五章
争议的解决

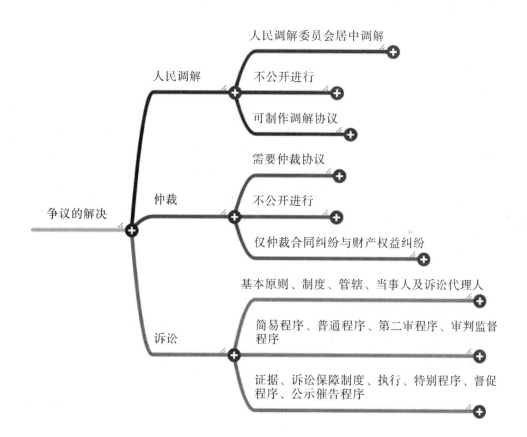

第一节 争议解决方式与对比分析

一、案例一：签订合同欠考虑，发生纠纷怎么办？

游鑫、张睿、郭卫分别是金融、管理以及计算机专业的在校大学生，三人都喜欢网游，也有创业的想法，于是一拍即合，在某市高新区成立"蓉林数码科技公司"。葛强、冯君、王丽丽三人组团参加了某市"青春创想"大学生创业大赛，获得了第一名。三人决定将参赛项目付诸实践，成立"艺善坊文化创意公司"。蓉林数码科技公司与艺善坊文化创意公司签订了合同，委托艺善坊文化创意公司为新开发的网游提供营销推广支持。因经验不足，蓉林数码科技公司签订合同时，并未对艺善坊文化创意公司的营销推广行为加以条件约束，导致网游推广不畅。现双方因合同履行发生争议，该如何解决？

二、法律知识点

（一）纠纷解决方式

争议也就是纠纷。民事纠纷是最为普遍的社会现象，为妥善处理各类民事纠纷，维护正常稳定的社会秩序，人类社会创建了不同的纠纷解决机制，主要有和解、仲裁、调解和诉讼，每种纠纷解决方式都有其独到之处。创业者了解各类纠纷解决方式并妥善运用，有利于提高纠纷解决的效率。一般我们将纠纷解决方式分为诉讼方式与非诉讼方式。

1. 诉讼方式

诉讼是通过国家公权力来解决民事纠纷的一种纠纷解决机制，即由国家设置的专门机关代表国家行使审判权，通过法定的程序查明事实，分清是非，对纠纷各方的实际权利义务关系做出终局性的裁判，并在一方当事人不履行生效裁判确定的义务时，经对方当事人申请行使国家公权力强制其履行义务的纠纷解决方式[1]，也就是大家通常所说的"打官司"。我国的诉讼大致可以分为刑事诉讼、民事诉讼和行政诉讼，对于创业者来说，其一般参与的是商事与民事活动，因而对诉讼活动的介绍，本章节以民事诉讼为主。

2. 非诉讼方式

非诉讼解决机制也称为诉讼外解决民事纠纷机制，是指民事纠纷的当事人通过和解、调解、仲裁等诉讼外途径解决纠纷的制度体系[2]。

（1）和解

和解是双方当事人在平等的基础上协商，相互体谅，最后达成协议以解决纠纷的一种民间活动。在日常生活与交往中，和解是最常见最高效的纠纷解决方式。

（2）人民调解（诉讼外调解）[3]

人民调解是指人民调解委员会通过说服、疏导等方法，促使当事人在平等协商的基础上自愿达成调解协议，解决民间纠纷的活动。人民调解必须要在当事人自愿平等的基础上，在人民调解委员会的主持下进行，并且人民调解不能违背法律法规和国家政策，也不能为了追求高效而阻止当事人依法通过仲裁、行政、司法等途径维护自己的权利。人民调解委员会的设立、职能以及人员构成等事项均在法律中予以规定。经调解达成调解协议的，可以制作调解协议书。人民调解委员会调解民间纠纷，不收取任何费用。

［1］《民事诉讼法学》编写组. 民事诉讼法学［M］. 2 版. 北京：高等教育出版社，2018：17.
［2］《民事诉讼法学》编写组. 民事诉讼法学［M］. 2 版. 北京：高等教育出版社，2018：18.
［3］人民调解的相关规定详见《中华人民共和国人民调解法》。

（3）仲裁[1]

仲裁一般应当开庭进行，但是当事人协议不开庭的，仲裁庭可以根据仲裁申请书、答辩书以及其他资料做出裁决，因此仲裁也是以开庭审理为原则的。

仲裁的启动必须以有效的仲裁协议为前提。仲裁协议是双方当事人自愿将他们之间已经发生或者可能发生的争议，提交仲裁解决的书面协议。仲裁协议本质上是一种合同，但仲裁协议具有独立性，该独立性是指仲裁条款可以与主合同的条款分离，其不因主合同不存在而不存在，不因主合同无效而无效，不因主合同被撤销而失效。有效的仲裁协议必须具备法定的内容，即必须明确选定仲裁委员会，如果当事人同时约定两个以上的仲裁委员会，当事人可以协议选择其中一个申请仲裁，当事人就仲裁委员会的选择不能达成一致的仲裁协议才无效。

（二）解决方式的对比分析

1. 适用范围不同

仲裁的适用范围是平等主体的公民、法人和其他组织之间发生的合同纠纷和其他财产权益纠纷，仅限于财产权益纠纷。人民调解的适用范围是发生在公民与公民之间、公民与法人和其他社会组织相互之间涉及民事权利义务争议的各种纠纷。诉讼的适用范围是民事的所有纠纷，包括人身权益和财产权益纠纷。

2. 程序不同

仲裁是一裁终局，即裁决一旦做出，就发生法律效力，若当事人对仲裁裁决不服，不可以就同一纠纷再向仲裁委员会申请复议或向法院起诉，仲裁也没有二审、再审等程序。诉讼外调解作为一种纯粹的民间性质的纠纷解决机制，《中华人民共和国人民调解法》对程序的规定较为灵活，并且经人民调解委员会调解达成调解协议后，当事人之间就调解协议的履行或者调解协议的内容发生争议的，一方当事人还可以再向人民法院提起诉讼。诉讼是两审终审制，当事人不服一审判决可以上诉，并且二审结束后，如果案件符合再审条件，还会启动审判监督程序，进入再审。

3. 公开程度不同

仲裁不公开进行审理，但是仲裁仍然需要开庭。人民调解一般也不公开进行审理。但诉讼中，除涉及国家秘密、个人隐私、商业秘密的案件以及当事人申请不公开审理的离婚案件以外，其他案件应当公开进行。

4. 第三方介入机构不同

仲裁机构是民间机构，属于社会救济机制。人民调解委员会是依法设立的调解民间纠纷的群众性组织，也是民间机构。而法院是司法审判机构，是国家机关，属于公立救济机制。

5. 形成的文书不同

一是文书的内容不同。仲裁的结果是形成裁决书，当事人协议不愿在裁决书中写明争议事实和裁决理由的，可以不写。经人民调解委员会调解达成调解协议的，可以制作调解协议书，调解协议书可以载明当事人的基本情况，纠纷的主要事实，

---

[1]　仲裁的具体内容详见《中华人民共和国仲裁法》。

争议事项，各方当事人的责任，当事人达成调解协议的内容，履行的方式、期限等。但是调解协议书不是必需的，若双方当事人协商一致，也可以不制作调解协议书，而采取口头协议，但是人民调解员应当记录协议内容。而诉讼形成的判决书必须写明案由，诉讼请求、争议的事实和理由。

二是文书效力不同。仲裁裁决以裁决书的形式出现，具有强制执行力。当事人应当履行裁决，一方当事人不履行的，另一方当事人可以依照民事诉讼法的有关规定向人民法院申请执行，而受申请的人民法院应当执行，因此具有给付内容的生效裁决书也具有执行力。调解书可以反悔，调解达成调解协议后，当事人反悔的，可以再向法院起诉；当然经人民调解委员会调解达成调解协议的，当事人也可以向人民法院申请确认调解协议书的效力。而诉讼的判决和裁定都具有强制执行力，当事人应当依法履行生效裁判的义务。

（三）劳动争议案件的特殊性

之所以把劳动争议的案件放在争议解决方式这一章节，是因为它的解决方式具有特殊性，即仲裁前置，这是法律的规定，当事人没有其他选择[1]。

1. 仲裁前置

劳动仲裁是指由劳动争议仲裁委员会对当事人申请仲裁的劳动争议居中裁决。我国法律规定，发生劳动争议后双方当事人先行协商，协商无果后可以向调解组织申请调解，调解无法解决的可以向劳动争议仲裁委员会申请仲裁，对仲裁裁决不服的，才能向人民法院提起诉讼。因此，劳动仲裁是劳动争议当事人向人民法院提起诉讼前的必经程序。劳动争议的仲裁，不要求当事人事先或事后达成仲裁协议，只要当事人一方提出申请，有关的仲裁机构即可受理。

劳动争议申请仲裁的时效期间为一年。也就是说，提起劳动仲裁的一方应在知道或者应当知道其权利被侵害之日起一年内向劳动争议仲裁委员会提出书面申请。劳动关系存续期间因拖欠劳动报酬发生争议的，劳动者申请仲裁不受仲裁时效一年的限制，但是，涉及劳动关系终止的，应当自劳动关系终止之日起一年内提出仲裁申请。劳动争议仲裁委员会收到仲裁申请之日起五日内，做出受理或不予受理的决定。对劳动争议仲裁委员会不予受理或者逾期未做出决定的，申请人可以就该劳动争议事项向人民法院提起诉讼。

2. 管辖

劳动争议由劳动争议仲裁委员会负责管辖。劳动争议仲裁委员会的设立是按照统筹规划、合理布局和适应实际需要的原则，因此，劳动争议仲裁委员会不按行政区划层层设立，省、自治区和直辖市人民政府可以决定在市、区或者县设立一个或者若干个劳动争议仲裁委员会。现阶段的实际情况是，除法律另有规定外，劳动争议的案件大部分都由当地县级劳动争议仲裁委员会受理。

同级不同地区劳动争议仲裁委员会在受理案件方面也有区别。劳动争议由劳动合同履行地或者用人单位所在地的劳动争议仲裁委员会管辖。双方当事人分别向劳

---

[1] 劳动争议的解决有多种方式，关于劳动仲裁的具体内容详见《中华人民共和国劳动争议调解仲裁法》。

动合同履行地和用人单位所在地的劳动争议仲裁委员会申请仲裁的，由劳动合同履行地的劳动争议仲裁委员会管辖。

3. 特点

劳动仲裁的效率高。劳动争议当事人一般都不愿意在纠纷处理上花费很长时间和很多精力，用仲裁的方法解决争议，程序简便，时间较短，正好满足了这一要求。此外参加仲裁的仲裁员大多是精通劳动争议相关法律的专家，在处理劳动争议的案件上具有丰富经验，这也有利于提高案件质量。并且劳动争议仲裁委员会的经费由财政予以保障，劳动争议仲裁不收费，为当事人减轻了经济负担。

在劳动仲裁的举证责任分配中，充分考虑现实状况，法律特别规定若劳动者无法提供由用人单位掌握管理的与仲裁请求有关的证据，仲裁庭可以要求用人单位在指定期限内提供，用人单位在指定期限内不提供的，应当承担不利后果。通常情况下仲裁裁决为终局裁决，裁决书自作出之日起发生法律效力，仲裁裁决书发生法律效力后，当事人不履行仲裁裁决的，仲裁机构不能强制执行，只能由当事人申请人民法院强制执行。对仲裁裁决不服的，可以自收到仲裁裁决书之日起十五日内向人民法院提起诉讼。

（四）律师为诉讼减负

1. 律师的作用

律师是以专业知识为社会提供法律服务的人群。在法律意识和风险防范意识淡薄的创业者眼中，只有在产生纠纷或者争议时，创业者才会委托律师参与诉讼，进行亡羊补牢式的诉讼救济。但是，律师的作用不仅仅是代理案件，为用户做好防范风险、节约机会成本、控制损失扩大也是律师的作用之一。对非诉律师来说，他的作用就是为顾问单位或个人提供有针对性的、超前的、防患于未然的专业化法律安全保障，最大限度降低顾问单位或个人的法律风险，避免纠纷、损失的产生，做好顾问单位或者个人的法律事件"风险防控"，以专业、勤勉的态度提供优质、高效的法律服务。

2. 如何选择律师

首先，要通过了解律师的学历和执业年限来判断律师的业务水平。通常来讲，执业年限越长的律师，办案经验越丰富，应变能力也越强，这也是比较重要的考量因素。其次，通过查询中国裁判文书网上该律师承办案件的结果来了解律师的办案能力。现在除去一些涉及国家秘密、商业秘密和个人隐私的裁判文书之外，其他都可以查询到。通过了解律师办理过的案件，也可以侧面了解律师的业务能力。

三、案例分析

根据以上的介绍，本案中双方公司有四种选择。秉承国人"多一事不如少一事"的想法，首选当然是私下协商，双方公司先就合同履行所产生的争议进行友好平等商议，如果确实无法达成一致意见，则再选择调解、仲裁和诉讼方式。选择调解和私下协商差异并不大，都是意在和平友好地解决争议纠纷，但调解有第三方见证人，并且调解结果可以以调解协议书的形式固定下来，对诚实守信的双方有一定的约束力。

若双方意见差异巨大，则可采取仲裁或者诉讼的方式，两者都需要缴纳一定的费用。如果创业者想快速高效解决纠纷并且要求隐秘，则可以选择仲裁，但前提是纠纷双方需要提前签署有仲裁协议，约定纠纷发生后以仲裁的方式解决。而如果不介意长线作战，创业者可以选择诉讼，但诉讼程序多，耗费时间长，在追求效率的创业者眼中，某些情况下诉讼可能并不是最好的选择。

四、相关建议

（1）当纠纷发生时，当事人应当首先决定采用何种方式解决纠纷，是调解、仲裁，还是诉讼？若是追求效率选择仲裁，则最好未雨绸缪，在合同签订时约定仲裁条款和仲裁机构，一旦纠纷发生便可以迅速解决。若是不愿意对簿公堂，则可以选择第三方介入进行调解，当然要谨记调解完成后制作调解协议，并请求法院确认调解协议的效力，为后续执行减少麻烦。若是选择诉讼，则要做好打持久战的准备，并严格遵守法律的相关规定参加诉讼。创业者无论选择何种争议纠纷解决方式，都要了解每种方式的利弊，这样才能做出符合实际情况、最有利于自身切实利益的决定。

（2）善用专业人士，诉讼胜算会有所提高。虽然任何具有民事行为能力的人都可以参加民事诉讼程序，然而，民事诉讼作为法律程序，其中的法律适用和举证，诉讼策略的制定和实施，都相对复杂和专业，其中的知识和技能要求需要经过多年的学习和积累，远不是没有法律专业知识和技能的普通公民通过常识和网络搜索能完全掌握的。

（3）聘请律师作为代理人参与诉讼，坚实的法律基础和丰富的诉讼经验能更容易达到理想的诉讼效果。此外，律师的作用不仅仅是打官司，当事人不仅应该在采取诉讼行为时咨询和聘用律师，而且要在平时有疑问时多咨询律师，现在很多成熟的公司和企业均设有法务部，通过具有专业法律知识的人的介入来规范自己的商事行为，签订合同前审慎审查等，将有效地维护自己的权益，进而减少纠纷和争议的发生。

五、模拟与实战训练

蓉林数码科技公司与艺善坊文化创意公司签订了合同，委托艺善坊文化创意公司为新开发的网游提供营销推广支持。双方在合同中约定了仲裁条款："如因合同效力和合同履行发生争议，由甲仲裁委员会仲裁。"合作中双方发生争议，蓉林数码科技公司向甲仲裁委员会提出仲裁申请，要求确认合同无效，甲仲裁委员会受理。艺善坊文化创意公司提交答辩书称，如合同无效，仲裁条款当然无效，故甲仲裁委员会无权受理本案。随即，艺善坊文化创意公司向法院申请确认仲裁协议无效。蓉林数码科技公司见状向甲仲裁委员会提出请求，确认仲裁协议有效。

问题：仲裁协议的效力如何确定？

第二节　法院与诉讼

一、案例二：交易出问题，正义何处寻？

某市大学城某高校学生孙佳凝和室友房光友、邵阳经过调研，发现大学城内没有专门的鞋类养护机构，于是三人在该市 A 区注册成立了公司"爱鞋之家"来填补市场空白。后"爱鞋之家"公司与住所地在该市 B 区的甲公司签订了一份买卖合同，合同约定甲公司向"爱鞋之家"提供价值 4 万元的鞋类养护产品，"爱鞋之家"收到货后 7 日内向甲公司支付货款，合同履行地为该市 C 区。合同履行过程中，双方因货款的支付方式发生争议，"爱鞋之家"欲提起诉讼。

问题：本案该由哪所法院管辖？若合同签订后尚未履行，管辖法院是否会发生变化？法院受理本案后，甲公司就争议的付款方式提交了答辩状，经审理，法院判决甲公司败诉。甲公司不服，以一审法院无管辖权为由提起上诉，要求二审法院撤销一审判决，驳回起诉，二审法院该如何做？

二、法律知识点

（一）法院概述

人民法院[1]是国家的审判机关，依照法律规定独立行使审判权，解决纠纷，保护个人和组织的合法权益。人民法院依照法律规定独立行使审判权，不受行政机关、社会团体和个人的干涉。人民法院审判案件在适用法律上一律平等，不允许任何组织和个人有超越法律的特权，禁止任何形式的歧视。

人民法院分为最高人民法院、地方各级人民法院和专门人民法院。专门人民法院，包括军事法院、海事法院、知识产权法院与金融法院等。地方各级人民法院又分为高级人民法院、中级人民法院和基层人民法院，高级人民法院是中级人民法院的上级法院，中级人民法院是基层人民法院的上级法院，上级人民法院监督并指导下级人民法院的审判工作。

最高人民法院是最高审判机关，并且监督地方各级人民法院和专门人民法院的审判工作。最高人民法院审理下列案件：①法律规定由其管辖的和其认为应当由自己管辖的第一审案件；②对高级人民法院判决和裁定的上诉、抗诉案件；③按照全国人民代表大会常务委员会的规定提起的上诉、抗诉案件；④按照审判监督程序提起的再审案件；⑤高级人民法院报请核准的死刑案件。而最高人民法院除了审理案件，还可以对属于审判工作中具体应用法律的问题进行解释，也就是我们平常所说的"最高法司法解释"。

高级人民法院包括省高级人民法院、自治区高级人民法院和直辖市高级人民法

---

[1]　关于人民法院的设置、组织和职权等详细规定参见：《中华人民共和国人民法院组织法》（2018 年修订）。

院。高级人民法院审理下列案件：①法律规定由其管辖的第一审案件；②下级人民法院报请审理的第一审案件；③最高人民法院指定管辖的第一审案件；④对中级人民法院判决和裁定的上诉、抗诉案件；⑤按照审判监督程序提起的再审案件；⑥中级人民法院报请复核的死刑案件。

中级人民法院包括省、自治区辖市的中级人民法院，在直辖市内设立的中级人民法院，自治州中级人民法院以及在省、自治区内按地区设立的中级人民法院。中级人民法院审理下列案件：①法律规定由其管辖的第一审案件；②基层人民法院报请审理的第一审案件；③上级人民法院指定管辖的第一审案件；④对基层人民法院判决和裁定的上诉、抗诉案件；⑤按照审判监督程序提起的再审案件。

基层人民法院包括县、自治县人民法院，不设区的市人民法院和市辖区人民法院。基层人民法院通常审理第一审案件，法律另有规定的除外。

除法院外，日常生活中大家还会见到各种法庭，比如巡回法庭和派出法庭。巡回法庭由最高人民法院设置，是最高人民法院的组成部分，审理最高人民法院依法确定的案件，巡回法庭的判决和裁定即最高人民法院的判决和裁定。派出法庭也就是人民法庭，是基层人民法院根据地区、人口和案件的情况而设立的若干人民法庭，它是基层人民法院的组成部分，代表基层人民法院。

对于创业者来说，即使发生纠纷，标的额也不会太大，因此，通常情况下，打交道最多的应该是基层人民法院、中级人民法院以及知识产权法院。

（二）诉讼概述

1. 民事诉讼的基本原则

民事诉讼的基本原则是指在民事诉讼的全过程或者在民事诉讼的重要阶段起指导作用的行为准则。民事诉讼的基本原则有平等原则、处分原则、辩论原则、诚实信用原则、自愿合法调解原则、检察监督原则等[1]，本书着重介绍平等原则、辩论原则和自愿合法调解原则。作为一名创业者，需要了解这些基本原则以指导约束自己在民事诉讼中的行为，只有这样才能顺利实现通过诉讼解决纠纷的目的。

平等原则有两层含义，一是民事诉讼当事人有平等的诉讼权利；二是人民法院审理民事案件，应当保障和便利当事人行使诉讼权利，对当事人在适用法律上一律平等。刑事诉讼中公诉方[2]是检察院，代表的是国家公权力，这就导致了公诉机关与被告人地位不平等。而与刑事诉讼不同，民事诉讼的原告与被告在诉讼地位上无高低之分，双方当事人享有某些相同的权利，例如都可以委托诉讼代理人，进行辩论，提起上诉等，并且双方当事人也承担相同的诉讼义务，如遵守法庭秩序、履行生效判决等。因此，对创业者来说，一旦进入民事诉讼程序，无论打官司的对方是个人还是知名的大型公司，当事人双方的诉讼地位是完全平等的，法院也会平等对待双方当事人，并保障双方当事人合法的诉讼权利。

辩论原则是指人民法院审理民事案件时，当事人有权进行辩论，这是辩论权的

---

[1] 《民事诉讼法学》编写组. 民事诉讼法学［M］. 2版. 北京：高等教育出版社，2018：54.
[2] 公诉方是刑事案件中提起诉讼的一方，为便于理解，读者可以将公诉方类比为民事案件中的原告。一般来说，刑事案件的公诉方为检察院。

体现，辩论权是当事人一项非常重要的诉讼权利。辩论原则贯穿于民事诉讼的全过程，当事人可以自己行使，也可以委托诉讼代理人行使辩论权。辩论可以采取口头和书面两种形式，大家所熟悉的开庭审理阶段的辩论即是口头辩论，当事人还可以通过提交起诉状、答辩状等文书行使辩论权。

自愿合法调解原则是指人民法院审理民事案件，应当根据自愿和合法的原则进行调解；调解不成的，应当及时判决。自愿合法调解原则需要从自愿和合法两个层面解读：其一，自愿是指双方当事人愿意主动调解，并且调解达成的协议内容出自双方当事人的真实意愿；其二，合法是指调解的程序必须依法进行，并且调解协议的内容需要合乎法律规定。

2. 诉讼的基本制度

法院、当事人和其他诉讼参与人进行民事诉讼必须遵守的基本操作规程，称为民事诉讼的基本制度[1]。人民法院审理民事案件，依照法律规定实行合议、回避、公开审判和两审终审制度。

合议制度是指由三名以上审判人员组成合议庭代表法院行使审判权，对案件进行审理并做出裁判的制度。人民法院审理案件，除法律的特别规定外，由合议庭审理。合议庭由法官组成，或者由法官和人民陪审员[2]共同组成，成员人数必须为三人以上[3]单数。通常合议庭由一名法官担任审判长，审判长主持庭审、组织评议案件，评议案件时与合议庭其他成员权利平等。合议庭评议案件按照多数人的意见做出决定，少数人的意见记入评议案件笔录，笔录由合议庭全体组成人员签名。合议制度能集中法官的智慧，在一定程度上保证了案件的正确审理。需要了解的是，虽然合议制度是民事诉讼的基本制度，但除此之外法院审理案件还有独任制的形式。独任制，顾名思义即仅由一名法官对案件进行审理，法官独任审理的案件范围由法律明确规定，在此暂不予介绍。

回避制度是指在民事诉讼中，审判人员及其他有关人员遇有法律规定的回避情形时，应当退出该案审理活动的制度。回避制度存在目的是保证案件的审理公正，《中华人民共和国民事诉讼法》第4章以及《最高人民法院关于适用〈中华人民共和国民事诉讼法〉的解释》第四十三条、第四十四条具体规定了回避的具体情形及理由[4]。回避的人员包括审判人员、书记员、翻译人员、鉴定人、勘验人等，这些

[1] 《民事诉讼法学》编写组. 民事诉讼法学 [M]. 2版. 北京：高等教育出版社，2018：69.
[2] 人民陪审员是参与案件审理的非职业法官，其人员选拔和限制条件规定在《人民陪审员法》第五条至第十二条。
[3] 三人以上包括三人。
[4] 《最高人民法院关于适用〈中华人民共和国民事诉讼法〉的解释》第四十三条：审判人员有下列情形之一的，应当自行回避，当事人有权申请其回避：（一）是本案当事人或者当事人近亲属的；（二）本人或者其近亲属与本案有利害关系的；（三）担任过本案的证人、鉴定人、辩护人、诉讼代理人、翻译人员的；（四）是本案诉讼代理人近亲属的；（五）本人或者其近亲属持有本案非上市公司当事人的股份或者股权的；（六）与本案当事人或者诉讼代理人有其他利害关系，可能影响公正审理的。《最高人民法院关于适用〈中华人民共和国民事诉讼法〉的解释》第四十四条：审判人员有下列情形之一的，当事人有权申请其回避：（一）接受本案当事人及其受托人宴请，或者参加由其支付费用的活动的；（二）索取、接受本案当事人及其受托人财物或者其他利益的；（三）违反规定会见本案当事人、诉讼代理人的；（四）为本案当事人推荐、介绍诉讼代理人，或者为律师、其他人员介绍代理本案的；（五）向本案当事人及其受托人借用款物的；（六）有其他不正当行为，可能影响公正审理的。

人员可以自行回避，或者当事人及诉讼代理人认为这些人员具有应当回避的情形，如审判人员与当事人是近亲属的，可以向法院申请回避，要求他们退出案件审理。但如果这些人员应当回避而不自行回避，或当事人也未申请回避，则院长或审判委员会可以责令其回避，退出案件审理。当事人提出回避申请，应当说明理由，被申请回避的人员在人民法院做出是否回避的决定前，应当暂停参与本案的工作，但案件需要采取紧急措施的除外。人民法院对当事人提出的回避申请，应当在申请提出的三日内，以口头或者书面形式做出决定，申请人对决定不服的，可以在接到决定时申请复议一次。回避是一项非常重要的诉讼制度，违反回避规定，程序上出现纰漏，会对案件的审理产生实质上的影响。

公开审判制度是指法院审理民事案件的过程和裁判结果，应当依法向社会公开的制度。公开审判制度是将法院的审判活动置于公众的监督之下，增强了审判的透明度，有助于保障司法公正，防止司法腐败，同时也能增强公众的法律意识，起到普法和教育的作用，并且还能够提升民事审判的公信力。通常情况下，法院的开庭审理过程和裁判结果都是一律公开进行，即公开审理与公开宣判，但是对于某些特定类型的案件，法律规定不公开，如涉及国家秘密、个人隐私的案件，这两类案件绝对不公开审理。对于创业者而言，当民事诉讼涉及商业秘密时，也可以向法院提出不公开审理，法院会依据案件的实际情况，依职权决定是否公开。

两审终审制度是指一个民事案件经过两级法院的审判就宣告终结的制度。通常来讲，民事案件由第一审级法院审理并裁判后，当事人不服的可以在规定期限内向上一级法院提起上诉，但是二审法院做出裁判后，当事人即使不服，也不能再上诉，二审裁判是最终裁判。因此，创业者不能怠于行使自己的诉讼权利，一定要及时、快速、高效地参与诉讼，向法院明确自己的诉求，及时解决案件纠纷。

当然，民事诉讼的相关制度还有很多，但以上四个制度是民事诉讼最基本的制度，有别于其他制度，是法院必须遵循的基本流程，且贯穿于诉讼的全过程。

（三）诉讼的结果

一旦提起诉讼，一般会有以下几种结果：一是诉讼双方在法院的主持下调解，达成调解协议；二是双方在诉讼过程中和解，原告方撤诉；三是法院依据事实和法律做出裁判，形成判决书；四是法院对诉讼中的程序性事项[1]做出裁判。

1. 法院调解

法院调解又称诉讼调解，是在审判人员的主持下，双方当事人就案件争议内容，秉承自愿、平等的原则，协商一致并达成协议，从而解决纠纷的结案方式[2]。

和本书第五章第一节的人民调解不同，法院调解是在法院审判人员的主持下进行的，经法院调解形成的调解书具有强制执行的法律效力，而人民调解形成的调解协议不具有强制执行的效力。法院调解也是一种诉讼活动，它与判决相辅相成，法院在解决纠纷的过程中，能调解就调解，不能调解则选择判决，具体应当根据案件的具体情况分别处理。将调解和判决相结合，有利于确保案件的法律效果和社会效

---

[1] 程序性事项是与案件事实无关，但对案件的审理进度有影响的事项。
[2] 《民事诉讼法学》编写组. 民事诉讼法学 [M]. 2版. 北京：高等教育出版社，2018：152.

果的统一，但是当事人明确表示不愿意接受调解的，不能违背当事人的意愿强制进行调解。调解虽然也是法院解决纠纷的重要方式，但是以下案件不适用调解：一是适用特别程序，督促程序，公示催告程序的案件；二是涉及婚姻等身份关系确认性质的案件；三是其他根据案件性质不能进行调解的案件。

在民事诉讼中，法院调解的启动方式有两种：一是由当事人提出申请而启动；二是法院依职权主动启动。法院进行调解，可以由审判人员一人主持，也可以由合议庭主持。调解时，审判人员对于调解可以提出建议，供双方当事人参考，但不能强迫当事人接受其建议和方案。调解顺利结束，对于某些不需要制作调解书的案件[1]，如调解和好的离婚案件，调解协议应当记入笔录，并由双方当事人、审判人员和书记员签名或者盖章，调解协议自各方签名或盖章之日起具有法律效力；对于不需要制作调解书的案件，当事人请求制作调解书，法院审查确认后可以制作调解书送交当事人，当事人拒收调解书的，不影响调解协议的效力。调解书生效则诉讼程序结束，当事人不得上诉，但可以依法申请再审。

2. 诉讼和解

诉讼和解是指在民事诉讼过程中，双方当事人在相互协商的基础上解决纠纷，并结束诉讼程序的一种制度。诉讼和解发生在诉讼过程中，与本章第一节提到的和解完全不同。

自行和解是当事人的权利，诉讼和解可以发生在一审、二审或再审程序中，但是都必须在法院做出生效裁判之前进行。诉讼和解在性质上不属于法院解决民事纠纷的结案方式，其一般只发生在双方当事人或诉讼代理人之间，没有第三方参加。双方当事人在诉讼中达成的和解协议，不具有法律上的强制执行力。适用特别程序、公示催告程序、督促程序的民事案件，当事人人数众多，在起诉时尚未确定的诉讼案件以及涉及身份关系的案件，都不适用诉讼和解。

诉讼和解之后，达成和解协议的原告就要向法院申请撤诉。对于原告的撤诉申请，法院应当审查，主要审查双方和解的意思表示是否真实、自愿，和解协议内容是否违法等。原告的撤诉经审查符合规定的，法院准许撤诉，诉讼程序结束；不符合规定的，法院应当裁定不准许撤诉。当事人自行达成和解之后，申请法院制作调解书的，法院都应当依法对和解协议与和解的过程进行审查，只有符合法律规定的，才能制作调解书。

3. 民事判决

判决是法院在案件审理程序终结时，根据查明和认定的事实适用法律，对案件实体问题做出的权威性判定[2]。做出判决的主体只能是法院，法院经过对案件的审理，对案件的实体问题进行判决，法院做出的判决生效后具有权威性，对社会具有普遍约束力，非经法定程序，任何人都不能否认、变更或推翻。

[1]　此类案件规定于《中华人民共和国民事诉讼法》第九十八条。
[2]　《民事诉讼法学》编写组. 民事诉讼法学［M］. 2 版. 北京：高等教育出版社，2018：201.

4. 民事裁定、决定

裁定是指法院对程序事项做出的判定[1]。裁定解决的是程序事项，如裁定不予受理等，一般不涉及实体的权利义务，裁定适用于诉讼中的任何阶段。一审法院做出的不予受理、驳回起诉以及对管辖权异议的裁定，当事人不服的可以提起上诉，上诉期日为 10 日。其他的裁定一经送达，立刻发生法律效力，当事人不能提起上诉。保全和先予执行的裁定，当事人不服的可以申请复议一次，但不停止裁定的执行。

决定是指法院对诉讼中发生的某些特殊事项，依职权做出处理的判定。决定适用的对象是具有紧急性的事项，如果不及时解决，民事诉讼则难以继续进行。如当事人在法庭审理时提出回避申请，若不及时解决，就无法继续审理案件。决定的主要作用在于排除诉讼中的妨碍，保证诉讼程序能够正常进行。决定有口头和书面两种形式，一经做出立即发生法律效力。

（四）主管与管辖

民事诉讼中的管辖是指上下级法院之间和同级法院之间受理第一审民事案件的分工和权限[2]，简单来说，管辖解决的是"案件归哪个法院管"的问题。只有确定了管辖，当事人才知道应该向哪一级、哪一个法院提起诉讼，并且在法院违法行使管辖权时，提出管辖权异议。

1. 级别管辖

级别管辖是指上下级法院之间受理第一审民事案件的分工和权限，在我国，每一级法院都有权受理第一审的民事案件，故而需要对各级法院受理案件的权限加以规定。我国确定级别管辖，主要考虑的是案件的性质、案件的难易程度和影响范围，案件性质越特殊，案情越复杂，影响范围越广，社会关注度越高，那么案件的审理难度就越大，应当由较高级别的法院进行管辖。

关于级别管辖的规定出现在《中华人民共和国民事诉讼法》第二章中。根据法律规定，一般情况下民事一审案件由基层法院管辖；中级人民法院管辖第一审的重大涉外案件、在本辖区内有重大影响的案件以及最高法院确定的由中级人民法院管辖的案件[3]，例如海事海商案件、专利纠纷案件、公司强制清算案件等；高级人民法院管辖在本辖区内有重大影响的第一审民事案件；而最高人民法院及其巡回法庭管辖的第一审民事案件有两类，一类是在全国有重大影响的案件，另一类是认为应当由最高人民法院审理的案件。

2. 地域管辖

地域管辖又称土地管辖或区域管辖，是指按照法院的辖区和民事案件的隶属关系，来确定同级法院之间受理第一审民事案件的分工和权限的一种管辖制度[4]。级别管辖确定的是由哪一级法院管辖的问题，而地域管辖主要是解决案件在同一级别

---

[1] 《民事诉讼法学》编写组. 民事诉讼法学 [M]. 2 版. 北京：高等教育出版社，2018：204.
[2] 《民事诉讼法学》编写组. 民事诉讼法学 [M]. 2 版. 北京：高等教育出版社，2018：100.
[3] 此类案件规定在《中华人民共和国民事诉讼法》第十八条。
[4] 《民事诉讼法学》编写组. 民事诉讼法学 [M]. 2 版. 北京：高等教育出版社，2018：106.

的法院中由哪一地区的法院管辖的问题，一个是纵向划分，一个是横向划分。地域管辖分为一般地域管、特殊地域管辖、专属管辖与协议管辖等。

（1）一般地域管辖

一般地域管辖又称普通管辖，是指以当事人所在地为根据确定的管辖[1]。一般地域管辖适用"原告就被告"原则，即由被告所在地法院来行使一般地域管辖权。但也有例外，有四类案件由原告住所地法院管辖，这四类案件规定在《中华人民共和国民事诉讼法》第二十二条当中[2]。

（2）特殊地域管辖

特殊地域管辖又称特别管辖，是指以当事人住所地、诉讼标的或者诉讼标的物及法律事实所在地为标准确定管辖法院的一种管辖制度[3]。特殊地域管辖规定在《中华人民共和国民事诉讼法》第二十三条至第三十二条之中。一般的合同纠纷，由合同履行地人民法院管辖；保险合同纠纷，由保险标的物所在地法院管辖；票据纠纷，由票据支付地法院管辖；运输合同纠纷，由运输始发地、目的地法院管辖；侵权纠纷，由侵权行为地法院管辖；交通事故损害赔偿纠纷，由事故发生地、车辆船舶最先到达地或航空器最先降落地人民法院管辖；等等。以上列举的不同类别的纠纷除了特别规定的管辖外，也可由被告住所地法院管辖。

（3）专属管辖

专属管辖是指法律规定某些特殊类型的案件，只能由特定的法院管辖，其他法院无管辖权，当事人也不能协议变更管辖法院[4]。专属管辖具有排他性，有三类案件属于专属管辖，第一类是因不动产纠纷提起的诉讼，由不动产所在地法院进行管辖；第二类是因港口作业中发生纠纷提起的诉讼，由港口所在地法院进行管辖；第三类是因继承遗产纠纷提起的诉讼，由继承人死亡时住所地或主要遗产所在地的法院进行管辖。

（4）协议管辖

协议管辖又称合意管辖或约定管辖，是指双方当事人在纠纷发生前后，以书面协议的方式约定案件的管辖法院[5]。首先，协议管辖只适用于第一审案件，而不适用于二审、再审和重审。其次，协议管辖的案件，必须是合同或其他财产权益纠纷，关于人身关系的民事纠纷，不得协议约定管辖法院。再次，协议约定的管辖法院必须是法定范围内的法院，并且不得违反级别管辖和专属管辖的规定。最后，协议管辖必须采用书面形式，口头协议无效协议管辖。

3. 管辖权异议

管辖权异议是指法院受理案件后，本诉被告在法定期限内向受诉法院提出该院

---

[1] 《民事诉讼法学》编写组. 民事诉讼法学［M］. 2版. 北京：高等教育出版社，2018：107.

[2] 《中华人民共和国民事诉讼法》第二十二条规定：下列民事诉讼，由原告住所地人民法院管辖；原告住所地与经常居住地不一致的，由原告经常居住地人民法院管辖：（一）对不在中华人民共和国领域内居住的人提起的有关身份关系的诉讼；（二）对下落不明或者宣告失踪的人提起的有关身份关系的诉讼；（三）对被采取强制性教育措施的人提起的诉讼；（四）对被监禁的人提起的诉讼。

[3] 《民事诉讼法学》编写组. 民事诉讼法学［M］. 2版. 北京：高等教育出版社，2018：108.

[4] 《民事诉讼法学》编写组. 民事诉讼法学［M］. 2版. 北京：高等教育出版社，2018：110.

[5] 《民事诉讼法学》编写组. 民事诉讼法学［M］. 2版. 北京：高等教育出版社，2018：111.

对案件无管辖权的意见和主张。在司法实践过程中，案件管辖是一个非常复杂的问题，虽然民事诉讼法对案件的管辖做出了较为细致的规定，但是法律不可能穷尽所有的可能性，因此案件的管辖不可避免地会发生错误，在这个时候当事人就可以提出管辖权异议。管辖权异议的主体必须是本案的当事人，并在提交答辩状期间届满之前提出，即在被告收到起诉状副本之日起 15 日内提出，当事人逾期提出管辖权异议的，法院不予审查。

（五）当事人与诉讼代理人

1. 当事人

当事人是指因民事权利义务发生争议，以自己的名义进行诉讼，要求法院行使民事审判权的人及其相对人[1]。当事人有狭义与广义之分，狭义的当事人一般指原告和被告，广义的当事人包括原告、被告、共同诉讼人、诉讼代表人和第三人。

（1）狭义当事人

当事人在不同的阶段有不同的称谓，一审中称为原告和被告，二审中称为上诉人和被上诉人等，称谓不同，表明处于不同的诉讼程序。要想主动参与诉讼，即成为民事诉讼的当事人，必须具有民事诉讼权利，享有法律上的资格，才能成为民事诉讼的主体。根据法律规定，可以作为诉讼当事人的，有公民、法人和其他组织。首先，公民作为诉讼主体自然不必多说；其次，法人也是民事诉讼中常见的当事人之一，对创业者来说，最常见的法人就是公司；最后，其他组织是非法人组织，也是最复杂的一类当事人，但数量很少，本书不做重点介绍。

（2）诉讼代表人

诉讼代表人是指共同诉讼中人数较众多的一方当事人推选出来的，代表该方当事人进行诉讼的人[2]。共同诉讼是指当事人一方或双方为二人以上（包括二人）的诉讼。诉讼代表人既是诉讼当事人又是代表人。诉讼代表人参与诉讼时，诉讼的后果由诉讼代表人和被代表的当事人共同承担。代表人确定之后，被代表的当事人就不再参加诉讼，而诉讼代表人的权限就相当于未被授权处分实体权利的诉讼代理人。

（3）第三人

民事诉讼中的第三人是指对当事人双方的诉讼标的认为有独立的请求权以提起诉讼方式参加诉讼的人，或者虽然没有独立请求权，但同案件处理结果有法律上的利害关系，而参加他人正在进行的诉讼的人[3]。第三人是相对于正在诉讼的双方当事人而言，通俗来讲，正在进行的诉讼与双方当事人（原告和被告）以外的其他主体有法律上的利害关系，例如法院对诉讼的处理结果可能影响到案外人与一方当事人的法律关系时，案外人就会以第三人的身份中途参加正在进行的诉讼，维护自己的利益。

[1] 《民事诉讼法学》编写组. 民事诉讼法学 [M]. 2 版. 北京：高等教育出版社，2018：79.
[2] 《民事诉讼法学》编写组. 民事诉讼法学 [M]. 2 版. 北京：高等教育出版社，2018：89.
[3] 《民事诉讼法学》编写组. 民事诉讼法学 [M]. 2 版. 北京：高等教育出版社，2018：92.

2. 诉讼代理人

民事诉讼代理人是指依据法律的规定或者当事人的委托，在民事诉讼中为当事人的利益进行诉讼活动的人[1]，诉讼代理人一般分为法定诉讼代理人和委托诉讼代理人。

法定诉讼代理人是指根据法律规定代理无诉讼行为能力的当事人，实施诉讼行为的人。法定诉讼代理人是为无诉讼行为能力的当事人设立的，因此法定诉讼代理人的范围一般与监护人的范围是一致的，法定诉讼代理人的代理权来自监护人的身份，因而法定诉讼代理人的代理权与监护权"同生共死"。法定诉讼代理人在诉讼中与当事人的诉讼地位类似，其以当事人的名义进行诉讼，但是法院的判决针对的是当事人。

委托诉讼代理人是指受当事人或法定代理人委托，以当事人的名义代为诉讼的人。委托诉讼代理人的代理权来自当事人或其法定代理人的授权，其代理权限的范围取决于被代理人的意愿。委托诉讼代理人需要向法院提交被代理人签署的授权委托书，才能代表被代理人参加诉讼。委托诉讼代理人的范围非常广泛，其中大家最熟悉的委托诉讼代理人是律师、基层法律服务工作者和当事人的近亲属，除此之外，法人或其他组织作为当事人时，当事人的工作人员也可以接受委托担任诉讼代理人。另外，只要符合一定的条件，当事人所在社区、单位或有关社会团体也可以推荐诉讼代理人。

三、案例分析

根据《中华人民共和国民事诉讼法》第二十三条规定：因合同纠纷引起的诉讼，由被告住所地或合同履行地法院管辖。关于合同履行地的判断，根据最高人民法院关于适用《中华人民共和国民事诉讼法》的解释第十八条第一、三款规定：合同约定履行地点的，以约定的履行地点为合同履行地。合同没有实际履行，当事人双方住所地都不在合同约定的履行地的，由被告住所地人民法院管辖。本案例中，被告甲公司住所地为该市 B 区，双方约定的合同履行地为该市 C 区，并且合同已经实际履行，因此 B 区法院和 C 区法院对本案都有管辖权，"爱鞋之家"可以向两所法院中的任意一所提起诉讼。

若合同签订后尚未履行，根据《最高人民法院关于适用〈中华人民共和国民事诉讼法〉的解释》第十八条第一、三款规定，"爱鞋之家"与甲公司的住所地都不在合同约定的履行地 C 区，因此 C 区法院没有管辖权，此时仅 B 区法院有管辖权。

《中华人民共和国民事诉讼法》第一百二十七条规定：人民法院受理案件后，当事人对管辖权有异议的，应当在提交答辩状期间提出。当事人未提出管辖异议，并应诉答辩的，视为受诉人民法院有管辖权，但违反级别管辖和专属管辖规定的除外。本案中，不存在专属管辖，也未违反级别管辖的规定，只是因货款支付方式发生争议，甲公司在提交答辩状期间未提出管辖权异议，并就争议的付款方式提交了

---

[1] 《民事诉讼法学》编写组. 民事诉讼法学［M］. 2 版. 北京：高等教育出版社，2018：94.

答辩状，已经应诉答辩，一审法院基于应诉管辖获得了管辖权。因此，甲公司不能够再提管辖权异议，二审法院对上诉人甲公司提出的管辖权异议将不会进行审查，并且裁定驳回异议。

四、相关建议

（1）民事诉讼的基本原则与基本制度贯穿于民事诉讼的全过程，不仅是法院的审判人员要遵循，当事人也应当对其有所了解，才不至于在民事诉讼中无所适从。

（2）即使不能牢记这些基本原则和基本制度也无碍，在案件的实体问题也就是案件事实方面，牢记诚实信用原则并以此约束自己，在程序方面遵循法官或者书记员的指引，诉讼便能够顺利有效进行。

（3）司法实践中对于允许调解的案件，法院一般都会先进行调解，调解实在无法进行才会考虑判决。由于审判的周期比较长，如果不是难以调和的纠纷或争议，建议创业者尽量选择在法院的主持下，参考法官建议，调解或和解结案，提高诉讼效率。

五、模拟与实战训练

某市大学城某高校学生孙佳凝和室友房光友、邵阳经过调研发现大学城内没有专门的鞋类养护机构，于是三人成立了公司"爱鞋之家"填补市场空白。"爱鞋之家"公司与甲公司签订了买卖合同，合同约定甲公司向"爱鞋之家"提供价值4万元的鞋类养护产品，"爱鞋之家"收到货后7日内向甲公司支付货款。后因"爱鞋之家"资金周转困难，未能及时支付货款，甲公司遂向法院提起诉讼。在法院的主持下，双方达成了调解协议。协议约定："爱鞋之家"在调解书生效后的10日内支付4万元的本金，并另行支付利息1 000元。为保证协议履行，双方约定由孙佳凝的父亲为"爱鞋之家"提供担保，其父同意。法院据此制作调解书送达各方，但孙佳凝之父反悔拒绝签收。

问题一：本案的调解协议有效吗？

问题二：调解书是否能够约束孙佳凝之父？

第三节　民事诉讼程序

一、案例三：庭审不是想躲就能躲得过的

某美术学院学生陈立凤是某省美术联考状元，入校后经常有人慕名找他补习美术专业，于是他萌生了在校创业开办美术班的想法，他的好友于仁理和吴文亮非常赞同并愿意加入创业团队，于是三人按照共同投资设立"美术优培有限责任公司"。随后，由于公司资金周转困难，于是三人以公司的名义向于仁理的同学李刚借款8万元，并且要求李刚将这8万元借款汇入于仁理的个人银行账户，约定公司使用借款的期限为一年，到期后由公司一次性偿还。一年后借款到期，"美术优培有限

责任公司"无法还清李刚的借款，因此，李刚提起了诉讼，将"美术优培有限责任公司"和于仁理共同起诉至法院。

问题：起诉时起诉状应当包含哪些内容，如何书写？法院受理本案后适用普通程序审理，并向双方当事人送达出庭传票，因被告于仁理不在家，由他的妻子宋玉代其签收了传票。开庭时，被告于仁理未到庭，他的妻子宋玉到庭，其妻子宋玉是否可以代替被告于仁理出庭应诉？如果可以，其妻子的诉讼权利是否与被告于仁理一致？如果宋玉不能代为应诉，本案该如何处理？

二、法律知识点

（一）诉讼程序

诉讼程序一般指的是第一审程序、第二审程序、审判监督程序以及执行程序。

1. 第一审程序

第一审程序有简易程序和普通程序两种。简易程序是基层法院及其派出法庭审理第一审简单民事案件所适用的审判程序。根据法律及相关司法解释的规定，基层人民法院和它的派出法庭审理事实清楚、权利义务关系明确、争议不大的简单的民事案件时适用简易程序。简易程序的适用有明确的规定和限制，若是人民法院在审理过程中，发现案件不宜适用简易程序的，即裁定转为普通程序。普通程序是法院审理第一审民事案件所通常适用的基本审判程序[1]。普通程序是民事审判程序中体系最完整、内容最丰富的程序。对于一般的民事案件，经历起诉与受理、庭前准备、开庭审理和做出裁判后，普通程序的流程已经走完，案件的审理即宣告结束。

2. 第二审程序

第二审程序是第二审法院审理上诉案件所适用的审判程序[2]。如果当事人对一审的判决不满，在一定期限，也就是上诉期内，可以向做出判决的上一级法院上诉，请求再次审理案件。法院适用第二审程序审理上诉案件只能采用合议制，合议庭成员也必须由审判员组成。

3. 审判监督程序

审判监督程序又称为再审程序，是指法院基于一定的事由，对已经发生法律效力的案件再一次进行审理并做出裁判的审判程序[3]。再审程序是法院对于已经发生法律效力的、有重大瑕疵的判决进行再次审理的一种非常途径，其只能用于例外情况的救济，而不能像普通救济程序那样被频繁启用。当事人有多种申诉救济的途径，不仅可以到中级人民法院反映诉求，也可以到省高级人民法院、检察院进行申诉。提起再审的主体必须是最高人民法院和上级人民法院；最高人民检察院和上级人民检察院或本院院长以及当事人对已经发生法律效力的判决、裁定，认为有错误的，也可以向上一级人民法院申请再审。再审的客体是已经发生法律效力的第一审或第二审案件的判决或裁定。

---

[1]《民事诉讼法学》编写组. 民事诉讼法学［M］. 2版. 北京：高等教育出版社，2018：185.
[2]《民事诉讼法学》编写组. 民事诉讼法学［M］. 2版. 北京：高等教育出版社，2018：231.
[3]《民事诉讼法学》编写组. 民事诉讼法学［M］. 2版. 北京：高等教育出版社，2018：244.

4. 执行程序

民事执行又称民事强制执行，是指法院的执行机构依照法定程序，运用国家强制力，强制被执行人履行生效法律文书确定的义务，以实现申请执行人合法权益的一种活动。根据《中华人民共和国民事诉讼法》的规定，我国人民法院强制执行的通常方法和手段有以下几种：

一是查询、冻结、划拨被申请执行人的存款。查询是指人民法院向银行、信用合作社等单位调查询问或审查追问有关被申请人存款情况的活动。冻结是指人民法院在进行诉讼保全或强制执行时，对被申请执行人在银行、信用合作社等金融单位的存款所采取的不准其提取或转移的一种强制措施。划拨是指人民法院通过银行或者信用合作社等单位，将作为被申请执行人的法人或其他组织的存款，按人民法院协助执行通知书规定的数额划入申请执行人的账户内的执行措施。

二是扣留、提取被申请执行人的收入。《中华人民共和国民事诉讼法》第二百四十三条规定：被执行人未按执行通知履行法律文书确定的义务，人民法院有权扣留、提取被执行人应当履行义务部分的收入。但应当保留执行人及其所扶养家属的生活必需费用。人民法院扣留、提取收入时，应当做出裁定，并发出协助执行通知书，被执行人所在单位、银行、信用合作社和其他有储蓄业务的单位必须办理。

三是查封、扣押、拍卖、变卖被申请执行人的财产。被申请执行人未按执行通知履行义务，人民法院有权查封、扣押、拍卖、变卖被申请执行人应当履行义务部分的财产。查封是一种临时性措施，是指人民法院对被申请执行人的有关财产贴上封条，就地封存，不准任何人转移和处理的执行措施。拍卖是人民法院以公开的形式、竞争的方式，按最高的价格当场成交，出售被申请执行人的财产。变卖是指强制出卖被申请执行人的财产，以所得价款清偿债务的措施。

四是搜查被申请执行人隐匿的财产。被执行人不履行法律文书确定的义务，并隐匿财产的，人民法院有权发出搜查令，对被执行人及其住所或者财产隐匿地进行搜查。在搜查中，如发现有应依法查封或者扣押的财产时，执行人员应当依照《中华人民共和国民事诉讼法》的规定查封、扣押。如果来不及制作查封、扣押裁定的，可先行查封、扣押，然后在 48 小时内补办。

五是强制被申请执行人交付法律文书指定的财物。人民法院的判决书、裁定书、调解书以及应由法院执行的其他法律文书指定一方当事人交付财物或者票证的，执行人员应在做好被申请执行人思想工作的基础上，传唤双方当事人到庭或到指定场所当面交付。被申请执行人不愿当面交付的，也可以将应付的财物或票证先交给执行人员，再由执行人员转交。对当事人以外的公民个人持有该项财物或票证的，人民法院应通知其交出，经教育仍不交出的，人民法院就依法强制执行并予以罚款，还可以向监察机关或者有关单位建议，给予其纪律处分。有关单位持有该项财物或票证的，人民法院应向其发出协助执行通知书，由有关单位转交。

六是强制被申请执行人迁出房屋或者退出土地。强制迁出房屋或退出土地，是指人民法院执行机构强制搬迁被申请执行人在房屋内或特定土地上的财物，腾出房屋或土地，交给申请执行人的一种执行措施。

七是强制执行法律文书指定的行为。这是一种特殊的强制措施，由人民法院执行人员按照法律文书的规定，强制被申请执行人完成指定的行为。

八是强制加倍支付迟延履行期间的债务利息和支付迟延履行金。加倍支付迟延履行期间的债务利息是指被申请执行人的义务是交付金钱，在依法强制其履行义务交付金钱的同时，对他拖延履行义务期间的债务利息，要在原有债务利息上增加一倍，按银行同期贷款最高利率计付，从判决、裁定和其他法律文书指定交付日届满的次日起计算，直至其履行义务之日止。另一种情况是指被申请执行人未按判决、裁定和其他法律文书指定的期间履行非金钱给付义务的，因为拖延履行已给申请执行人造成损失，故应当支付迟延履行金。

九是强制办理有关财产权证照转移手续。《中华人民共和国民事诉讼法》第二百五十一条规定：在执行中，需要办理有关财产权证照转移手续的，人民法院可以向有关单位发出协助执行通知书，有关单位必须办理。"有关财产权证照"是指房产证、土地证、山林所有权证、专利和商标证书、车辆执照等不动产或特定动产的财产权凭证。在执行过程中，有些财产被执行后改变了权利人，只有办理了财产权证的转移手续才算彻底完成执行任务。

（三）公益诉讼与第三人撤销之诉

1. 公益诉讼

公益诉讼，是对损害社会公共利益的违法行为，由法律规定的机关和有关组织向法院提起诉讼的制度[1]。民事诉讼的双方当事人是为了争取各自的合法权益，但是公益诉讼中，原告起诉旨在维护受损的公共利益，原告与被告之间一般情况下并无直接的利益关系。常见的公益诉讼有环境公益诉讼和消费者公益诉讼。作为创业者，在商事活动中，只要合法合规地进行商事活动，卷入公益诉讼的可能性并不大，故而本书对此不多做介绍。

2. 第三人撤销之诉

第三人撤销之诉，是指由于不可归责于本人的事由而未能参加诉讼的第三人，针对法院所做出的存在错误并损害自己利益的判决、裁定、调解书，将生效司法文书中的双方当事人作为被告，以提起诉讼的方式，请求法院撤销已经发生法律效力的司法文书的诉讼[2]。

当前，诉讼实践中存在大量虚假诉讼，当事人恶意串通骗取法院生效裁判文书损害案外第三人的合法权益。纵观民事诉讼的全过程，在诉讼进行中有第三人的制度，在执行中有第三人执行异议的制度，但对于裁判生效后至执行前这一阶段缺少对第三人的救济机制。另外，在我国再审程序启动十分困难，其正当性也备受争议，第三人很难通过再审维护自己的合法权益，因此第三人撤销之诉的设置就成了必然。第三人撤销之诉作为一种非常救济制度，对生效裁判的权威性产生了很大冲击，故在司法实践中应该正确理解和运用这一新制度，严格把握其适用条件。

首先，适格的原告应满足以下几个条件：第一，必须是原诉讼当事人之外的第

---

[1]《民事诉讼法学》编写组. 民事诉讼法学［M］. 2版. 北京：高等教育出版社，2018：218.

[2]《民事诉讼法学》编写组. 民事诉讼法学［M］. 2版. 北京：高等教育出版社，2018：227.

三人；第二，对撤销之诉享有诉讼利益，这种利益来源于原判决给第三人带来的利益损害；第三，因不可归责于自己的事由而未受到程序保障。其次，第三人撤销之诉的客体不仅包括法院做出的判决、裁定、调解书，也包括仲裁机构的裁决书和调解书。只要实质上对第三人利益造成损害，无论是诉讼案件还是非诉案件的裁决，是针对确认之诉、给付之诉还是形成之诉，都可以适用第三人撤销之诉。最后，为避免对法律关系造成长期的不稳定，同时为维持裁判的公信力，法律对第三人提起撤销诉讼做了必要的限制。《中华人民共和国民事诉讼法》第五十六条第三款规定，案外人可以自知道或者应当知道其民事权益受到生效裁判侵害之日起六个月内提出。这里的"六个月"应理解为除斥期间。根据民诉法规定，案外人应当向做出该生效判决、裁定、调解书的法院起诉。原判法院最了解案情，便于快速解决纠纷，提高诉讼效率。另外，如生效裁判是仲裁机构的裁决书和调解书，应由仲裁委员会所在地的中级人民法院管辖。

第三人撤销之诉目的在于保护第三人合法权益，只需撤销原判决中对第三人不利部分的效力即可。因此，如果法院审理认为第三人的诉讼请求成立的，原生效裁判中对第三人不利部分对第三人失去效力，第三人得以对抗原诉当事人的请求，但在原当事人中继续有效。但是对第三人不利部分与原诉诉讼利益不可分割时，维持原裁判在原诉当事人之间的效力就不可避免对第三人造成不利，法院就应该撤销整个判决。为保护善意第三人的权益，判决对基于原判决取得权益的善意第三人不产生影响。第三人撤销之诉是否能引起原判决执行的中止？一般情况下不停止原判决的执行，但却有必要时，例如原诉讼标的与第三人的利益不可分割，继续执行可能使第三人利益受损，并且由第三人提供担保时，可中止原判决的执行。

三、案例分析

在当事人起诉至法院时，需要向法院递交起诉状，如果已经聘请律师，起诉状则由律师代笔，如果未聘请律师，根据《中华人民共和国民事诉讼法》第一百二十、一百二十一条的规定，起诉状应当包含以下内容：原告的姓名、性别、年龄、民族、职业、工作单位、住所、联系方式，法人或者其他组织的名称、住所和法定代表人或者主要负责人的姓名、职务、联系方式；被告的姓名、性别、工作单位、住所等信息，法人或者其他组织的名称、住所等信息；诉讼请求和所根据的事实与理由；证据和证据来源，证人姓名和住所，并且按照被告人数提交副本。

被告于仁理是具有完全民事行为能力的个人，其妻子宋玉不是他的法定代理人，并且，于仁理也并未出具授权委托书委托妻子宋玉代为诉讼，故宋玉也不是本案的委托代理人，因此，即使是亲密的夫妻关系，宋玉在没有授权的情况下也不能以代理人的身份参加诉讼。

根据《中华人民共和国民事诉讼法》第八十五条第一款规定：送达诉讼文书，应当直接送交受送达人，受送达人是公民的，本人不在交他的同住成年家属签收。被告于仁理不在家，妻子代其签收了传票，属于有效的直接送达，被告于仁理应当按时出庭。由于被告于仁理不出庭，妻子宋玉又没有资格代为参与诉讼，根据《中华人民共和国民事诉讼法》第一百四十四条：被告经传票传唤，无正当理由拒不到庭的，或者未经法庭许可中途退庭的，可以缺席判决。因此，在此种情况下，法院可以对本案进行缺席判决。

四、相关建议

（1）对大多数创业者来说，并不具备独立出庭应诉的能力，在这种情况下，就要善于使用法律赋予的权利，寻找合适的诉讼代理人，无论是有法律知识的近亲属，还是具有专业经验的律师，恰当的诉讼代理人能够最大限度地保障被代理人的利益，故而诉讼代理人的选择应当慎重。

（2）本章介绍的都是最基础的诉讼程序，以期指导创业者顺利按程序参与诉讼，但是在司法实践中，每个案件的具体情况不同，因此程序上也会有差异，这就需要创业者在参与诉讼过程中随机应变，但是鉴于大部分创业者并没有法律基础，因此最重要的是在诉讼程序上听从法官的指引，按照法官的要求提交材料参与诉讼，这样出错的概率就会大大降低。

（3）创业者不仅自身要严格遵循法律规定，按诉讼程序规矩行事，也要时刻注意对方的行为。法条是固定刻板的，会有一定的疏漏，然而创业者们头脑灵活，在持久的诉讼阶段，巧妙运用法律程序为自己在商事活动中争取时间或调整策略，这样的事情屡见不鲜，即使无法对诉讼的案件有实质性影响，但不保证没有附带的作用，影响到本案外的其他商事活动。

五、模拟与实战训练

某美术学院学生陈立风是某省美术联考状元，入校后经常有人慕名找他补习美术专业，于是他萌生了在校创业开办美术班的想法，他的好友于仁理和吴文亮非常赞同并愿意加入创业团队，于是三人共同投资设立"美术优培有限责任公司"。随后，由于公司资金周转困难，于是三人以公司的名义向于仁理的同学李刚借款8万元，用于购买教学设备，并且要求李刚将这8万元借款汇入于仁理的个人银行账户，约定公司使用借款的期限为一年，到期后由公司一次性偿还。钱款到账后，"美术优培有限责任公司"与甲公司订立合同，向甲公司购买了价值10万元的教学设备，但欠款并未付清。一年后借款到期，"美术优培有限责任公司"无法还清李刚的借款，因此，李刚提起了诉讼，将"美术优培有限责任公司"与于仁理共同起诉至法院。请求法院判令"美术优培有限责任公司"偿还借款，于仁理对公司债务承担连带责任。同时，甲公司起诉至法院，要求"美术优培有限责任公司"付清拖延多时的欠款，一审法院判决"美术优培有限责任公司"付清欠款及相应利息。

问题一："美术优培有限责任公司"后与李刚在私下达成协议，延后半年偿还借款，李刚同意并撤诉。后"美术优培有限责任公司"并未如约还款，李刚再次将"美术优培有限责任公司"与于仁理起诉至法院，法院是否应当受理？

问题二："美术优培有限责任公司"与甲公司的案件一审判决后，"美术优培有限责任公司"提起上诉，指出教学设备的产品质量存在问题，要求甲公司赔偿损失，二审法院该如何处理？

第四节　证据与证明

一、案例四：证据"名堂"多，看法院怎么说

林琳、蔡襄湘、李理、伞珺婕四位同学分别是某市某大学市场营销、物流管理、工商管理、电子商务专业的学生，结合所在城市的优势，他们决定另辟蹊径为网店店主提供网络供货及"一条龙"服务，他们计划开设一家名叫"涛涛店主的店"的网店。四人经协商设立如下协议：①"涛涛店主的店"以有限公司的形式注册，注册资本为50万元；②林琳、蔡襄湘、李理以货币出资，出资额分别为10万元、5万元和5万元；③伞珺婕以自己家在该市高新区的公寓房产经评估作价30万元出资。2019年10月1日李理打电话向室友丁玲借款3万元，约定半年后还款，随后李理发送微信消息向丁玲提供了银行账号，丁玲当日即转款给李理。八个月后，因李理拒不还款，丁玲起诉要求李理偿还借款。在诉讼中，丁玲主张借款给李理3万元，而李理否认向丁玲借款的事实，并称丁玲转的款是为偿还之前向自己借的款，双方均向法院提交了证据。丁玲提供了以下证据：银行转账凭证、记载李理表示要向其借款3万元的手机通话录音以及两人的微信聊天记录，聊天记录显示李理欲借款3万元并向丁玲发送了银行卡号。李理仅提供了一份丁玲书写的向其借款5万元的借条复印件。

问题：李理和丁玲提供的证据分别属于什么类型的证据？这些证据能否被法院采纳？对本案的借款事实是否有证明力？

二、法律知识点

（一）民事诉讼证据概述

1. 证据与证据材料

民事诉讼证据是指能够证明案件事实的一切物质材料或信息及用于证明民事案件客观情况的事实[1]。证据对于当事人进行诉讼活动，维护自己的合法权益，法院查明案件事实，依法正确裁判都具有十分重要的意义。证据问题是诉讼的核心问题，在任何一起案件的审判过程中，都需要通过证据和证据形成的证据链再现还原事件的本来面目，依据充足的证据而做出的裁判才有可能是公正的裁判。证据应该是客观存在的，伪造或毁灭证据都是违法行为，应受到法律的追究。不同诉讼阶段，证据的内涵不同。在起诉阶段，只要与案件事实有表面联系的材料都可能被认为是证据。而随着诉讼的深入，原来被认为是证据的材料可能会被逐步剔除，原来并不被认为是证据的材料又在不断加入。因此，诉讼证据只有根据裁判的需要认识它、理解它，才具有法律意义。

---

[1] 《民事诉讼法学》编写组. 民事诉讼法学［M］. 2 版. 北京：高等教育出版社，2018：117.

证据材料是当事人向法院提供的、用于证明其所陈述的案件事实的信息资料[1]。证据材料由当事人提供，真假难辨，只有经过法定程序严格查证才能成为证据，被法院采纳，作为裁决的依据。

2. 证据的特征

（1）客观性

证据的客观性也被称为证据的真实性，是指证据的形式和内容，必须是客观存在的事实[2]。作为民事证据的事实材料必须是真实客观存在的，不是由他人凭空臆想或者虚构而来，它不以任何人的主观意志为转移，并且其存在符合逻辑，能够为人所认识和理解。为此，一方面，要求当事人在举证时必须向人民法院提供真实的证据，不得伪造、篡改证据，证人如实作证，不得作伪证等。另一方面，要求人民法院在调查收集证据时，应当客观全面，不得先入为主，在审查核实证据时必须持客观立场。证据在经过法庭质证后，法官没有理由怀疑其为虚假的，便可认定其客观真实性。

（2）关联性

证据的关联性又称相关性，是指只有与待证的案件事实之间存在客观的、内在的、必然的联系的事实，才能成为民事证据。事实材料所表现出来的关联性，一般以两种形式表现出来：一是直接的联系，如事实材料所反映出来的事实本身就是待证事实的一部分；二是间接的联系，如事实材料所反映出来的事实能够间接证明某一待证事实成立。

（3）合法性

证据的合法性要求作为民事案件定案依据的事实材料必须符合法定的存在形式（一共有八种，后文会在证据的法定种类部分介绍），调查取证的方式也要符合法律规定，并且当事人提供的证据必须在法庭上经过法定程序质证才能作为证据被法院采纳。

（二）证据的法定种类

（1）当事人陈述

当事人的陈述是指当事人就有关案件的事实情况，向法庭所做出的陈述。当事人陈述作为证据的一个种类，是我国的民事诉讼证据种类划分中的特色。当事人陈述分为口头陈述和书面陈述，也可以分为对案件事实的陈述和当事人的承认两类。当事人对案件事实的陈述，其目的在于取得有利于自己的后果。当事人的承认，是指一方当事人向另一方当事人所证明的事实的真实性表示同意的一种陈述。人民法院对当事人陈述的可靠性的判断，必须综合全部案情和其他证据加以判定。在判断当事人的承认时必须审查承认是否系当事人自愿，如果存在欺诈、恶意通谋和重大误解的情况，则不能认定承认的效力。

（2）书证

书证是指以文字、符号、图形等表达的思想内容对案件事实起证明作用的证据。

---

[1]《民事诉讼法学》编写组. 民事诉讼法学［M］. 2版. 北京：高等教育出版社，2018：117.
[2]《民事诉讼法学》编写组. 民事诉讼法学［M］. 2版. 北京：高等教育出版社，2018：117.

这种物品之所以被称为书证，不仅因它的外观呈书面形式，而且它记载或表示的内容能够证明案件事实。书证的主要的表现形式是各种书面文件，但有时也表现为各种物品。书证在民事诉讼中是普遍被应用的一种证据，在民事诉讼中起着非常重要的作用。

（3）物证

物证是指以形状、质量、数量等客观存在证明案件事实的物品或痕迹。物证是通过其外部特征和自身所体现的属性来证明案件的真实情况，它不受人们主观因素的影响和制约。因此，物证是民事诉讼中重要的证据之一。民事诉讼中常见的物证有争议的标的物（房屋、汽车等）、侵权所损害的物体（衣物等）与遗留的痕迹（笔迹、指纹）等。物证具有较强的客观性、真实性。物证是客观存在的，并不反映人的主观意志，比较容易审查核实，不像证人证言和当事人陈述那样，容易受主观因素和其他客观因素的影响。

（4）视听资料

视听资料是利用录音、录像等来证明案件事实的证据[1]。它包括录相带、录音片、电话录音和电脑贮存数据和资料等。虽然视听资料具有生动逼真、便于使用、易于保管等特点，但也不能由此认为其是绝对可靠的证据，原因在于视听资料是可以通过剪接手段伪造变换的。因此，对视听资料需进行全面审查、具体分析，凡窃听、偷录、剪接、篡改、内容失真的视听资料，都不能作为诉讼证据。

（5）电子数据

电子数据又称电子证据，是基于计算机和现代网络技术等电子化技术手段形成的，以电子形式存在于电脑硬盘、光盘等载体的客观资料[2]。电子数据具体是指电子化技术形成的文字，数字等，如电子邮件、聊天记录等。在司法实践中，网上聊天记录、微博、手机短信、电子签名、域名等形成或者存储在电子介质中的信息均可以成为民事案件中的证据。

（6）证人证言

证人证言是能够正确表达的个人就案件事实所作的陈述[3]。证人必须知晓案件情况并能正确表达个人想法。如精神病人或年幼不能辨别是非，不能正确表达意志的人，所作的证人证言是无效的。证言的真实性、可靠性受到多种因素的影响，证人作为自然人，对于案件事实的感知会受到主观和客观各种因素的制约和限制，在陈述过程中，证人的记忆能力和叙事能力都能影响证言的真实性。因此，证人证言可能有真有假，审判人员应尽可能地结合其他证据对其进行印证，印证后无误的，才可以作为认定案件事实的根据。

（7）鉴定意见

鉴定意见是指法院依据其职权或者依据当事人的申请，委托或者聘任具有鉴定资格的鉴定机构，由鉴定人对与案件的待证事实有关的专业性问题进行分析、鉴别

[1]《民事诉讼法学》编写组. 民事诉讼法学［M］. 2 版. 北京：高等教育出版社，2018：127.
[2]《民事诉讼法学》编写组. 民事诉讼法学［M］. 2 版. 北京：高等教育出版社，2018：128.
[3]《民事诉讼法学》编写组. 民事诉讼法学［M］. 2 版. 北京：高等教育出版社，2018：129.

和判断后所做出的结论性意见[1]。鉴定意见作为诉讼证据中的一种，它具有三个基本特点：一是独立性，它是鉴定人根据案件的事实材料，按科学技术标准，以自己的专门知识，独立对鉴定对象分析、研究、推论做出的判断。二是结论性，其他证据仅就某一个方面或某几个方面作证，通常不可能有结论性意见，结论只能由法官做出。鉴定意见则不然，它不仅要求鉴定人叙述根据案件材料所观察到的事实，而且必须对这些事实做出结论性的鉴别和判断。三是范围性，对这种专门性问题所做出的鉴别和判断，只限于应查明的案件事实本身，而不直接涉及对案件的有关法律问题做出评价，对法律问题的评价，应由审判人员去解决，而不应属于鉴定意见的范围。

（8）勘验笔录

勘验笔录是法院指派专门人员对与案件有关的物品等进行查验、拍照等行为后所做的记录。勘验笔录有很强的客观性，它在勘验的过程中当场制作，是对相关物品的客观记载，不掺杂勘验人员的主观分析和臆测，记载的内容也必须全面和准确，不能模棱两可，含糊不清。

（三）证据的收集与保全

在民事诉讼中，当事人对于自己提出的主张，有举证的责任和义务，当事人在日常的交往行为中就要注意保存和收集证据，以防发生法律纠纷。在确有必要时，人民法院也应当根据职权，主动收集证据，以查明案情，解决争议。司法机关在诉讼中有权向有关的单位和个人收集、调取证据，任何单位和个人不得拒绝。

证据保全是指在证据可能灭失或以后难以取得的情况下，法院根据当事人或利害关系人的申请，主动对证据采取保全措施的制度[2]。保全是对证据采取措施加以收取和固定。证据由于时过境迁、意外或其他原因，会出现灭世、失真或难以取得的可能，如生鲜水果等物证可能会腐烂、变质或变形等。因此，为了有效地利用证据认定案情，司法机关和有关机关在特定条件下必须采取措施对证据加以保全。

若当事人或利害关系人向法院提出证据保全申请，申请书应当载明需要保全的证据的基本情况、申请保全的理由以及采取何种保全措施等内容，在举证期限届满前向法院提出。法院可以采取查封、扣押、录音、录像、复制、鉴定、勘验等方法进行证据保全，并制作笔录。在符合证据保全目的的情况下，法院应当选择对证据持有人利益影响最小的保全措施。

（四）证明与证明责任

1. 证明与证明对象

证明是当事人在诉讼中用证据证明其主张的一种诉讼行为。而证明对象，也就是待证事实，是诉讼中由双方当事人用证据加以证明的，由审判人员最终确认的案件事实。在诉讼过程中，确认了证明对象，才能有针对性地搜集和固定证据，提高诉讼效率。

---

[1]《民事诉讼法学》编写组. 民事诉讼法学［M］. 2版. 北京：高等教育出版社，2018：131.
[2]《民事诉讼法学》编写组. 民事诉讼法学［M］. 2版. 北京：高等教育出版社，2018：134.

2. 举证责任与证明责任

举证责任，顾名思义，是指当事人对其主张负有的提出证据的责任。在我国民事诉讼中，适用"谁主张，谁举证"原则，即当事人对自己提出的主张和事实，有责任提供证据加以证明，其举证的目的是为了说服法官。

证明责任和举证责任不同，证明责任是一种后果责任，证明责任的承担其实就是对不利的裁判结果的承担。根据举证的难易程度等，法律已经对证明责任有了分配，例如，在环境污染案件中，污染方通常作为被告出现，由于原、被告双方客观上的实力差距，若要求原告拿出证据证明被告污染环境并实际造成损害，明显有失公允。因此，法律规定，被告污染方承担证明责任，举证证明自身的行为与环境损害之间无因果关系，倘若被告污染方无法提供相应证据则需要承担败诉的风险。

3. 举证期限

举证期限，是当事人向法院提供证据的期间。在举证期限内，当事人应当向人民法院提交证据材料，当事人在举证期限内不提交的，一般视为放弃举证权利。举证期限可以由当事人协商，并经人民法院准许。人民法院指定举证期限的，适用第一审普通程序审理的案件不得少于十五日，当事人提供新的证据的第二审案件不得少于十日。适用简易程序审理的案件不得超过十五日。规定举证期限是为了克服"证据随时提出主义"的弊端，举证期限可以防止当事人随时提出证据，或者在庭审中搞突然袭击，造成案件争议无法确定，法院重复开庭，程序动荡不定的后果；也可以调动当事人提交证据的主动性，促使其积极履行举证义务，以利于案件的审理。

三、案例分析

本案中，李理对于丁玲向其借5万元这一事实的存在负有举证责任。鉴于文件很有可能造假，因而在司法实践中，一旦有复印件出现，法院必定会要求提供复印件的当事人同时提供原件，原件与复印件比对一致后，真实性不存疑，复印件作为证据才会被认可。缺乏原件印证而单独存在的复印件，几乎不存在证明力。本案李理提供的借条复印件如果有比对一致的原件，就能作为书证被采纳，证明2019年10月1日前丁玲曾向李理借款，两者之间存在借款的法律事实。

丁玲提供的银行转账凭证是银行转账的文字表现形式，属于书证，该凭证只能证明丁玲向李理打款5万元，但无法证明该笔款项是出于借款、还款抑或赠与等其他目的，不能直接证明双方之间存在借款的事实。微信聊天记录和通话录音都属于电子数据，即电子证据，微信聊天记录和手机录音都仅能证明李理欲向丁玲借款3万元，并无法单独证明借款事实已经实际发生。丁玲提供的这三个证据都不能够对借款的事实进行直接、单独的证明，不能独立地证明某项事实存在，因而必须与其他证据相结合形成相应的证据链才能被采纳。而最能直接证明两者之间存在借款关系的证据，就是借据。

四、相关建议

对于创业者，在日常的经营活动中，要注意保存证据，善于利用法律保护自己。

比如保留书面证据，有很多案件的败诉就是因为缺乏有效的证据。

例如债务和合同纠纷，在发生相关的借贷行为和合同行为时，一定要妥善保管签署的书面文件和借据，这些文件是证明债务的有力证据，而且日常的现金和账务往来要留下痕迹。有很多人喜欢把现金交付给对方，在交付现金时记得索要收据。在涉及大额交付时，尽量采用银行转账的方式，这样会为未来可能发生的争议的举证带来便利；尽量采用自己的合规账户来交易，而不要借用他人的账户来支付。

在诉讼过程中，创业者应当按照法律规定按时提交证据，不要故意拖延提交证据。曾有当事人为了在二审中"一鸣惊人"，故意拖延提交证据。此证据最后被法院采纳，判决当事人胜诉，但这种行为并不值得提倡和鼓励。于是法院对这种故意拖延提交证据的行为进行了大额处罚，最后该当事人得不偿失。

五、模拟与实战训练

林琳、蔡襄湘、李理、伞珺婕四位同学分别是某市某大学市场营销、物流管理、工商管理、电子商务专业的学生，结合所在城市的优势，他们决定另辟蹊径为网店店主提供网络供货及"一条龙"服务，他们计划开设一家名叫"涛涛店主的店"的网店。四人经协商设立如下协议：①"涛涛店主的店"以有限公司的形式注册，注册资本为50万元；②林琳、蔡襄湘、李理以货币出资，出资额分别为10万元、5万元和5万元；③伞珺婕以自己家在该市高新区的公寓房产经评估作价30万元出资。2019年10月1日李理打电话向室友丁玲借款3万元，约定半年后还款，随后李理发送微信消息向丁玲提供了银行账号，丁玲当日即转款给李理。八个月后，因李理拒不还款，丁玲起诉要求李理偿还借款。在诉讼中，丁玲主张借款给李理3万元，而李理否认向丁玲借款的事实，并称丁玲转的款是为偿还之前向自己借的款，双方均向法院提交了证据。一审法院审理后判令丁玲限期还款，丁玲不服并提起上诉。二审开庭前，丁玲始终咽不下这口气，遂带领哥哥丁力寻至李理家中，林琳和妹妹林莉（12岁）恰巧在李理家中做客。后李理、丁玲两人因言语不和，一时气愤，发生争吵并相互殴打。丁力护妹心切，加入战局。之后，李理诉至法院，要求丁力和丁玲赔偿医药费等损失共计4 000元。举证期限届满前，李理向法院申请当时在场的母亲、林琳和林莉出庭作证。

问题：李理母亲、林琳和林莉是否能够作为证人出庭？法院是否应当准许他们出庭作证？若能出庭，需满足什么条件？

第五节　民事诉讼辅助保障制度与非诉程序

一、案例五：企图转移财产怎么办？申请保全给他好看

某美术学院学生陈立风是某省美术联考状元，入校后经常有人慕名找他补习美术专业，于是他萌生了在校创业开办美术班的想法，他的好友于仁理和吴文亮非常赞同并愿意加入创业团队，于是三人按照共同投资设立"美术优培有限责任公司"。

经过多年的良好发展，"美术优培有限责任公司"已在当地具有一定知名度，收益不菲，三人趁热打铁，打算扩大规模，将"美术优培有限责任公司"打造成 A 省知名品牌。"美术优培有限责任公司"向银行贷款 100 万元，再加上公司运营资金 100 万，共计 200 万元用于办公场地出租和向乙公司购买设备，但由于经济不景气和经营策略问题，"美术优培有限责任公司"未能如约支付乙公司货款。乙公司提起诉讼要求"美术优培有限责任公司"支付货款，在诉讼中，乙公司申请对"美术优培有限责任公司"一处价值 90 万元的房产采取保全措施，并提供担保。一审法院在做出财产保全裁定之后发现，"美术优培有限责任公司"在向银行贷款 100 万时已将该房产和一辆小轿车抵押给银行。

问题：一审法院能否对房产采取保全措施？一审法院对本案做出判决后，乙公司提起上诉。在一审法院将诉讼材料报送二审法院之前，乙公司发现"美术优培有限责任公司"转移财产，若想申请保全，此时乙公司该如何做？

二、法律知识点

（一）诉讼的时间限制

诉讼的时间限制在本书中特指诉讼时效。根据《中华人民共和国民法典》第一百八十八条、第一百八十九条的规定，一般情况下，向人民法院请求保护民事权利的诉讼时效期间为三年，诉讼时效期间自权利人知道或者应当知道权利受到损害以及义务人之日起计算。但是自权利受到损害之日起超过二十年的，人民法院不予保护；有特殊情况的，人民法院可以根据权利人的申请决定延长。

前文所述或许有些抽象，难以理解，通俗来讲，也就是在法律规定的诉讼时效期间内，权利人提出合理请求的，人民法院就支持权利人，强制义务人履行相关义务。而在法定的诉讼时效期间届满之后，权利人行使请求权提起诉讼的，人民法院就不再对权利人予以保护。诉讼时效期满后，虽然权利人行使请求权受限，义务人可以拒绝履行其义务，但是权利人的请求权本身并不消灭。一旦权利人超过诉讼时效后起诉，法院应当受理，受理后如义务人人提出超出诉讼时效，且查明无中止，中断，延长事由的，法院判决驳回权利人诉讼请求。可若是义务人未提出诉讼时效抗辩，则视为其自动放弃该权利，法院不得依照职权主动适用诉讼时效，应当受理支持权利人的诉讼请求。

（二）送达

送达是指法院按照法定程序和方式将诉讼文书送交当事人或其他诉讼参与人的行为。送达的目的是使受送达人了解送达文书的内容，以参与诉讼活动，行使诉讼权利，履行诉讼义务。诉讼文书和法律文书一经送达即发生一定的法律后果。

送达的主体必须是法院，当事人及其他诉讼参与人向法院递交或者他们相互之间传递诉讼文书或其他文书都不叫送达，不能适用《中华人民共和国民事诉讼法》有关送达的规定。接受送达的是当事人及其他诉讼参与人。送达的文书主要是法律文书和诉讼文书。在诉讼中法院送达的法律文书和诉讼文书主要有判决书、裁定书、起诉状副本、答辩状副本、反诉状副本、上诉状副本、各类通知书（如案件受理通知书、应诉通知书、举证通知书、出庭通知书等）、传票、调解书、支付令等，送达其他文件不能叫送达。送达必须按照法定程序和方式进行，否则不能产生法律效力，不能达到预期的法律后果。根据《中华人民共和国民事诉讼法》的规定，送达的方式主要有以下几种：

（1）直接送达，是法院将诉讼文书直接交给受送达人的送达方式[1]。受送达人是公民的，本人不在的则交他的同住成年家属签收；受送达人是法人或者其他组织的，应当由法人的法定代表人、其他组织的主要负责人或者该法人、组织负责收件的人签收；受送达人有诉讼代理人的，可以送交其代理人签收；受送达人已向人民法院指定代收人的，送交代收人签收。直接送达是送达中最基本的方式，即凡是能够直接送达的，就应当直接送达，以防止拖延诉讼，保证诉讼程序的顺利进行。

（2）留置送达，是指受送达人或他的同住成年家属拒绝接收诉讼文书时，送达人将诉讼文书留在受送达人住所的一种送达方式[2]。这种送达方式需要注意的是，送达人应当邀请第三方作见证，比如可以邀请有关基层组织或者所在单位的代表到场，说明情况，在送达回证上记明拒收事由和日期，由送达人、见证人签名或者盖章，把诉讼文书留在受送达人的住所，即视为送达。调解书应当直接送达当事人本人，不适用留置送达。

（3）委托送达，是指法院直接送达诉讼文书有困难的委托受送达人所在地法院代为送达。委托送达与直接送达具有同等法律效力。负责审理该民事案件的人民法院称为委托法院，接受送达任务的法院称为受托法院。委托送达应当出具委托函，并附相关的诉讼文书和送达回证。受送达人在送达回证上签收的日期为送达日期。

（4）电子送达，是指经受送达人同意，法院采用传真、电子邮件等能够确认受送达人知悉的送达方式。受送达人同意采用电子送达方式的，受送达人应当在送达地址确认书中予以确认。电子送达方式只适用于对判决书、裁定书、调解书以外的诉讼文书的送达。采用电子送达的，送达日期以传真、电子邮件等到达受送达人特定系统的日期为准。

（5）邮寄送达，是指法院通过邮局向受送达人送达诉讼文书的方式。邮寄送达通常是受送达人住地离法院路途较远，直接送达有困难时，法院采用的一种送达方式。

（6）公告送达，字面意思，就是公开告知受送达人诉讼文书的内容。公告送达可以在法院的公告栏和受送达人住所地张贴公告，也可以在报纸、信息网络等媒体上刊登公告。公告送达的前提条件是受送达人下落不明，或者受送达人有音讯，但行踪不定，没有通讯地址，无法联系，采用其他方式均无法送达。公告送达的受送达人不包括军人、被监禁或被采取强制性教育措施的人，因为对这些人可以委托有关机构、单位转交送达诉讼文书、法律文书。以公告方式送达的，自公告之日起，经过60日，有关诉讼文书或法律文书即视为送达。但适用简易程序的案件，不适用公告送达。

---

[1]《民事诉讼法学》编写组. 民事诉讼法学［M］. 2 版. 北京：高等教育出版社，2018：164.
[2]《民事诉讼法学》编写组. 民事诉讼法学［M］. 2 版. 北京：高等教育出版社，2018：165.

207

（三）保全

保全，是指法院为保证判决的有效执行，或者避免当事人造成其他损害，依申请或者依职权，对被申请人的财产、争议标的物采取强制保护措施，或者责令被申请人实施或者不得实施一定行为的制度[1]。保全是民事诉讼活动的重要程序，是保证法院判决顺利执行的重要基础。灵活运用保全手段，充分用好保全制度，对助力"基本解决执行难"作用突出、意义重大。

1. 保全的种类

民事诉讼中的保全，按照保全对象的不同，可以划分为财产保全、行为保全和证据保全。按照诉讼阶段的不同，保全还可以划分为诉前保全和诉讼保全。

财产保全是法院对被申请人的财产采取查封、扣押、冻结或者法律规定的其他方法。行为保全是法院根据当事人的申请，责令另一方做出一定行为或者禁止其做出一定的行为。证据保全在之前的章节介绍过，此处不再赘述。诉前保全是指在提起诉讼之前，法院根据申请人的申请对被申请人的财产采取强制措施。诉讼保全则是指法院在受理案件之后，判决之前对被申请人的财产采取强制措施。

2. 保全的范围与措施

保全一般是由当事人提出申请的，但人民法院在必要时也可以裁定采取保全措施。人民法院采取保全措施，可以责令申请人提供担保，申请人不提供担保的，裁定驳回申请。对申请保全人或者他人提供的担保财产，人民法院依法办理查封、扣押、冻结等手续。人民法院接受申请后，对情况紧急的，必须在四十八小时内做出裁定；裁定采取保全措施的，立即开始执行。人民法院保全财产后，应当立即通知被保全财产的人。财产已被查封、冻结的，不得重复查封、冻结。

当利害关系人因情况紧急，不立即申请保全将会使其合法权益受到难以弥补的损害的，也可以在提起诉讼或者申请仲裁前向被保全财产所在地、被申请人住所地或者对案件有管辖权的人民法院申请采取诉前保全措施。申请诉前财产保全的，此时利害关系人应当提供相当于请求保全数额的担保，情况特殊的，人民法院可以酌情处理；申请诉前行为保全的，担保的数额由人民法院根据案件的具体情况决定。不提供担保的，裁定驳回申请。申请人在人民法院采取保全措施后三十日内不依法提起诉讼或者申请仲裁的，人民法院应当解除保全。

裁定采取保全措施后，有下列情形之一的，人民法院即做出解除保全裁定：保全错误的；申请人撤回保全申请的；申请人的起诉或者诉讼请求被生效裁判驳回的；人民法院认为应当解除保全的其他情形。解除以登记方式实施的保全措施的，需要向登记机关发出协助执行通知书。

当事人对保全的裁定不服的，可以自收到裁定书之日起五日内向做出裁定的人民法院申请复议。人民法院应当在收到复议申请后十日内审查。裁定正确的，驳回当事人的申请；裁定不当的，变更或者撤销原裁定。申请有错误的，申请人应当赔偿被申请人因保全所遭受的损失。

---

[1] 《民事诉讼法学》编写组. 民事诉讼法学：第二版［M］. 北京：高等教育出版社，2018：167.

（四）先予执行

先予执行是指法院对某些民事案件做出判决前，为解决当事人一方生活或生产的紧迫需要，根据其申请，裁定另一方当事人给付申请人一定的财物，或者停止实施某种行为，并立即执行的一项制度[1]。先予执行的着眼点是满足权利人的现实迫切需要。例如，原告因被告闯红灯发生交通事故而遭受严重的身体伤害，急需住院治疗，原告无力负担医疗费用，被告负此次事故的全部责任应承担医疗费，但被告不愿意协商解决，故原告诉至人民法院，请求法院判决。众所周知，民事案件从起诉到做出生效判决，需要经过较长的时间，如果执意等待法院的判决结果才能拿到赔偿，那么就会耽误原告的救治时间，或许还会给原告的身体造成更严重的伤害。在类似这样的案件中，如果人民法院能依法裁定先予执行，就可以及时为原告治疗，避免惨剧发生。

《中华人民共和国民事诉讼法》中规定的先予执行适用的案件范围是：第一，追索赡养费、扶养费、抚育费、抚恤金、医疗费用的案件；第二，追索劳动报酬的案件；第三，因情况紧急需要先予执行的案件。根据最高人民法院的有关司法解释，所谓的情况紧急，主要是指下列情况：需要立即停止侵害、排除妨碍的；需要立即制止某项行为的；追索恢复生产、经营急需的保险理赔费的；需要立即返还社会保险金、社会救助资金的；不立即返还款项，将严重影响权利人生活和生产经营的。此外，人民法院裁定先予执行的案件，还应当符合下列条件：第一，当事人之间权利义务关系明确，不先予执行将严重影响申请人的生活或者生产经营的，即当事人之间谁享有权利谁负有义务是清晰的；第二，被申请人有履行的能力。人民法院应当在受理案件后终审判决做出前裁定先予执行，先予执行应当限于当事人诉讼请求的范围，并以当事人的生活、生产经营的急需为限。人民法院可以责令申请人提供担保，申请人不提供担保的，驳回申请。申请人败诉的，应当赔偿被申请人因先予执行遭受的财产损失。当事人对先予执行的裁定不服的，可以自收到裁定书之日起五日内向做出裁定的人民法院申请复议。人民法院应当在收到复议申请后十日内审查。裁定正确的，驳回当事人的申请；裁定不当的，变更或者撤销原裁定。

（五）非讼程序

非讼程序有特别程序、督促程序、公示催告程序、破产程序等，适用非讼程序审理的案件，当事人不得申请再审。

1. 特别程序

特别程序是人民法院审理选民资格案件、宣告失踪或者宣告死亡案件、认定公民无民事行为能力或者限制民事行为能力案件、认定财产无主案件、确认调解协议案件和实现担保物权案件的特殊审判程序。

依照特别程序审理的案件，实行一审终审。选民资格案件或者重大、疑难的案件，由审判员组成合议庭审理；其他案件由审判员一人独任审理。人民法院适用特别程序审理的案件，应当在立案之日起三十日内或者公告期满后三十日内审结；有

---

[1] 《民事诉讼法学》编写组. 民事诉讼法学：第二版［M］. 北京：高等教育出版社，2018：171.

特殊情况需要延长的，由法院院长批准，但审理选民资格的案件除外。当法院使用特别程序审理案件的过程中发现案件属于民事权益争议的，应当裁定终结特别程序，并告知利害关系人可以另行起诉。

而对于创业者来说，最常见并且有可能接触的是督促程序和公示催告程序。

2. 公示催告程序

公示催告程序是指法院依据申请人的申请，将申请的票据以公示的方式，催告不明的利害关系人在指定期间内申报权利，如逾期无人申报，则做出除权判决，宣告票据失权的一种非讼程序。

按照规定可以背书转让的票据持有人（指票据被盗、遗失或者灭失前的最后持有人），因票据被盗、遗失或者灭失，可以向票据支付地的基层人民法院申请公示催告。依照法律规定，申请公示催告，申请人应当向人民法院递交申请书，写明票面金额、发票人、持票人、背书人等票据主要内容和申请的理由、事实。人民法院收到公示催告的申请后，会立即审查，并决定是否受理。经审查认为符合受理条件的，通知申请人予以受理，并同时通知支付人停止支付；认为不符合受理条件的，七日内裁定驳回申请。法院发出的受理申请的公告，应当写明下列内容：公示催告申请人的姓名或者名称；票据的种类、号码、票面金额、出票人、背书人、持票人、付款期限等事项以及其他可以申请公示催告的权利凭证的种类、号码、权利范围、权利人、义务人、行权日期等事项；申报权利的期间；在公示催告期间转让票据等权利凭证，利害关系人不申报的法律后果。

公示催告的期间，由人民法院根据情况决定，但不得少于六十日且公示催告期间届满日不得早于票据付款日后十五日。支付人收到人民法院停止支付的通知，应当停止支付，至公示催告程序终结。公示催告期间，转让票据权利的行为无效。利害关系人应当在公示催告期间向人民法院申报。人民法院收到利害关系人的申报后，应当裁定终结公示催告程序，并通知申请人和支付人。没有人申报的，人民法院应当根据申请人的申请，做出判决，宣告票据无效。判决应当公告，并通知支付人。自判决公告之日起，申请人有权向支付人请求支付。利害关系人因正当理由不能在判决前向人民法院申报的，自知道或者应当知道判决公告之日起一年内，可以向做出判决的人民法院起诉。

3. 督促程序

督促程序又称为支付令程序，是法院根据债权人的申请，向债务人发出支付令，督促债务人履行给付义务的一种程序。

在督促程序中，符合下列条件的，债权人可以向有管辖权的基层人民法院申请支付令，请求债务人给付金钱、有价证券：债权人与债务人没有其他债务纠纷的；支付令能够送达债务人的。申请书应当写明请求给付金钱或者有价证券的数量和所根据的事实、证据。债权人提出申请后，人民法院应当在五日内通知债权人是否受理。基层人民法院受理申请支付令案件，不受债权金额的限制。

人民法院受理支付令申请后，经审查债权人提供的事实、证据，对债权债务关系明确、合法的，应当在受理之日起十五日内向债务人发出支付令；经审查有下列情形之一的，应当在受理之日起十五日内裁定驳回申请：申请人不具备当事人资格的；给付金钱或者有价证券的证明文件没有约定逾期给付利息或者违约金、赔偿金，债权人坚持要求给付利息或者违约金、赔偿金的；要求给付的金钱或者有价证券属于违法所得的；要求给付的金钱或者有价证券尚未到期或者数额不确定的。

债务人应当自收到支付令之日起十五日内清偿债务，或者向人民法院提出书面异议，如果债务人在规定的期间不提出异议又不履行支付令的，债权人可以向人民法院申请强制执行。若发生以下情况，人民法院应当裁定终结督促程序，已发出支付令的，支付令自行失效：人民法院受理支付令申请后，债权人就同一债权债务关系又提起诉讼的；人民法院发出支付令之日起三十日内无法送达债务人的；债务人收到支付令前，债权人撤回申请的。支付令失效的，转入诉讼程序，但申请支付令的一方当事人不同意提起诉讼的除外。

三、案例分析

房产抵押给银行并不影响法院做出的财产保全裁定，法院有权对"美术优培有限责任公司"的房产采取财产保全措施，并不需要征得银行的同意。但是根据《最高人民法院关于适用〈中华人民共和国民事诉讼法〉的解释》第一百五十七条规定：人民法院对抵押物、质押物、留置物可以采取财产保全措施，但不影响抵押权人、质权人、留置权人的优先受偿权。由于"美术优培有限责任公司"已经将房产抵押给了银行，因此银行作为抵押权人享有优先受偿的权利。

根据《最高人民法院关于适用〈中华人民共和国民事诉讼法〉的解释》第一百六十一条规定：对当事人不服一审判决提起上诉的案件，在第二审人民法院接到报送的案件之前，当事人有转移、隐匿、出卖或者毁损财产等行为，必须采取保全措施的，由第一审人民法院依当事人申请或者依职权采取。第一审人民法院的保全裁定，应当及时报送第二审人民法院。本案中"美术优培有限责任公司"转移财产的行为在二审法院接到报送案件之前，故而此种情况下乙公司应该向一审法院提出申请，由一审法院裁定财产保全。

四、相关建议

（1）本章介绍的是民事诉讼辅助保障制度，这些制度表面上看是程序性的规定，与民事实体（案件事实）没有什么太大的联系，不能保证增加胜诉的概率，因此就会有许多创业者只重视证据等实体内容而忽略了这些辅助性的保障制度。但是，这些制度的存在就是为了更好地保证诉讼有始有终地进行，有时候甚至能影响诉讼结果。

（2）以保全为例，创业者在创业过程中发生的大部分民事诉讼纠纷都是财产性质的纠纷，因此法院判决过后能否顺利执行，创业者能否得到足额的赔偿等是创业者最关心的问题，如果没有保全程序的保障，一旦对方当事人在诉讼中或者诉前转移财产或毁损物品等，即使创业者胜诉，也会出现无可执行财产的状况，这样创业者必然会遭受经济损失，因此，保全程序在一定程度上为减少当事人的损失发挥了巨大作用。

（3）创业者还需要注意的是诉讼时效等时间限制。法律保护公民的合法权益，但是对待"在权利上睡觉的人"，法律并不宽容，因此，一旦纠纷发生，最好快速解决，即使有商事战略的考虑拖延诉讼的时间，也一定不能忘记诉讼程序中的各类时间限制，以免因小失大。

（4）因此创业者应当了解并熟悉这些辅助保障制度，以期在民事诉讼中少走弯路。

五、模拟与实战训练

某美术学院学生陈立风是某省美术联考状元，入校后经常有人慕名找他补习美术专业，于是他萌生了在校创业开办美术班的想法，他的好友于仁理和吴文亮非常赞同并愿意加入创业团队，于是三人按照共同投资设立"美术优培有限责任公司"。随后，由于公司资金周转困难，于是三人以公司的名义向于仁理的同学李刚借款8万元，并且要求李刚将这8万元借款汇入于仁理的个人银行账户，约定公司使用借款的期限为一年，到期后由公司一次性偿还。一年后借款到期，"美术优培有限责任公司"无法还清李刚的借款，因此，李刚提起了诉讼，将"美术优培有限责任公司"和于仁理共同起诉至法院，双方均应诉答辩，并提交证据至法院。法院先行组织调解，在调解未果的情况下，法庭通知双方决定于2019年9月9日就该案进行宣判。于仁理因在外出差，委托其妻子宋玉到庭代为签收判决书。宣判之日，宋玉发现于仁理败诉，当即表示不认可判决结果，并拒绝在送达回证上签字。审判人员、书记员在送达回证上注明了送达情况并签名。

问题：此种情况是否可视为送达？一审法院判决"美术优培有限责任公司"偿还借款和利息，李刚不服一审判决提起上诉，却在去法院提交上诉状的路上发生交通事故导致昏迷，待其经抢救苏醒时已经超过上诉期限一天，该如何救济？医疗费花费巨大，李刚急需被告偿还此笔借款治病，有何途径？